A Mensagem Viva do Cristo

(Evangelhos de Mateus, Marcos, Lucas e João)

Huberto Rohden

TEXTO INTEGRAL

Texto do Evangelho de Jesus Cristo, segundo Mateus, Marcos, Lucas e João, traduzido do original grego do primeiro século e comentado por Huberto Rohden

2ª Edição

COLEÇÃO A OBRA-PRIMA DE CADA AUTOR

A Mensagem Viva do Cristo

(Evangelhos de Mateus, Marcos, Lucas e João)

Huberto Rohden

TEXTO INTEGRAL

MARTIN CLARET

CRÉDITOS

Idealização e Coordenação
Martin Claret

Assistente Editorial
Rosana Gilioli Citino

Capa
Ilustração
Gabriel Oriuti

Miolo
Revisão
Durval Cordas

Projeto Gráfico
José Duarte T. de Castro

Direção de Arte
José Duarte T. de Castro

Editoração Eletrônica
Editora Martin Claret

Papel
Off-Set, 70g/m²

Impressão e Acabamento
Paulus Gráfica

Editora Martin Claret Ltda. – Rua Alegrete, 62 – Bairro Sumaré
CEP: 01254-010 – São Paulo – SP
Tel.: (11) 3672-8144 – Fax: (11) 3673-7146

www.martinclaret.com.br / editorial@martinclaret.com.br

Agradecemos a todos os nossos amigos e colaboradores — pessoas físicas e jurídicas — que deram as condições para que fosse possível a publicação deste livro.

2ª REIMPRESSÃO - 2012

PALAVRAS DO EDITOR

A história do livro e a coleção "A Obra-Prima de Cada Autor"

MARTIN CLARET

Que é o livro? Para fins estatísticos, na década de 60, a UNESCO considerou o livro "uma publicação impressa, não periódica, que consta de no mínimo 56 páginas, sem contar as capas".

O livro é um produto industrial.

Mas também é mais do que um simples produto. O primeiro conceito que deveríamos reter é o de que o livro como objeto é o veículo, o suporte de uma informação. O livro é uma das mais revolucionárias invenções do homem.

A *Enciclopédia Abril* (1972), publicada pelo editor e empresário Victor Civita, no verbete "livro" traz concisas e importantes informações sobre a história do livro. A seguir, transcrevemos alguns tópicos desse estudo didático sobre o livro.

O livro na Antiguidade

Antes mesmo que o homem pensasse em utilizar determinados materiais para escrever (como, por exemplo, fibras vegetais e tecidos), as bibliotecas da Antiguidade estavam repletas de textos gravados em tabuinhas de barro cozido. Eram os primeiros "livros", depois progressivamente modificados até chegar a ser feitos — em grandes tiragens — em papel impresso mecanicamente, proporcionando facilidade de leitura e transporte. Com eles, tornou-se possível, em todas as épocas, transmitir fatos, acontecimentos históricos, descobertas, tratados, códigos ou apenas entretenimento.

Como sua fabricação, a função do livro sofreu enormes modificações dentro das mais diversas sociedades, a ponto de constituir uma mercadoria especial, com técnica, intenção e utilização determinadas. No moderno movimento editorial das chamadas sociedades de consumo, o livro pode ser considerado uma mercadoria cultural, com maior ou menor significado no contexto socioeconômico em que é publicado. Como mercadoria, pode ser comprado, vendido ou trocado. Isso não ocorre, porém, com sua função intrínseca, insubstituível: pode-se dizer que o livro é essencialmente um instrumento cultural de difusão de idéias, transmissão de conceitos, documentação (inclusive fotográfica e iconográfica), entretenimento ou ainda de condensação e acumulação do conhecimento. A palavra escrita venceu o tempo, e o livro conquistou o espaço. Teoricamente, toda a humanidade pode ser atingida por textos que difundem idéias que vão de Sócrates e Horácio a Sartre e McLuhan, de Adolf Hitler a Karl Marx.

Espelho da sociedade

A história do livro confunde-se, em muitos aspectos, com a história da humanidade. Sempre que escolhem frases e temas, e transmitem idéias e conceitos, os escritores estão elegendo o que consideram significativo no momento histórico e cultural que vivem. E assim, fornecem dados para a análise de sua sociedade. O conteúdo de um livro — aceito, discutido ou refutado socialmente — integra a estrutura intelectual dos grupos sociais.

Nos primeiros tempos, o escritor geralmente vivia em contato direto com seu público, que era formado por uns poucos letrados, já cientes das opiniões, idéias, imaginação e teses do autor, pela própria convivência que tinha com ele. Muitas vezes, mesmo antes de ser redigido o texto, as idéias nele contidas já haviam sido intensamente discutidas pelo escritor e parte de seus leitores. Nessa época, como em várias outras, não se pensava no enorme percentual de analfabetos. Até o século XV, o livro servia exclusivamente a uma pequena minoria de sábios e estudiosos que constituíam os círculos intelectuais (confinados aos mosteiros no início da Idade Média) e que tinham acesso às bibliotecas, cheias de manuscritos ricamente ilustrados.

Com o reflorescimento comercial europeu em fins do século XIV, burgueses e comerciantes passaram a integrar o mercado livreiro da época. A erudição laicizou-se, e o número de escritores aumentou, surgindo também as primeiras obras escritas em línguas que não o latim e o grego (reservadas aos textos clássicos e aos assuntos considerados dignos de atenção).

Nos séculos XVI e XVII, surgiram diversas literaturas nacionais, demonstrando, além do florescimento intelectual da época, que a população letrada dos países europeus estava mais capacitada a adquirir obras escritas.

Cultura e comércio

Com o desenvolvimento do sistema de impressão de Gutenberg, a Europa conseguiu dinamizar a fabricação de livros, imprimindo, em cinqüenta anos, cerca de vinte milhões de exemplares para uma população de quase cem milhões de habitantes, a maioria analfabeta. Para a época, isso significou enorme revolução, demonstrando que a imprensa só se tornou uma realidade diante da necessidade social de ler mais.

Impressos em papel, feitos em cadernos costurados e posteriormente encapados, os livros tornaram-se empreendimento cultural e comercial: os editores passaram logo a se preocupar com melhor apresentação e redução de preços. Tudo isso levou à comercialização do livro. E os livreiros baseavam-se no gosto do público para imprimir, sobretudo, obras religiosas, novelas, coleções de anedotas, manuais técnicos e receitas.

O percentual de leitores não cresceu na mesma proporção que a expansão demográfica mundial. Somente com as modificações socioculturais e econômicas do século XIX — quando o livro começou a ser utilizado também como meio de divulgação dessas modificações, e o conhecimento passou a significar uma conquista para o homem, que, segundo se acreditava, poderia ascender socialmente se lesse — houve um relativo aumento no número de leitores, sobretudo na França e na Inglaterra, onde alguns editores passaram a produzir, a preços baixos, obras completas de autores famosos. O livro era então interpretado como símbolo de liberdade, conseguida por conquistas culturais. Entretanto, na maioria dos países, não houve nenhuma grande modificação nos índices percentuais até o fim da Primeira Guerra Mundial (1914/18), quando surgiram as primeiras grandes tiragens de livros, principalmente romances, novelas e textos didáticos. O número elevado de cópias, além de baratear o preço da unidade, difundiu ainda mais a literatura. Mesmo assim, a maior parte da população de muitos países continuou distanciada, em parte porque o livro, em si, tinha sido durante muitos séculos considerado objeto raro, passível de ser adquirido somente por um pequeno número de eruditos. A grande massa da população mostrou maior receptividade aos jornais, periódicos e folhetins, mais dinâmicos e atualizados, além de acessíveis ao poder aquisitivo da grande maioria.

Mas isso não chegou a ameaçar o livro como símbolo cultural de difusão de idéias, como fariam, mais tarde, o rádio, o cinema e a televisão.

O advento das técnicas eletrônicas, o aperfeiçoamento dos métodos fotográficos e a pesquisa de materiais praticamente imperecíveis fazem alguns teóricos da comunicação de massa pensar em um futuro sem os livros tradicionais, com seu formato quadrado ou retangular, composto de folhas de papel, unidas umas às outras por um dos lados.

Seu conteúdo e suas mensagens, racionais ou emocionais, seriam transmitidos por outros meios, como, por exemplo, microfilmes e fitas gravadas.

A televisão transformaria o mundo inteiro em uma grande "aldeia" (como afirmou Marshall McLuhan), no momento em que todas as sociedades decretassem sua prioridade em relação aos textos escritos.

Mas a palavra escrita dificilmente deixaria de ser considerada uma das mais importantes heranças culturais, para todos os povos.

E no decurso de toda a sua evolução, o livro sempre pôde ser visto como objeto cultural (manuseável, com forma entendida e interpretada em função de valores plásticos) e símbolo cultural (dotado de conteúdo, entendido e interpretado em função de valores semânticos). As duas maneiras podem fundir-se no pensamento coletivo, como um conjunto orgânico (em que texto e arte se completam, como, por exemplo, em um livro de arte) ou apenas como um conjunto textual (no qual a mensagem escrita vem em primeiro lugar — em um livro de matemática, por exemplo).

A mensagem (racional, prática ou emocional) de um livro é sempre intelectual e pode ser revivida a cada momento.

O conteúdo, estático em si, dinamiza-se em função da assimilação das palavras pelo leitor, que pode discuti-las, reafirmá-las, negá-las ou transformá-las. Por isso, o livro pode ser considerado um instrumento cultural capaz de liberar informação, sons, imagens, sentimentos e idéias através do tempo e do espaço.

A quantidade e a qualidade das idéias colocadas em um texto podem ser aceitas por uma sociedade, ou por ela negadas, quando entram em choque com conceitos ou normas culturalmente admitidas.

Nas sociedades modernas, em que a classe média tende a considerar o livro como sinal de *status* e cultura (erudição), os compradores utilizam-no como símbolo mesmo, desvirtuando suas funções ao transformá-lo em livro-objeto.

Mas o livro é, antes de tudo, funcional — seu conteúdo é que lhe confere valor (como os livros das ciências, de filosofia, religião, artes, história e geografia, que representam cerca de 75% dos títulos publicados anualmente em todo o mundo).

O mundo lê mais

No século XX, o consumo e a produção de livros aumentaram progressivamente. Lançado logo após a Segunda Guerra Mundial (1939/45), quando uma das características principais da edição de um livro era as capas entreteladas ou cartonadas, o livro de bolso constituiu um grande êxito comercial. As obras — sobretudo *best sellers* publicados algum tempo antes em edições de luxo — passaram a ser impressas em rotativas, como as revistas, e distribuídas às bancas de jornal. Como as tiragens elevadas permitiam preços muito baixos, essas edições de bolso popularizaram-se e ganharam importância em todo o mundo.

Até 1950, existiam somente livros de bolso destinados a pessoas de baixo poder aquisitivo; a partir de 1955, desenvolveu-se a categoria do livro de bolso "de luxo". As características principais destes últimos eram a abundância de coleções — em 1964 havia mais de duzentas nos Estados Unidos — e a variedade de títulos, endereçados a um público intelectualmente mais refinado.

A essa diversificação das categorias adiciona-se a dos pontos-de-venda, que passaram a abranger, além das bancas de jornal, farmácias, lojas, livrarias, etc. Assim, nos Estados Unidos, o número de títulos publicados em edições de bolso chegou a 35 mil em 1969, representando quase 35% do total dos títulos editados.

Proposta da coleção
"A Obra-Prima de Cada Autor"

A palavra "coleção" é uma palavra há muito tempo dicionarizada, e define o conjunto ou reunião de objetos da mesma natureza ou que têm qualquer relação entre si. Em um sentido editorial, significa o conjunto não-limitado de obras de autores diversos, publicado por uma mesma editora, sob um título geral indicativo de assunto ou área, para atendimento de segmentos definidos do mercado.

A coleção "A Obra-Prima de Cada Autor" corresponde plenamente à definição acima mencionada. Nosso principal objetivo é oferecer, em formato de bolso, a obra mais importante de cada autor, satisfazendo o leitor que procura qualidade.*

Desde os tempos mais remotos existiram coleções de livros. Em Nínive, em Pérgamo e na Anatólia existiam coleções de obras literárias de grande importância cultural. Mas nenhuma delas superou a célebre biblioteca de Alexandria, incendiada em 48 a.C. pelas legiões de Júlio César, quando estes arrasaram a cidade.

A coleção "A Obra-Prima de Cada Autor" é uma série de livros a ser composta de mais de 400 volumes, em formato de bolso, com preço altamente competitivo, e pode ser encontrada em centenas de pontos-de-venda. O critério de seleção dos títulos foi o já estabelecido pela tradição e pela crítica especializada. Em sua maioria, são obras de ficção e filosofia, embora possa haver textos sobre religião, poesia, política, psicologia e obras de auto-ajuda. Inauguram a coleção quatro textos clássicos: *Dom Casmurro*, de Machado de Assis; *O Príncipe*, de Maquiavel; *Mensagem*, de Fernando Pessoa e *O Lobo do Mar*, de Jack London.

Nossa proposta é fazer uma coleção quantitativamente aberta. A periodicidade é mensal. Editorialmente, sentimo-nos orgulhosos de poder oferecer a coleção "A Obra-Prima de Cada Autor" aos leitores brasileiros. Nós acreditamos na função do livro.

---

* Atendendo a sugestões de leitores, livreiros e professores, a partir de certo número da coleção, começamos a publicar, de alguns autores, outras obras além da sua obra-prima.

Advertência do autor

A substituição da tradicional palavra latina *crear* pelo neologismo moderno *criar* é aceitável em nível de cultura primária, porque favorece a alfabetização e dispensa esforço mental — mas não é aceitável em nível de cultura superior, porque deturpa o pensamento.

Crear é a manifestação da Essência em forma de existência — *criar* é a transição de uma existência para outra existência.

O Poder Infinito é o *creador* do Universo — um fazendeiro é um *criador* de gado.

Há entre os homens gênios *creadores*, embora não sejam talvez *criadores*.

A conhecida lei de Lavoisier diz que "na natureza nada se *crea*, nada se aniquila, tudo se transforma"; se grafarmos "nada se *crea*", essa lei está certa, mas se escrevermos "nada se *cria*", ela resulta totalmente falsa.

Por isso, preferimos a verdade e clareza do pensamento a quaisquer convenções acadêmicas.

Introdução

Em todos os tempos, a Divindade se revelou aos homens não só pela natureza, mas também por intermédio de homens de especial idoneidade receptiva.

De algumas dessas revelações divinas, a humanidade possui tradições conservadas e transmitidas de geração em geração, até nossos dias.

Algumas dessas tradições milenares foram consignadas por escrito. Assim, na Índia se originou o Bhagavad Gita, *que remonta ao tempo dos Vedas, cerca de cinco mil anos antes da Era Cristã. Na China, apareceu, seiscentos anos antes de Cristo, o* Tao Te Ching, *de Lao-tsé. Esses livros, a par das* Quatro Verdades Nobres *de Gautama Siddhartha, o Buda, orientam a vida espiritual de quase toda a Ásia, que representa cerca de dois terços da humanidade.*

Há quase dois mil anos do tempo atual, apareceu, no Oriente Médio, a mensagem de Jesus de Nazaré, chamado o Cristo, consignada por quatro dos seus discípulos com o nome de Evangelho, que é o livro básico do ocidente cristão, regendo a vida religiosa de quase um terço da humanidade.

No século XX foi descoberto, no Egito, o Quinto Evangelho do apóstolo Tomé, que se refere às palavras secretas de Jesus.

Essas mensagens — pequenas em quantidade, imensas em

qualidade — representam a alma do gênero humano de diversos milênios.

No presente volume trataremos exclusivamente do Evangelho do Cristo, que forma a parte básica do "Novo Testamento". Nesta edição não reproduziremos os restantes livros sacros do Novo Testamento, mas unicamente a mensagem direta do próprio Cristo, segundo a documentação de quatro dos seus contemporâneos do primeiro século: os discípulos Mateus, Marcos e João, e o médico grego Lucas. Os três primeiros, galileus, consignaram palavras e obras de Jesus em aramaico, que, mais tarde, foram traduzidas para o grego pelos meados do primeiro século. Lucas, médico de Antioquia, contemporâneo, embora não discípulo imediato de Jesus, colheu informações exatas com os próprios companheiros do Nazareno e escreveu o seu Evangelho em língua grega.

A presente tradução desses quatro Evangelhos se baseia no texto grego do primeiro século da Era Cristã. Não figuram nesta tradução as variantes da Vulgata Latina, que remontam ao segundo e terceiro séculos. Essas variantes da Vulgata derivam do fato de terem alguns copistas ou tradutores do texto antigo acrescentado, para seu uso pessoal, algumas glosas marginais explicativas que, mais tarde, foram incorporadas no próprio texto original dos Evangelhos.

Na presente edição conservamos os algarismos indicadores de capítulos e versículos que, através dos séculos, foram introduzidos para facilitar a localização dos textos, colocando-os, porém, ao lado de cada epígrafe resumo do respectivo capítulo e versículos. Essas epígrafes em negrito foram introduzidas por nós para facilitar a leitura e a compreensão do texto.

No princípio de cada Evangelho daremos ligeira introdução com o fim de esclarecer o leitor sobre a pessoa do evangelista, bem como sobre as circunstâncias em que se originou o respectivo Evangelho.

No fim de cada Evangelho acrescentamos notas explicativas de alguns textos. Essas explicações correm por exclusiva responsabilidade do tradutor, procurando dar ao leitor do nosso século uma visão sobre verdades consignadas há quase dois milênios.

O Evangelho vivo do Cristo gira inteiramente em torno de dois pontos fundamentais: a experiência mística do primeiro mandamento e a vivência ética do segundo mandamento; esses dois mandamentos em que, diz o Mestre, consistem toda a lei e os profetas. Esses dois pólos básicos do Evangelho se chamam, em linguagem hodierna, autoconhecimento e auto-realização.

"Conhecereis a Verdade, e a Verdade vos libertará" — essas palavras lapidares do Cristo são a quintessência da sua mensagem. A experiência mística do autoconhecimento e seu transbordamento espontâneo na vivência ética da auto-realização representam o alfa e o ômega do Evangelho do Cristo, coincidindo substancialmente com a mensagem de todos os grandes mestres espirituais da humanidade.

Compreender e viver a mensagem do Cristo é compreender-se e realizar-se a si mesmo, cumprir o seu destino terrestre e ser realmente feliz.

Como usar o Evangelho?

Na presente edição do Evangelho vivo do Cristo, oferecemos o texto baseado em sua forma primitiva e autêntica, seguido de algumas notas explicativas.

Advertimos, porém, o leitor de que essas notas não têm importância fundamental. Nem é necessário analisar intelectualmente o texto do Evangelho para sentir o impacto da eterna mensagem do Cristo.

O que é sumamente importante é que o leitor, numa hora de profundo sossego e serenidade, leia audivelmente e repita muitas vezes o texto sagrado, proferindo vagarosa e meditativamente as palavras. Só deste modo pode ele assimilar a alma da mensagem do Cristo.

Paulo de Tarso escreveu: "A letra mata — o espírito é que dá vida". O homem profano só se interessa pelo corpo dos livros sacros, procurando analisar, anatomizar, vivisseccionar palavra por palavra, matando assim a alma divina da mensagem, lembrando um cientista que analisa no laboratório uma flor, destruindo-a. Analisar é a palavra grega para dissolver; quem apenas analisa dissolve, mata a vida da mensagem divina. Mas quem, em vez de ser ego-pensante, permite ser cosmo-pensado, esse absorve os fluidos divinos da revelação do Cristo, assimilando intuitivamente a alma do texto sacro.

É importante repetir audivelmente as palavras. A leitura simplesmente visual vai à inteligência do ego humano, ao passo que a prolação audível das palavras sacras atinge diretamente o espírito, a alma do leitor.

Pronunciando audivelmente, saboreando meditativamente, repetindo muitas vezes as mesmas palavras, o espírito que inspirou as palavras sacras se infiltra imperceptivelmente na alma do leitor.

A melhor hora para assimilar o espírito da mensagem divina é de manhã, quando a alma humana ainda se acha como carta branca e aberta rumo ao Infinito.

Convém que o leitor marque as passagens que mais profundamente o impressionaram, e repita essas mesmas passagens.

Esta forma de leitura meditativa é sobretudo recomendável aos principiantes que ainda têm dificuldade na meditação abstrata e transcendental.

O leitor verificará que estas palavras aos poucos permearão toda a sua vivência diária, consciente ou inconsciente, modificando beneficamente a sua vida.

Convém que o leitor use sempre o mesmo exemplar do livro e, se possível, o releia e medite sempre na mesma hora e no mesmo lugar.

Palavras lapidares de Jesus

Próprias para leitura meditativa

Eu sou o caminho, a verdade e a vida — quem me segue não anda em trevas, mas tem a luz da vida.

* * *

A vida eterna é esta: que os homens te conheçam, ó Pai, e o Cristo, teu enviado.

* * *

As obras que eu faço, não sou eu que as faço; é o Pai em mim que faz as obras: de mim mesmo, eu nada posso fazer.

* * *

Eu e o Pai somos um, o Pai está em mim, e eu estou no Pai — mas o Pai é maior do que eu.

* * *

A mim me foi dado todo o poder no céu e na terra — e assim como meu Pai me enviou, eu vos envio.

* * *

Ide, proclamai o Reino de Deus a todas as creaturas; expulsai os maus espíritos; curai todas as enfermidades que há entre o povo — e eis que estou convosco todos os dias até a consumação dos séculos.

* * *

No mundo, tereis tribulações — tende confiança; eu venci o mundo.

* * *

Ninguém vai ao Pai a não ser por mim.

* * *

Um só é vosso Pai, um só é vosso Guia, um só é vosso Mestre — o Cristo.

* * *

Vinde a mim, todos vós que andais aflitos e sobrecarregados, e eu vos aliviarei; porque o meu jugo é suave e o meu peso é leve e achareis repouso para vossas almas.

* * *

Amarás o Senhor teu Deus com toda a tua alma, com toda a tua mente, com todo o teu coração e com todas as tuas forças — e amarás o teu próximo como a ti mesmo.

* * *

Perdoai — e sereis perdoados.

* * *

Se tu conhecesses o dom de Deus e aquele que te fala, tu lhe pedirias água, e ele te daria água viva, que se tornaria em ti uma fonte jorrando para a vida eterna.

* * *

Aquele que, estando em mim, produzir fruto, será podado para que produza fruto mais abundante.

* * *

Eu sou a videira, vós sois os ramos; assim como os ramos não podem produzir fruto se não estiverem unidos à videira, assim nem vós podeis produzir fruto sem mim.

* * *

Eu vim para lançar fogo à terra — e que quero eu senão que arda?

Dos quatro evangelhos em geral

1. Evangelho é a boa nova, a mensagem feliz que o Filho de Deus nos trouxe e que os apóstolos anunciaram; a princípio, oralmente; mais tarde, apareceu essa boa nova também por escrito, com o fim de ampliar e aprofundar na alma dos fiéis o conhecimento das verdades reveladas (Lc 1,4). Quatro desses documentos foram recebidos no cânon do Novo Testamento. Contêm eles o Evangelho de Jesus Cristo em forma quadrúplice ou, como dizem os títulos antiqüíssimos, o Evangelho segundo Mateus, Marcos, Lucas e João.

2. Muitos cristãos houve, no primeiro século, que consignaram por escrito a vida e as obras do Redentor (Lc 1,1); mas a Igreja só reconheceu como canônicos os quatro evangelhos que hoje possuímos, não por negar historicidade às demais narrativas, mas por terem só esses quatro em seu favor provas suficientes que lhes abonam a inspiração divina. Como aquelas quatro torrentes que regavam o paraíso terrestre, assim as quatro fontes cristalinas dos evangelhos fecundam o éden da nova aliança, a Igreja de Deus. Pondo em correlação com os evangelistas a grandiosa visão de Ezequiel sobre os quatro seres vivos, atribuiu-se a Mateus o símbolo do homem, a Marcos o do leão, a Lucas o do touro e a João o da águia.

3. Os títulos dos evangelhos não provêm dos evangelistas, porque, antigamente, não se costumava exornar as obras históricas com o nome do autor; remontam, todavia, aos tempos apostólicos, tanto assim que já os conhecia o autor do Fragmento Muratoriano (século II), bem como Santo Irineu († 202) e Clemente de Alexandria († 217).

4. Os três primeiros evangelhos, ainda que literariamente autônomos e independentes, apresentam, contudo, uma notável concordância no tocante ao conteúdo e exposição. No intuito de pôr mais em relevo essa harmonia, traçou-se um paralelo sistemático entre esses três textos evangélicos, dando em resultado uma interessante sinopse. Daí vieram a se chamar esses escritos "Evangelhos Sinóticos", e seus autores "os sinóticos".

A Mensagem Viva do Cristo

(Evangelhos de Mateus, Marcos, Lucas e João)

Mateus

Introdução

1. Mateus, chamado também Levi (Mc 2,14; Lc 5,27), filho de Alfeu, era empregado de uma das repartições aduaneiras que existiam nas vizinhanças do lago de Genesaré. Convidado por Jesus Cristo, seguiu-o imediatamente e tornou-se um dos doze apóstolos. Exerceu a sua atividade no meio dos seus patrícios da Palestina. Não consta, ao certo, em que parte do mundo trabalhou mais tarde, depois de abandonar o torrão natal. Se dermos crédito a uma lenda antiga, pregou o Evangelho nas terras da Etiópia, na África.

2. Será o apóstolo Mateus o autor principal do primeiro evangelho? Ouçamos o que nos diz Papias (75-150), bispo de Hierápolis, na Frígia: "Mateus escreveu em língua hebraica os ditos do Senhor, que cada qual interpretava do melhor modo possível".

"Ditos do Senhor" vêm a ser os sermões de Jesus, as suas discussões com os fariseus, as instruções que dava aos discípulos, as suas parábolas e discursos escatológicos; pois é precisamente este evangelho que contém uma notável coleção desses "ditos" (*lógia*).

Santo Irineu († 202) escreve: "Mateus editou entre os hebreus um evangelho na língua deles". O mesmo afirmam Orígenes, Eusébio, Jerônimo e outros, todos eles dos primeiros séculos do cristianismo. Tão arraigada era, na Antiguidade, essa convicção sobre a origem apostólica do primeiro evangelho, que nem mesmo os hereges ousaram negá-la.

O próprio corpo do evangelho contém indícios da sua procedência palestinense. O autor mostra-se intimamente familiarizado com os livros sagrados do Antigo Testamento, com a topografia, as instituições, usos e costumes do povo judaico.

Se essas circunstâncias sugerem um filho da Palestina, não faltam no mesmo evangelho indícios que insinuam como autor a pessoa de Mateus. No primeiro evangelho vem mencionado apenas incidentemente o banquete que Levi ofereceu ao Senhor, depois da sua vocação, ao passo que Lucas o refere por extenso (Lc 5,29). Além disso, é o primeiro evangelho o único que acrescenta ao nome de Mateus o pouco honroso apelido de "coletor" (10,3), circunstância essa que os outros evangelistas talvez deixassem de transmitir à posteridade.

3. A língua em que Mateus redigiu o seu evangelho foi, consoante testemunho da antiguidade cristã, a dos hebreus, quer dizer, não o hebraico no sentido escrito, que era a língua sacra do Antigo Testamento, mas antes o dialeto popular do tempo de Cristo chamado aramaico. Nessa língua tinha Mateus pregado a doutrina de Jesus, e dela se serviu para o seu evangelho. A tradução grega deste evangelho data dos tempos primevos, por sinal que já os escritores do primeiro século conhecem o texto grego. Desde o aparecimento da versão helênica, o original aramaico perdeu grande parte da sua importância, não tardando a desaparecer.

4. Segundo o testemunho de Irineu, Orígenes e outros, destinava-se o primeiro evangelho aos judeus-cristãos da Palestina. Concorda com isso o seu caráter interno, bem como certas locuções hebraicas, localidades e costumes do país (confira, por exemplo: Mt 4,13 com Lc 1,26; 2,4; Mt 27,57 com Lc 23,51; Mt 15,2 com Mc 7,2-4).

O paralelo entre a lei antiga e a lei nova (sermão da montanha) supõe, da parte dos leitores, um conhecimento exato dos livros sagrados de Israel. Do mesmo modo, têm base no Antigo Testamento os argumentos destinados a provar a messianidade de Jesus.

5. O fim primário visado pelo evangelho em questão consiste em demonstrar que na pessoa de Jesus apareceu, realmente, o Messias predito pelos profetas, e que o reino messiânico achou a sua realização na mensagem de Cristo. Bem necessária era essa demonstração, porque a maior parte dos judeus esperava um Messias cercado de esplendores mundanos, um soberano político que sujeitasse os pagãos ao cetro de Israel e inaugurasse uma nova era de brilho e prosperidade temporal. Ora, em face das aparências humildes e simples do Nazareno e do seu reino, bem podiam chegar a pôr em dúvida o caráter messiânico de Jesus até muitos dos judeus convertidos ao cristianismo.

6. Quanto à data da composição do evangelho, não é possível precisá-la com exatidão. Refere a tradição que Mateus foi o primeiro a escrever o evangelho; é o que afirmam Clemente de Alexandria, Orígenes, Epifânio e outros. Eusébio nos fornece indicação mais exata, dizendo que Mateus compôs o seu evangelho quando estava para deixar a Palestina, a fim de anunciar a boa nova a outros povos; seria, pois, pelo ano 42 depois de Cristo. Santo Irineu, por sua vez, afirma que Mateus publicou o seu evangelho no tempo em que os apóstolos Pedro e Paulo pregavam em Roma, quer dizer, pelos anos 61 a 67. Provavelmente, foi o nosso evangelho escrito pelo ano 50, na Palestina.

É o que parecem insinuar certos tópicos do próprio evangelho, como, por exemplo, 27,8 e 28,15, bem como o fato de serem os evangelhos de Marcos e Lucas anteriores ao ano 63.

7. Principia o evangelista por narrar alguns episódios da infância de Jesus, passa em silêncio um período de quase 30 anos e reata o fio da narração, descrevendo o aparecimento de João Batista a preparar a vida pública de Jesus, 1,1–4,11. Em seguida, dá notícia do apostolado do Messias em terras da Galiléia, 4,12–18,35. Trata por extenso desse período, o que bem se compreende, dada a origem do autor, que era galileu, e pelo fato de ter sido chamado ao colégio apostólico no tempo em que o divino Mestre percorria aquela província da Palestina.

Refere-se, em seguida, aos trabalhos de Jesus, na Judéia e em Jerusalém, 19,1–25,46, rematando com a paixão, morte e glorificação do Salvador, 26,1–28,30.

Infância de Jesus

Genealogia de Jesus. (1,1-17)

Árvore genealógica de Jesus Cristo, filho de Davi, filho de Abraão. Abraão gerou Isaac; Isaac gerou Jacó; Jacó gerou Judá e seus irmãos; Judá e Tamar geraram Farés e Zará; Farés gerou Esron; Esron gerou Arão; Arão gerou Aminadab; Aminadab gerou Naasson; Naasson gerou Salmon; Salmon e Raab geraram Booz; Booz e Rute geraram Obed; Obed gerou Jessé; Jessé gerou Davi, o rei; Davi, o rei, e a mulher de Urias geraram Salomão; Salomão gerou Roboão; Roboão gerou Abias; Abias gerou Asá; Asá gerou Josafá; Josafá gerou Jorão; Jorão gerou Ozias; Ozias gerou Joatão; Joatão gerou Acaz; Acaz gerou Ezequias; Ezequias gerou Manassés; Manassés gerou Amon; Amon gerou Josias; Josias gerou Jeconias e seus irmãos, no tempo da transmigração babilônica. Depois da transmigração babilônica, Jeconias gerou Salatiel; Salatiel gerou Zorobabel; Zorobabel gerou Abiud; Abiud gerou Eliacim; Eliacim gerou Azor; Azor gerou Sadoc; Sadoc gerou Aquim; Aquim gerou Eliud; Eliud gerou Eleazar; Eleazar gerou Matan; Matan gerou Jacó; Jacó gerou José, esposo de Maria, da qual nasceu Jesus, que é chamado o Cristo.[1-16: Lc 3,23]

De maneira que são, ao todo, catorze gerações desde Abraão até Davi; desde Davi até a transmigração babilônica, catorze gerações; e desde a transmigração babilônica até Cristo, catorze gerações.

Nascimento de Jesus. (1,18-25)

A geração de Jesus Cristo ocorreu deste modo: estava Maria, sua mãe, desposada com José; e, antes de viverem em companhia, foi achada grávida de um espírito sagrado. Como, porém, José, seu esposo, fosse homem justo e não a quisesse expor à ignomínia, pensou em abandoná-la secretamente.

Enquanto assim deliberava, apareceu-lhe, em sonho, um anjo do Senhor e disse-lhe: "José, filho de Davi, não temas receber Maria, tua mulher; pois o que nela se gerou é de um espírito sagrado; dará à luz um filho, a quem porás o nome de Jesus, porque salvará o seu povo dos seus pecados".

Ora, aconteceu tudo isso para que se cumprisse o que o Senhor dissera pelo profeta: "Eis que a virgem será grávida e dará à luz um filho, que será chamado Emanuel" — o que quer dizer: Deus conosco.

Levantou-se José do sono e fez como lhe ordenara o anjo do Senhor, recebendo sua mulher. Mas não a conheceu até que ela deu à luz um filho. E pôs-lhe o nome de Jesus.

Os magos do Oriente. (2,1-12)

Tendo Jesus nascido em Belém da Judéia, no tempo do rei Herodes, eis que vieram do Oriente uns magos a Jerusalém e perguntaram: "Onde está o recém-nascido, rei dos judeus? Vimos a sua estrela no oriente e viemos adorá-lo". A essa notícia se aterrou o rei Herodes e toda Jerusalém com ele. Convocou todos os principais sacerdotes e escribas do povo e indagou deles onde havia de nascer o Cristo. "Em Belém da Judéia", responderam eles, "porque assim está escrito pelo profeta: 'E tu, Belém, na terra de Judá, não és de forma alguma o menor dentre os lugares principais de Judá; porque de ti sairá o chefe que há de governar o meu povo Israel'". Então Herodes chamou secretamente os magos e inquiriu deles o tempo exato em que apareceu a estrela. Enviou-os a Belém, dizendo-lhes: "Ide e informai-vos solicitamente a respeito do menino e, logo que o houverdes encontrado, fazei-mo saber, para que vá também eu adorá-lo". Eles, depois de ouvir o rei, partiram. E eis que a estrela que tinham visto no oriente seguia diante deles, até que, chegando sobre o lugar onde estava o menino, parou. Ao verem a estrela, foi grande a alegria que sentiram. Entraram na casa e viram o menino com Maria, sua mãe, prostraram-se em terra e o adoraram. Abriram os seus cofres e fizeram-lhe ofertas: ouro, incenso e mirra.

Em sonho, porém, receberam aviso para não voltarem à presença de Herodes; pelo que regressaram a seu país por outro caminho.

Fuga para o Egito. (2,13-15)

Depois da partida deles, eis que um anjo do Senhor apareceu, em sonho, a José e disse-lhe: "Levanta-te; toma o menino e sua mãe e foge para o Egito e fica lá até que eu te avise: porque Herodes vai procurar o menino para o matar".

Levantou-se ele de noite, tomou o menino e sua mãe e foi para o Egito. Lá ficou até a morte de Herodes. Cumpriu-se, destarte, o que o Senhor dissera pelo profeta: "Do Egito chamei o meu filho".

Matança dos inocentes. (2,16-18)

Reconheceu Herodes que fora enganado pelos magos. Encheu-se de ira e fez matar em Belém e arredores todos os meninos de dois anos para baixo, conforme o tempo que colhera com precisão dos magos. Cumpriu-se então a palavra do profeta Jeremias, que diz: "Em Ramá se ouvem clamores, grandes prantos e lamentações; Raquel chora seus filhos e não quer aceitar consolação, porque já não existem".

Regresso a Nazaré. (2,19-23)

Depois da morte de Herodes, eis que um anjo do Senhor apareceu, em sonho, a José, no Egito, e disse-lhe: "Levanta-te; toma o menino e sua mãe e vai para a terra de Israel; porque morreram os que procuravam matar o menino".

Levantou-se José, tomou o menino e sua mãe e voltou para a terra de Israel. Ouvindo, porém, que Arquelau reinava na Judéia, em lugar de seu pai, Herodes, teve medo de ir para lá; e, avisado em sonho, retirou-se para as regiões da Galiléia. Foi morar numa cidade de nome Nazaré. Assim se devia cumprir o que fora dito pelos profetas: "Será chamado Nazareno".

Preliminares da vida pública de Jesus

João Batista. (3,1-12)

Por esses dias, apareceu João Batista, pregando no deserto da Judéia: "Convertei-vos, porque está próximo o reino dos céus". Pois a ele se refere o profeta Isaías quando diz: "Uma voz que clama no deserto: preparai o caminho do Senhor; aplanai as suas veredas".

Usava João uma veste de pêlo de camelo e uma cinta de couro em volta do corpo; gafanhotos e mel silvestre eram o seu alimento.

Jerusalém, a Judéia em peso e todas as terras do Jordão foram ter com ele. Foram por ele mergulhados no Jordão, confessando os seus pecados. Quando viu que afluíam também numerosos fariseus e saduceus para serem por ele mergulhados, disse-lhes: "Raça de víboras! Quem vos disse que haveis de escapar à ira vindoura? Produzi, pois, frutos de sincera conversão e não digais: 'Temos a Abraão por pai'; pois eu vos declaro que destas pedras pode Deus suscitar filhos a Abraão. O machado já está posto à raiz das árvores; toda árvore que não produzir fruto bom será cortada e lançada ao fogo. Eu só vos mergulho na água, para que vos convertais; aquele, porém, que virá após mim é mais poderoso que eu; eu nem sou digno de lhe carregar o calçado. Ele vos mergulhará no espírito sagrado e no fogo. Leva na mão a pá e limpará a sua eira; recolherá o trigo ao seu celeiro e queimará as palhas num fogo inextinguível".[1-12: Mc 1,1; Lc 3,1; Jo 1,19]

Mergulho de Jesus. (3,13-17)

Por esse tempo, dirigiu-se Jesus da Galiléia para o Jordão e foi ter com João para ser por ele mergulhado. João, porém, objetava dizendo: "Eu é que devo ser mergulhado por ti — e tu vens a mim?" Respondeu-lhe Jesus: "Deixa por agora; convém cumprirmos tudo que é justo". Então ele o deixou. Depois de mergulhado, Jesus logo saiu da água. E eis que se lhe abriram os céus e viu o espírito de Deus, que descia em forma de pomba sobre ele, e do céu uma voz clamava: "Este é meu Filho amado, no qual pus a minha complacência".[13-17: Mc 1,9; Lc 3,21; Jo 1,29]

Tentação de Jesus. (4,1-11)

Em seguida, foi Jesus levado pelo espírito ao deserto, a fim de ser tentado pelo adversário. Jejuou durante quarenta dias e quarenta noites. Depois teve fome.

Então se aproximou o tentador e disse-lhe: "Se és filho de Deus, manda que estas pedras se convertam em pão".

Respondeu-lhe Jesus: "Está escrito: 'Nem só de pão vive o homem, mas de toda palavra que sai da boca de Deus'".

Ao que o adversário o levou à cidade santa, colocou-o sobre o pináculo do templo e disse-lhe: "Se és filho de Deus, lança-te daqui abaixo; porque está escrito: 'Recomendou-te a seus anjos que te levem nas mãos, para que não pises teu pé em alguma pedra'".

Replicou-lhe Jesus: "Também está escrito: 'Não tentarás o Senhor, teu Deus'".

De novo o adversário o transportou a um monte muito elevado, mostrou-lhe todos os reinos do mundo e sua glória, e disse-lhe: "Todas estas coisas te darei se, prostrando-te, me adorares".

Disse-lhe Jesus: "Vai para trás, Satã, porque está escrito: 'Ao Senhor, teu Deus, adorarás e só a ele darás culto'".

Então o adversário o deixou e eis que vieram os anjos e o serviram. [1-11: Mc 1,12; Lc 4,1]

Atividade pública de Jesus na Galiléia

Pregação da boa nova a Israel

Cenário do apostolado de Jesus. (4,12-16)

À notícia de que João fora preso, retirou-se Jesus para a Galiléia. Deixou de parte Nazaré e foi habitar em Cafarnaum, sobre o lago, na zona de Zabulon e Neftali. Veio cumprir-se, assim, o que dissera o profeta Isaías: "Terra de Zabulon e terra de Neftali, região do mar, para além do Jordão — Galiléia dos gentios —, o povo que jaz em trevas vê um grande luzeiro e uma luz resplandesce aos que habitam nas regiões sombrias da morte".

Os primeiros discípulos. (4,17-22)

Desde então começou Jesus a pregar e a dizer: "Convertei-vos, porque está próximo o reino dos céus". [12-17: Mc 1,1]

Caminhando ao longo do lago da Galiléia, viu dois irmãos — Simão, por sobrenome Pedro, e seu irmão André — que lançavam a rede ao lago, pois eram pescadores. "Segui-me", disse-lhes, "e far-vos-ei pescadores de homens". Deixaram eles imediatamente as suas redes e seguiram-no.

Passando adiante, viu outro par de irmãos — Tiago, filho de Zebedeu, e seu irmão João — que se achavam numa barca com seu pai, Zebedeu, consertando as suas redes. Chamou-os. E eles, no mesmo instante, deixaram a barca e o pai e seguiram-no. [18-22: Mc 1,16; Lc 5,1; Jo 1,35]

Conspecto geral. (4,23-25)

Percorria Jesus toda a Galiléia, ensinando nas sinagogas daí, anunciando a boa nova do reino e curando toda espécie de moléstias e enfermidades entre o povo. Pela Síria toda chegou a espalhar-se a sua fama. Levavam à presença dele todos os que sofriam algum mal e eram vítimas de várias doenças e dores, bem como os possessos, os lunáticos e os paralíticos; e ele os curava. Seguiam-no grandes multidões vindas da Galiléia e da Decápole, assim como de Jerusalém, da Judéia e das regiões d'além-Jordão.

Sermão da montanha. (5,1-2)

À vista das multidões, subiu Jesus a um monte e sentou-se. Acercaram-se dele os seus discípulos e ele, abrindo os lábios, pôs-se a ensiná-los, dizendo:

Bem-aventuranças. (5,3-10)

"Bem-aventurados os pobres pelo espírito, porque deles é o reino dos céus.

Bem-aventurados os tristes, porque serão consolados.

Bem-aventurados os mansos, porque possuirão a terra.

Bem-aventurados os que têm fome e sede da justiça, porque serão saciados.

Bem-aventurados os misericordiosos, porque alcançarão misericórdia.

Bem-aventurados os puros de coração, porque verão a Deus.

Bem-aventurados os pacificadores, porque serão chamados filhos de Deus.

Bem-aventurados os que sofrem perseguição por causa da justiça, porque deles é o reino dos céus.

Missão dos discípulos. (5,11-16)

Bem-aventurados sois vós, quando vos injuriarem e perseguirem e caluniosamente disserem de vós todo mal, por minha causa; alegrai-vos e exultai, porque grande é vossa recompensa nos céus. Pois do mesmo modo também perseguiram aos profetas que antes de vós existiram.[3-12: Lc 6,20]

Vós sois o sal da terra. Mas, se o sal se desvirtuar, com que se lhe há de restituir a virtude? Fica sem préstimo algum; é lançado fora e pisado pela gente.

Vós sois a luz do mundo. Não pode permanecer oculta uma cidade situada no monte. Nem se acende uma luz e se põe debaixo do velador, mas, sim, sobre o candelabro para alumiar a todos os que estão na casa. Assim brilhe diante dos homens a vossa luz, para que vejam as vossas boas obras e glorifiquem a vosso Pai Celeste.[13-16: Mc 4,21; 9,50; Lc 14,34; 11,33]

Jesus e a lei antiga. (5,17-20)

Não julgueis que vim abolir a lei e os profetas; não os vim abolir, mas completar; pois em verdade vos digo que, enquanto não passarem o céu e a terra, não passará um jota nem um ápice sequer da lei, até que tudo chegue à perfeição. Quem, pois, abolir algum desses mandamentos, por menor que seja, e ensinar assim a gente, passará por ínfimo no reino dos céus. Aquele, porém, que os guardar e ensinar será considerado grande no reino dos céus.

Pois vos declaro que, se a vossa justiça não for maior que a dos escribas e fariseus, não entrareis no reino dos céus.

Homicídio. (5,21-26)

Tendes ouvido que foi dito aos antigos: não matarás e quem matar será réu em juízo. Eu, porém, vos digo que todo homem que se irar contra seu irmão será réu em juízo; e quem chamar a seu irmão 'insensato' será réu diante do conselho; e quem o apelidar de 'desgraçado' será réu do fogo do inferno. Se, por conseguinte, estiveres ante o altar para apresentar tua oferenda e te lembrares de que teu irmão tem queixa de ti, deixa a tua oferenda ao pé do altar e vai reconciliar-te primeiro com teu irmão; e depois vem oferecer o teu sacrifício.

Não hesites em fazer as pazes com teu adversário, enquanto estiveres em caminho com ele, para que não te vá entregar ao juiz e o juiz te entregue ao oficial da justiça e sejas lançado ao cárcere. Em verdade, te digo que daí não sairás enquanto não houveres pago o último centavo.

Adultério. (5,27-32)

Tendes ouvido que foi dito: 'Não cometerás adultério'.

Eu, porém, vos digo que todo homem que lançar olhar cobiçoso a uma mulher, já em seu coração cometeu adultério com ela. Se teu olho direito te for ocasião de pecado arranca-o e lança-o de ti; porque melhor te é perecer um dos teus órgãos do que ser todo o teu corpo lançado ao inferno. E se tua mão direita te for ocasião de pecado, corta-a e lança-a de ti; porque melhor te é perecer um dos teus membros do que ir todo o teu corpo para o inferno.

Ainda foi dito: 'Quem repudiar sua mulher passe-lhe carta de divórcio'.

Eu, porém, vos digo que todo homem que repudiar sua mulher — salvo em caso de adultério — a faz adúltera; e quem casar com a que foi repudiada comete adultério.

O juramento. (5,33-37)
Além disso, ouvistes que foi dito: 'Não jurarás falso!' E: 'Cumprirás o que juraste ao Senhor!'
Eu, porém, vos digo que não jureis de forma alguma; nem pelos céus, porque são o trono de Deus; nem pela terra, porque é o escabelo dos seus pés; nem por Jerusalém, porque é a cidade do grande rei; nem jurarás por tua cabeça, porque não és capaz de tornar branco nem preto um só fio de cabelo. Seja o vosso modo de falar um simples 'sim', um simples 'não'; o que passa daí vem do mal.

Retribuição. (5,38-42)
Tendes ouvido que foi dito: 'Olho por olho, dente por dente!'
Eu, porém, vos digo: não vos oponhais ao malévolo; mas, quando alguém te ferir na face direita, apresenta-lhe também a outra. Se alguém quiser pleitear contigo em juízo para te tirar a túnica, cede-lhe também a capa. Se alguém te obrigar a acompanhá-lo por mil passos, vai com ele dois mil. Dá a quem te pede, e não voltes as costas a quem deseja que lhe emprestes algo.

Amor aos inimigos. (5,43-48)
Tendes ouvido que foi dito: 'Amarás a teu próximo e terás ódio a teu inimigo!'
Eu, porém, vos digo: amai vossos inimigos e orai pelos que vos perseguem para que sejais filhos de vosso Pai Celeste, ele, que faz nascer seu sol sobre bons e maus e faz chover sobre justos e injustos.[38-45: Lc 6,27]
Pois, se amardes tão-somente aos que vos amam, que prêmio mereceis? Não fazem isso também os publicanos? E, se saudardes apenas vossos amigos, que fazeis nisso de especial? Não fazem isso também os mundanos? Vós, porém, sede perfeitos, assim como é perfeito vosso Pai Celeste.

Esmolas. (6,1-4)
Cuidado que não te ponhas a tocar a trombeta diante de ti, a exemplo do que fazem os hipócritas nas sinagogas e nas ruas, para serem elogiados pela gente. Em verdade, vos digo que já receberam a sua recompensa. Quando, pois, deres esmola, não saiba a tua mão esquerda o que faz a direita, para que tua esmola fique às ocultas; e teu Pai, que vê o que é oculto, te há de recompensar.

Oração. (6,5-15)

Quando orardes, não procedais como os hipócritas, que gostam de se exibir nas sinagogas e nas esquinas das ruas, orando a fim de serem vistos pela gente. Em verdade, vos digo que já receberam a sua recompensa. Tu, porém, quando orares, entra no teu aposento, fecha a porta e ora ao teu Pai às ocultas; e teu Pai, que vê o que é oculto, te há de recompensar. Nem faleis muito quando orais, como fazem os que cuidam ser atendidos por causa do muito palavreado.

Não os imiteis! Porque vosso Pai sabe o que haveis mister, antes mesmo de lho pedirdes. Assim é que haveis de orar: Pai nosso que estás nos céus, santificado seja o teu nome; venha o teu reino; seja feita a tua vontade, assim na terra como no céu; o pão nosso de cada dia nos dá hoje; perdoa-nos nossas dívidas, assim como nós perdoamos aos nossos devedores; e não nos deixes cair em tentação; mas livra-nos do mal.[9-13: Lc 11,2]

Se perdoardes aos homens as faltas deles, também vosso Pai celeste vos perdoará as vossas faltas. Se, porém, não perdoardes aos homens, tampouco vosso Pai vos perdoará as vossas faltas.

Jejum. (6,16-18)

Quando jejuardes, não andeis tristonhos, como os hipócritas, que desfiguram o rosto para fazer ver à gente que estão jejuando. Em verdade, vos digo que já receberam a sua recompensa. Tu, porém, quando jejuares, unge a cabeça e lava o rosto, para que a gente não veja que estás jejuando, mas somente teu Pai, presente ao oculto; e teu Pai, que vê o que é oculto, te há de recompensar.

Tesouros terrestres. (6,19-24)

Não acumuleis para vós tesouros na terra, onde a traça e a ferrugem os destroem, onde os ladrões penetram e os roubam. Acumulai para vós tesouros nos céus, onde nem a traça nem a ferrugem os destroem, onde os ladrões não penetram nem os roubam. Pois onde está o teu tesouro, aí também está o teu coração.

O olho é a luz do teu corpo. Se o teu olho for simples, estará em luz todo o teu corpo; se, porém, o teu olho ficar mau, estará em trevas todo o teu corpo. Ora, se a própria luz em ti se houver tornado em trevas, quão grandes serão essas trevas![19-23: Lc 12,33; 11,34]

Ninguém pode servir a dois senhores; ou odiará a um e amará a outro, ou respeitará a este e desprezará àquele. Não podeis servir a Deus e às riquezas.

Preocupações. (6,25-34)

Por isso vos digo: não vos dê cuidados a vida, o que haveis de comer e o que haveis de beber; nem o vosso corpo, o que haveis de vestir. Não vale, porventura, mais a vida que o alimento, e o corpo mais que a vestimenta?

Considerai as aves do céu; não semeiam, nem ceifam, nem recolhem em celeiros — vosso Pai celeste é que lhes dá de comer. Não sois vós, acaso, muito mais do que elas? Quem de vós pode, com todos os seus cuidados, prolongar a sua vida por um palmo sequer?

E por que andais inquietos com que haveis de vestir? Considerai os lírios do campo, como crescem, não trabalham, nem fiam; e, no entanto, vos digo que nem Salomão em toda a sua glória se vestiu jamais como um deles. Se, pois, Deus veste assim a erva do campo, que hoje existe e amanhã é lançada ao forno, quanto mais a vós, homens de pouca fé!

Não andeis, pois, inquietos, nem digais: que havemos de comer? Que havemos de beber? Com que nos havemos de vestir? Os mundanos é que se preocupam com todas essas coisas. Vosso Pai celeste sabe que de tudo isso haveis mister. Buscai, pois, em primeiro lugar o reino de Deus e sua justiça, e todas essas coisas vos serão dadas de acréscimo. Não andeis, portanto, solícitos pelo dia de amanhã; o dia de amanhã cuidará de si mesmo; basta a cada dia a sua lida.[25-34: Lc 12,22]

Juízos descaridosos. (7,1-6)

Não julgueis e não sereis julgados. Pois, como julgardes, assim sereis julgados; e com a medida com que medirdes ser-vos-eis medidos. Por que vês o argueiro no olho de teu irmão, ao passo que não enxergas a trave em teu próprio olho? Ou como dizes a teu irmão: 'Deixa-me tirar-te do olho o argueiro' — quando tens uma trave em teu próprio olho? Hipócrita! Tira primeiro a trave do teu olho, e depois verás nitidamente como tirar o argueiro do olho do teu irmão.[1-5: Lc 6,37]

Não deis as coisas santas aos cães, nem lanceis as vossas pérolas aos porcos, para que não lhes metam as patas e, voltando-se, vos dilacerem.

Eficácia da oração. (7,7-12)

Pedi e dar-se-vos-á; procurai e achareis; batei e abrir-se-vos-á. Pois todo o que pede recebe; quem procura acha; e a quem bate abrir-se-lhe-á. Haverá entre vós quem dê a seu filho uma pedra, quando lhe pede pão? Ou quem lhe dê uma serpente, quando lhe pede peixe?

Se, pois, vós, que sois maus, sabeis dar coisas boas a vossos filhos, quanto mais vosso Pai que está nos céus dará coisa boa àqueles que lha pedirem!

Tudo que quereis que os homens vos façam, fazei-o também a eles; pois é nisso que consistem a lei e os profetas.[7-12: Lc 6,31; 11,9]

Porta estreita. (7,13-14)

Entrai pela porta estreita. Pois larga é a porta e espaçoso o caminho que conduz à perdição — e são muitos o que entram por ele. Quão apertada é a porta e quão estreito o caminho que conduz à vida — e poucos são os que acertam com ele!

Falsos profetas. (7,15-20)

Cuidado com os falsos profetas que se vos apresentam em pele de ovelha, mas por dentro são lobos roubadores! Pelos seus frutos é que os conhecereis. Colhem-se, porventura, uvas dos espinheiros ou figos dos abrolhos? Assim, toda árvore boa dá frutos bons e toda árvore má dá frutos maus. Não pode a árvore boa produzir frutos maus, nem a árvore má pode produzir frutos bons. Toda árvore que não produzir bons frutos será cortada e lançada ao fogo. Pelos seus frutos, pois, é que os conhecereis.

Ilusão própria. (7,21-23)

Nem todo aquele que me disser: 'Senhor,' Senhor! entrará no reino dos céus; mas somente aquele que fizer a vontade de meu Pai que está nos céus. Naquele dia, muitos me dirão: 'Senhor, Senhor, pois não profetizamos em teu nome, e em teu nome expulsamos demônios, e em teu nome fizemos muitas obras poderosas?'. Eu, porém, lhes direi: 'Não vos conheci jamais; apartai-vos de mim, vós que trabalhais fora da lei![13-23: Lc 13,24; 6,43; 13,26]

Parábola do edifício. (7,24-28)

Todo aquele, pois, que ouve estas minhas palavras e as realiza assemelha-se a um homem sensato que edificou sua casa sobre rocha. Desabaram aguaceiros, transbordaram os rios, sopraram os vendavais e deram de rijo contra essa casa; mas ela não caiu porque estava construída sobre rocha.

E todo aquele que ouve estas minhas palavras e não as realiza parece-se com um homem insensato que edificou sua casa sobre areia. Desabaram aguaceiros, transbordaram os rios, sopraram os vendavais, dando de rijo contra essa casa, e ela caiu, e foi grande a sua queda".[24-27: Lc 6,47]

Quando Jesus terminou esse sermão, estava todo o povo arrebatado da sua doutrina; porque ensinava como quem tem autoridade, e não como seus escribas.

Cura de um leproso. (8,1-4)

Ao descer do monte, foi Jesus seguido de grande multidão de povo. E eis que veio um leproso e se lhe prostrou aos pés com estas palavras: "Senhor, se quiseres, podes tornar-me limpo".

Estendeu Jesus a mão, tocou nele e disse: "Eu quero, sê limpo". E no mesmo instante ficou limpo da lepra. Recomendou-lhe Jesus: "Não o diga a ninguém; mas vai mostrar-te ao sacerdote e faze a oferta que Moisés ordenou, para que lhes sirva de testemunho".[1-4: Mc 1,40; Lc 5,12]

O centurião. (8,5-13)

Acabava Jesus de entrar em Cafarnaum, quando se lhe apresentou um centurião com esta súplica: "Senhor, tenho em casa um servo que está de cama com paralisia e sofre grandes tormentos". Respondeu-lhe Jesus: "Irei curá-lo". Tornou-lhe o centurião: "Senhor, eu não sou digno de que entres em minha casa; mas fala tão-somente ao Verbo, e meu servo será curado. Pois também eu sou homem sujeito a outrem, e tenho soldados às minhas ordens; e digo a um: 'Vai acolá!' e ele vai; e a outro: 'Vem cá!' e ele vem; e a meu servo: 'Faze isto!' e ele o faz".

Ouvindo isso, admirou-se Jesus, e disse aos que o acompanhavam: "Em verdade, vos digo que nem em Israel encontrei tão grande fé! Declaro-vos que muitos virão do oriente e ocidente, e sentar-se-ão à mesa, no reino dos céus, com Abraão, Isaac e Jacó, ao passo que os filhos do reino serão lançados às trevas de fora; aí haverá choro e ranger de dentes". E disse Jesus ao centurião: "Vai-te, e faça-se contigo de acordo com tua fé". E na mesma hora o servo recuperou a saúde.[5-13: Lc 7,1]

Em casa de Pedro. (8,14-17)

Em seguida, entrou Jesus na casa de Pedro, onde encontrou a sogra deste de cama, com febre. Tomou-a pela mão, e a febre a deixou: levantou-se ela e o foi servindo.

Ao anoitecer trouxeram-lhe grande número de endemoninhados; e ele expulsava os espíritos com uma palavra e curava todos os enfermos.

Cumpria-se, destarte, o que dissera o profeta Isaías: "Ele mesmo toma sobre si as nossas enfermidades e remove as nossas doenças". [14-17: Mc 1,29; Lc 4,38]

Discípulos imperfeitos. (8,18-22)

Vendo-se Jesus rodeado de grande multidão, deu ordem de passar para a outra margem do lago. Nisto se aproximou dele um escriba, dizendo-lhe: "Mestre, seguir-te-ei aonde quer que fores". Respondeu-lhe Jesus: "As raposas têm cavernas e as aves do céu têm ninhos; mas o Filho do homem não tem onde reclinar a cabeça".

Outro, do número dos discípulos, lhe disse: "Permite-me, Senhor, que vá primeiro sepultar meu pai". Replicou-lhe Jesus: "Segue-me, e deixa os mortos sepultar os seus mortos!"[18-22: Lc 9,57]

A tempestade no lago. (8,23-27)

Então, embarcou Jesus em companhia de seus discípulos. E eis que se originou grande agitação no lago, de maneira que o barco ficou coberto pelas vagas. E, no entanto, Jesus dormia. Chegaram-se a ele os discípulos e o despertaram, clamando: "Salva-nos, Senhor, que perecemos!" Jesus, porém, lhes disse: "Por que temeis, homens de pouca fé?" E, erguendo-se, deu ordem ao vento e ao mar — e seguiu-se uma grande bonança. O povo pasmava e dizia: "Quem é este, que até o vento e o mar lhe obedecem?"[23-27: Mc 4,35; Lc 8,22]

Os possessos de Gerasa. (8,28-34)

Chegou à outra margem, país dos gerasenos. Nisto lhe correram ao encontro dois endemoninhados, que saíam dos sepulcros. Eram tão furiosos que ninguém podia transitar por aquele caminho. Puseram-se a gritar: "Que temos nós contigo, Filho de Deus? Vieste aqui para nos atormentar antes do tempo?"

Ora, a alguma distância deles pastava uma grande manada de porcos. Pediram, pois, os demônios a Jesus: "Se nos expulsares daqui, manda-nos entrar na manada de porcos".

"Entrai!", disse-lhes Jesus.

Saíram, e entraram nos porcos; e eis que toda a manada se precipitou monte abaixo, para dentro do lago, perecendo nas águas. Os pastores, porém, fugiram; foram à cidade e contaram tudo, também o caso com os endemoninhados. Então a cidade toda saiu ao encontro de Jesus e, quando o viram, lhe suplicaram que se retirasse das suas terras.[28-34: Mc 5,1; Lc 8,26]

Cura de um paralítico. (9,1-8)

Embarcou Jesus e, passando à outra margem, chegou à sua cidade. E eis que lhe apresentaram um paralítico prostrado num leito. À vista da fé que eles tinham, disse Jesus ao paralítico: "Tem confiança, filho; os teus pecados te são perdoados". Formaram então alguns dos escribas este juízo consigo mesmos: "Este homem blasfema". Jesus, porém, que lhes conhecia os pensamentos, observou: "Por que estais a pensar mal em vossos corações? Que é mais fácil dizer: 'Estás liberto dos teus pecados', ou: 'Levanta-te e anda'? Ora, vereis que o Filho do homem tem o poder de perdoar pecados sobre a terra". Disse então ao paralítico: "Levanta-te, carrega o teu leito e vai para casa!"

Levantou-se ele e foi para casa.

À vista disso, as multidões se encheram de temor, glorificando a Deus, que tal poder dera aos homens.

Vocação de Mateus. (9,9-13)

Partindo daí, viu Jesus um homem sentado na coletoria. Chamava-se Mateus. "Segue-me!", disse-lhe Jesus. Levantou-se ele e o seguiu.

Estando ele reclinado à mesa em casa, vieram também muitos coletores e pecadores e se reclinaram à mesa com Jesus e seus discípulos. Quando os fariseus viram isso, perguntaram aos discípulos: "Por que é que vosso Mestre come com coletores e pecadores?"

Jesus, ouvindo isso, respondeu: "Não necessitam de médico os que estão de saúde; mas, sim, os doentes. Ide e aprendei o que quer dizer: 'Misericórdia é que eu quero, e não sacrifício'.

Não vim para chamar os justos, mas os pecadores".

A questão do jejum. (9,14-17)

Então foram ter com ele os discípulos de João e lhe perguntaram: "Por que é que nós e os fariseus jejuamos, ao passo que os teus discípulos não jejuam?"

Respondeu-lhes Jesus: "Podem, acaso, ficar de luto os convidados ao casamento, enquanto está com eles o esposo? Mas lá virão dias em que lhes será tirado o esposo; então, sim, hão de jejuar.

Ninguém põe remendo de pano novo em vestido velho; senão, o remendo arranca parte do vestido e fica pior o rasgão.

Nem se deita vinho novo em odres velhos; do contrário, rebentam os odres, vaza o vinho e perdem-se os odres. Não, o vinho novo deita-se em odres novos, e ambos se conservam".[14-17: Mc 2,18; Lc 5,33]

A filha de Jairo e a hemorroíssa. (9,18-26)

Estava ainda a dizer-lhes isso, quando se lhe apresentou um magistrado, prostrou-se-lhe aos pés e disse: "Minha filha acaba de morrer; mas vem, põe tua mão sobre ela e viverá". Levantou-se Jesus e foi seguindo com seus discípulos.

Então se acercou dele, por detrás, uma mulher que, havia doze anos, sofria de um fluxo de sangue, e tocou-lhe na borla do manto; porque dizia consigo mesma: se lhe tocar sequer o manto, serei curada. Voltou-se Jesus, viu-a e disse: "Tem confiança, minha filha! Tua fé te curou". A partir dessa hora, estava a mulher curada.

A seguir, chegou Jesus à casa do magistrado, e viu os tocadores de flauta e um bando de gente em alarido. "Retirai-vos", disse, "porque a menina não está morta, mas dorme". Zombaram dele. Depois de mandar sair a gente, entrou Jesus no aposento, tomou a menina pela mão, e ela se levantou. Espalhou-se por toda a redondeza a notícia dessas coisas.[18-26: Mc 5,21; Lc 8,40]

Cura de dois cegos. (9,27-31)

Quando Jesus prosseguia viagem, foram-lhe no encalço dois cegos, que bradavam: "Filho de Davi, tem piedade de nós!" Tendo chegado a casa, logo se acercaram dele os cegos. Perguntou-lhes Jesus: "Tendes fé que eu possa fazer isto?" "Sim, Senhor!", responderam-lhe. Então lhes tocou os olhos e disse: "Faça-se convosco conforme a vossa fé!" E abriram-se-lhes os olhos. Jesus, porém, lhes deu este aviso severo: "Vede que ninguém o chegue a saber!"

Eles, porém, foram e espalharam por toda a região a fama de Jesus.

Cura de um endemoninhado. (9,32-34)

Quando estes haviam partido, eis que lhe trouxeram um homem mudo que estava possesso de um demônio. Depois de expulso o demônio, o mudo falava. Cheias de admiração exclamaram as turbas: "Nunca se viu coisa assim em Israel!" Os fariseus, porém, diziam: "É por meio do chefe dos demônios que ele expulsa os demônios".

Repúdio do Evangelho por parte de Israel

A grande messe. (9,35-38)

Entretanto, ia Jesus percorrendo todas as cidades e aldeias, ensinando nas sinagogas, proclamando o evangelho do reino e curando toda a moléstia e toda a enfermidade. À vista das multidões, sentia-se tomado de compaixão por elas, porque andavam entregues aos sofrimentos e ao abandono, como ovelhas sem pastor. Dizia então a seus discípulos: "A messe é grande; mas os operários são poucos. Rogai, pois, ao senhor da seara que mande operários à sua messe".

Eleição dos apóstolos. (10,1-4)

Chamou a si os seus doze discípulos e deu-lhes o poder de expulsarem os espíritos impuros e curarem toda moléstia e enfermidade. Os nomes dos doze apóstolos são estes: em primeiro lugar, Simão, por sobrenome Pedro, e André, seu irmão; Tiago, filho de Zebedeu, e seu irmão João; Filipe e Bartolomeu; Tomé e Mateus, o coletor; Tiago, filho de Alfeu, e Tadeu; Simão, o zelador; e Judas Iscariotes, que o traiu.[1-4: Mc 3,14; Lc 6,13]

Primeira missão dos apóstolos. (10,5-15)

A esses doze enviou-os Jesus com as instruções seguintes: "Não tomeis rumo aos gentios, nem entreis nas cidades dos samaritanos; mas ide antes às ovelhas que se perderam da casa de Israel. Ide, pois, e anunciai: está próximo o reino dos céus! Curai os enfermos, ressuscitai os mortos, tornai limpos os leprosos e expulsai os demônios. De graça recebestes, de graça dai. Não leveis ouro, nem prata nem dinheiro nas vossas cintas; nem bolsa, para a viagem, nem duas túnicas, nem calçado, nem bordão; porque o operário bem merece o seu sustento. Quando entrardes numa cidade ou aldeia, informai-vos quem há nela que seja digno; e ficai aí até seguirdes viagem. Quando entrardes numa casa, saudai-a. E, se essa casa for digna, desça sobre ela a vossa paz; se, porém, for indigna, torne a vós a vossa paz. Mas onde não vos receberem nem ouvirem as vossas palavras, deixai essa casa ou cidade e sacudi o pó dos vossos pés. Em verdade, vos digo que melhor sorte caberá, no dia do juízo, à terra de Sodoma e Gomorra do que a uma cidade dessas"[5-15: Mc 6,7; Lc 9,1]

Perseguições futuras. (10,16-25)

Eis que vos envio como ovelhas ao meio de lobos. Sede, portanto, sagazes como as serpentes e simples como as pombas. Cuidado com os homens, porque vos hão de entregar aos tribunais e açoitar-vos nas sinagogas! Por minha causa sereis levados à presença de governadores e reis para dardes testemunho diante deles e dos gentios. Quando, pois, vos entregarem, não vos inquieteis com o modo nem as palavras que tiverdes de dizer; porque nessa hora vos será dado o que haveis de dizer; porquanto não sois vós que falais, mas o espírito de vosso Pai é que fala em vós.

Há de o irmão entregar à morte o irmão, e o pai ao filho; hão de os filhos revoltar-se contra os pais e tirar-lhes a vida. Por causa de meu nome sereis odiados de todos; mas quem perseverar até o fim será salvo.[17-22: Mc 13,9; Lc 12,11] Quando vos perseguirem numa cidade, fugi para outra. Em verdade, vos digo que não acabareis de correr as cidades de Israel até que apareça o Filho do homem. Não é o discípulo superior a seu mestre, nem o servo é mais que seu senhor. Há de o discípulo contentar-se com a sorte de seu mestre, e o servo com a de seu senhor. Se chamaram Belzebu ao chefe da casa, quanto mais aos seus domésticos!

Motivos de perseverança. (10,26-33)

Não os temais, pois; porque nada há encoberto que não venha a revelar-se, nem nada oculto que não venha a tornar-se notório. O que vos digo às escuras anunciai-o às claras; e o que se vos segreda ao ouvido publicai-o do alto das casas.

Não temais aqueles que matam o corpo, mas não podem matar a alma; temei aquele que pode lançar à perdição do inferno tanto a alma como o corpo. Não se compram, porventura, dois pardais por cinco centavos? E, no entanto, nenhum deles cai em terra sem a vontade de vosso Pai. Até os cabelos da vossa cabeça estão todos contados. Não temais, pois, porque maior valor tendes vós do que numerosos pardais. Quem me confessar diante dos homens também eu o confessarei diante de meu Pai celeste. Mas quem me negar diante dos homens também eu o negarei diante de meu Pai celeste.

Divisão dos espíritos. (10,34-42; 11,1)

Não penseis que vim trazer a paz à terra; não vim trazer a paz, mas a espada. Vim para fazer separação entre filho e pai, entre filha e mãe, entre nora e sogra; e os inimigos do homem serão os próprios companheiros de casa. Quem ama pai ou mãe mais do que a mim não é digno de mim. E quem ama filho ou filha mais do que a mim não é digno de mim. Quem não tomar a sua cruz e me seguir não é digno de mim. Quem achar a sua vida perdê-la-á; mas quem perder a sua vida por minha causa achá-la-á.[26-39: Mc 8,34; Lc 12,2]

Quem vos recebe, a mim me recebe, e quem me recebe, recebe aquele que me enviou. Quem recebe um profeta na qualidade de profeta receberá o prêmio de profeta; quem recebe um justo a título de justo receberá o prêmio de justo. Quem der de beber, ainda que seja um copo de água fria, a um destes pequeninos, por ser discípulo meu, em verdade lhe digo que não ficará sem a sua recompensa.

Depois de dirigir estas exortações aos seus doze discípulos, fez-se de partida para ensinar e pregar nas cidades do lugar.

Mensagem do Batista. (11,2-6)

Entretanto, tivera João, no cárcere, notícia das obras de Cristo. Pelo que lhe enviou uns dos discípulos com esta pergunta: "És tu aquele que há de vir, ou devemos esperar por outro?" Respondeu-lhes Jesus: "Ide e contai a João o que ouvis e vedes: os cegos vêem, os coxos andam, os leprosos tornam-se limpos, os surdos ouvem, os mortos ressuscitam, e aos pobres é anunciada a boa nova. Feliz de quem não encontra tropeço em mim!"

Testemunho sobre João. (11,7-15)

Depois da partida deles, começou Jesus a falar às turbas acerca de João: "Que saístes a ver no deserto? Um caniço agitado pelo vento? Sim, que saístes a ver? Um homem em roupas delicadas? Ora, os que trajam roupas delicadas residem nos palácios dos reis. Por que, pois, saístes? Para verdes um profeta? Sim, declaro-vos eu, e mais que profeta; porque este é de quem está escrito: 'Eis que envio a preceder-te o meu arauto, a fim de preparar o caminho diante de ti!' Em verdade, vos digo que entre os filhos de mulher não surgiu ninguém maior do que João Batista. Entretanto, o menor no reino dos céus é maior que ele. Desde os dias de João Batista até hoje, o reino dos céus sofre violência e homens violentos o tomam de assalto. Porque todos os profetas e a lei, até João, vaticinaram. Ele porém — se o quiserdes aceitar — é Elias que há de vir. Quem tem ouvidos para ouvir, ouça!

Caprichos pueris. (11,16-19)

Com quem hei de comparar esta geração? São como crianças sentadas na praça a gritar a seus companheiros:

'À flauta vos temos tocado — e não bailastes.

Cânticos tristes tangemos — e não chorastes'.

Apareceu João Batista, que não comia nem bebia — e diziam: 'Está possesso do demônio'. Apareceu o Filho do homem, que come e bebe — e dizem: 'Eis aí um comilão e bebedor de vinho, amigo de coletores e pecadores!' Entretanto, a sabedoria foi justificada pelas suas próprias obras".[2-19: Lc 7,18]

Cidades impertinentes. (11,20-24)

Em seguida, passou Jesus a exprobrar às cidades em que operara numerosos milagres e que não se tinham convertido: "Ai de ti, Corozain! Ai de ti, Betsaida! Porque, se em Tiro e Sidon se tivessem operado os sinais de poder que em vós se operaram, desde há muito se teriam convertido por entre cilício e cinzas. Mas eu vos digo que, no dia do juízo, terão Tiro e Sidon sorte mais benigna do que vós.

E tu, Cafarnaum, elevar-te-ás até o céu? Até o inferno serás abismada! Porque, se em Sodoma se tivessem feito os sinais de poder que em ti se fizeram, até o presente subsistiria. Pois vos declaro que, no dia do juízo, terá a terra de Sodoma sorte mais benigna do que tu".[20-24: Lc 10,12]

Exultação e convite de Jesus. (11,25-30)

Naquele tempo, tomou Jesus a palavra e disse: "Glorifico-te, Pai, Senhor do céu e da terra, porque ocultaste estas coisas aos doutos e entendidos e as revelaste aos pequeninos. Sim, Pai, assim é que foi do teu agrado. Tudo me foi entregue por meu Pai; ninguém conhece ao Filho senão o Pai e ninguém conhece ao Pai senão o Filho e aquele a quem o Filho o quiser revelar.[26-27: Lc 10,21] Vinde a mim, todos os que andais aflitos e sobrecarregados, e eu vos aliviarei. Tomai sobre vós o meu jugo e aprendei de mim, que sou manso e humilde de coração, e achareis descanso para as vossas almas. Pois o meu jugo é suave e o meu peso é leve".

Através das searas. (12,1-8)

Naquele tempo atravessava Jesus as searas, em dia de sábado. Os seus discípulos estavam com fome, e arrancavam espigas e as comiam. À vista disso, observaram-lhe os fariseus: "Olha, que os teus discípulos estão fazendo o que não é permitido fazer no sábado".

Respondeu-lhes Jesus: "Não lestes o que fez Davi quando estavam com fome, ele e os seus companheiros? Como entrou na casa de Deus e comeu os pães de proposição, que nem ele nem seus companheiros podiam comer, senão somente os sacerdotes? Ou não lestes na lei que os sacerdotes do templo, nos sábados, deixam de observar o descanso sabatino, e ficam sem culpa? Pois eu vos digo que aqui está o que é maior que o templo. Oxalá compreendêsseis o sentido desta palavra: 'Misericórdia é que eu quero, e não sacrifício!' Então não condenaríeis a inocentes; porque o Filho do homem é senhor do sábado"[1-8: Mc 2,23; Lc 6,1]

Cura em dia de sábado. (12,9-14)

Partindo daí, entrou Jesus na sinagoga deles. E eis que havia aí um homem com uma das mãos atrofiada. Perguntaram a Jesus: "É lícito curar em dia de sábado?" É que procuravam ter por onde acusá-lo.

Replicou-lhes Jesus: "Se algum de vós possuir uma única ovelha, e esta lhe cair numa cova em dia de sábado, não lançará logo mão para tirá-la? Ora, quanto mais vale um homem do que uma ovelha? Portanto, é lícito praticar o bem em dia de sábado". Em seguida, disse ao homem: "Estende a mão!" Estendeu-a, e ela se tornou sã como a outra.

Os fariseus, porém, saíram daí e deliberaram como matá-lo.[9-14: Mc 3,1; Lc 6,6]

Atividade silenciosa. (12,15-21)

Quando Jesus soube disso, retirou-se do lugar. Muitos, porém, o foram seguindo, e ele os curou a todos; mas, proibia-os de que o tornassem conhecido. Devia cumprir-se, destarte, o que diz o profeta Isaías: "É este o meu servo que escolhi, o meu querido, delícia do meu coração. Farei descer sobre ele o meu espírito, e anunciará a justiça aos povos. Não contenderá nem clamará, e ninguém lhe ouvirá a voz nas ruas; não quebrará a cana fendida, nem apagará a mecha que ainda fumega, até que leve à vitória a justiça. Em seu nome é que têm esperança os povos".

Injúrias dos fariseus. (12,22-24)

Trouxeram-lhe então um endemoninhado, que era cego e mudo. Jesus o curou, de maneira que o mudo falava e via. Diziam então as turbas cheias de pasmo: "Não será este o filho de Davi?..."

Os fariseus, porém, ouvindo isso, disseram: "É só por Belzebu, chefe dos demônios, que ele expulsa os demônios".

Auto-apologia de Jesus. (12,25-30)

Jesus, conhecedor que era dos seus pensamentos, disse-lhes: "Todo reino desunido em si mesmo desmoronará; nenhuma cidade, nenhuma casa desunida em si mesma poderá subsistir. Se, pois, Satanás expele a Satanás, está em desacordo consigo mesmo — e como pode então subsistir o seu reino? E, se é por Belzebu que eu expulso os demônios, por quem os expulsam então vossos filhos? Por isso, serão eles vossos juízes.[23-27: Mc 3,22; Lc 11,14] Se, porém, é pelo espírito de Deus que expulso os demônios, claro está que chegou a vós o reino de Deus. E, se não, como pode alguém penetrar na casa do poderoso e roubar-lhe os haveres, sem que primeiro prenda o poderoso? Só então lhe poderá saquear a casa. Quem não está comigo está contra mim; e quem não recolhe comigo dispersa.

Pecado contra o Espírito Santo. (12,31-37)

Por isso, vos digo que todo pecado e qualquer blasfêmia serão perdoados aos homens; mas a blasfêmia contra o espírito não será perdoada. Quem proferir palavra contra o Filho do homem será perdoado; mas quem falar contra o Espírito Santo não será perdoado, nem neste mundo, nem no futuro. Se tendes em conta de boa a árvore, dai como bom o seu fruto; mas, se tendes em conta de má a árvore, dai como mau o seu fruto; pois é pelo fruto que se conhece a árvore. Raça de víboras, como podeis falar coisa boa, quando sois maus? Porque da abundância do coração é que fala a boca. O homem bom tira do tesouro bom coisas boas; e o homem mau tira do tesouro mau coisas más. Declaro-vos que de toda palavra fútil que os homens proferirem hão de dar conta no dia do juízo. Pois, pelas tuas palavras serás declarado justo; pelas tuas palavras serás condenado".

O sinal de Jonas. (12,38-42)

Disseram-lhe então alguns escribas e fariseus: "Mestre, quiséramos ver um sinal da tua parte".

Ao que ele respondeu: "Uma raça má e adúltera pede um sinal; mas não lhe será dado outro sinal senão o sinal do profeta Jonas; pois, do mesmo modo que Jonas esteve três dias e três noites nas entranhas do monstro marinho, assim há de também o Filho do homem estar três dias e três noites no interior da terra. Os habitantes de Nínive aparecerão em juízo com esta raça, e hão de condená-la; porque eles se converteram com a pregação de Jonas — e eis que aqui está quem é mais que Jonas! A rainha do sul aparecerá em juízo com esta raça, e há de condená-la; porque ela veio das mais longínquas plagas da terra para ouvir a sabedoria de Salomão — e eis que aqui está quem é mais que Salomão![38-42: Mc 8,11; Lc 11,16]

Saída e regresso do demônio. (12,43-45)

Quando o espírito impuro sai do homem, vagueia por lugares desertos, em busca de repouso; mas não o encontra. Pelo que diz: 'Voltarei para minha casa, donde saí'. E, chegando, encontra-a desocupada, varrida e ornada. Vai então e toma consigo mais sete espíritos, piores do que ele e, entrando, nela se estabelecem; e vem o último estado desse homem a ser pior que o primeiro. Assim há de acontecer a essa raça malvada".[43-45: Lc 11,24]

Conflito entre Jesus e seu povo

A família espiritual de Jesus. (12,46-50)

Ainda estava Jesus falando às multidões, quando se achavam da parte de fora sua mãe e seus irmãos, que desejavam falar-lhe. Observou-lhe alguém: "Eis que tua mãe e teus irmãos estão lá fora e desejam falar-te".

Respondeu Jesus a quem o avisara: "Quem é minha mãe e quem são meus irmãos?" E, estendendo a mão para os seus discípulos, disse: "Eis aqui minha mãe e meus irmãos! Pois quem cumpre a vontade de meu Pai celeste, esse me é irmão, irmã e mãe".[46-50: Mc 3,31; Lc 8,19]

Parábola do semeador. (13,1-9)

Naquele dia, saiu Jesus de casa e foi sentar-se à beira do lago. Reuniu-se em torno dele grande multidão; pelo que subiu ele a um barco e sentou-se, enquanto toda a gente estava na praia. Então começou a falar-lhes largamente em forma de parábolas, dizendo:

"Eis que saiu um semeador a semear. E, ao lançar a semente, parte caiu à beira do caminho, e vieram comê-la as aves. Outra caiu em solo pedregoso, onde a terra era pouca; não tardou a nascer, porque estava rente à superfície; mas, quando despontou o sol, ficou crestada e secou, por falta de raízes. Outra ainda caiu entre espinhos; e os espinhos cresceram e a sufocaram. Outra caiu em bom terreno e deu fruto, a cem, a sessenta e a trinta por um. Quem tem ouvidos ouça!"

Por que parábolas? (13,10-17)

Então se acercaram dele os discípulos e lhes perguntaram: "Por que é que lhes fala em forma de parábolas?"

Respondeu-lhes Jesus: "A vós vos é dado compreender os mistérios do reino dos céus; aos outros, porém, não é dado. Porque ao que tem dar-se-lhe-á, e terá em abundância; mas ao que não tem tirar-se-lhe-á ainda aquilo que possui. Por isso é que lhes falo em forma de parábolas; porque, de olhos abertos, não vêem e, de ouvidos abertos, não ouvem nem compreendem. Assim se há de cumprir neles a profecia de Isaías: 'Ouvireis e não entendereis; vereis e não compreendereis; porque endurecido está o coração deste povo, tornaram-se moucos os seus ouvidos, e cerraram os olhos; não querem ver com os olhos, nem ouvir com os ouvidos, nem compreender com o coração, nem converter-se de modo que eu os cure'.

Ditosos os vossos olhos, porque vêem, e os vossos ouvidos, porque ouvem! Pois, em verdade vos digo que muitos profetas e justos desejaram ver o que vós vedes, e não o viram; e ouvir o que vós ouvis, e não o ouviram.

Explicação da parábola do semeador. (13,18-23)

Ouvi, pois, a parábola do semeador! Quando alguém ouve a palavra do reino, mas não compreende, vem o maligno e arrebata a semente do coração dele — é aquele no qual a semente fora semeada à beira do caminho. Foi semeada em solo pedregoso naquele que escuta a palavra e logo a abraça com alegria; mas não tem raízes em si mesmo, é inconstante e, sobrevindo tribulação e perseguição por causa da palavra, logo encontra obstáculo. Foi semeada entre espinhos naquele que escuta a palavra; mas os cuidados deste mundo e as riquezas falazes sufocam a palavra, e fica sem fruto. Foi semeada em terreno bom naquele que escuta a palavra, a compreende, e dá fruto a cem, a sessenta e a trinta por um".[4-23: Mc 4,1; Lc 8,4]

Parábola do joio. (13,24-30)

Propôs-lhes ainda outra parábola: "O reino dos céus é semelhante a um homem que semeou boa semente no seu campo. Mas, quando a gente dormia, veio seu inimigo e semeou joio no meio do trigo, e foi-se embora. Quando, pois, cresceu o trigo e começou a espigar, apareceu também o joio. Chegaram-se então os servos ao dono da casa e lhe perguntaram: 'Senhor, não semeaste boa semente no teu campo? Donde lhe vem, pois, o joio?'

'Foi o inimigo que fez isto', respondeu-lhes ele.

Perguntaram-lhe os servos: 'Queres que vamos e o colhamos?'

'Não', replicou ele, 'para que, colhendo o joio, não arranqueis com ele também o trigo. Deixai crescer um e outro até à colheita; e no tempo da colheita direi aos ceifadores: colhei primeiro o joio e atai-o em molhos para o queimar; o trigo, porém, recolhei-o no meu celeiro'".

O grão de mostarda. (13,31-32)

Propôs-lhes mais uma parábola: "O reino dos céus é semelhante a um grão de mostarda, que um homem tomou e semeou no seu campo. É esta a mais pequenina dentre todas as sementes; mas, quando crescida, fica maior que as outras hortaliças, chegando a ser árvore, de maneira que as aves do céu vêm habitar nos seus ramos".

O fermento. (13,33-35)

Propôs-lhes ainda outra parábola: "O reino dos céus é semelhante a um fermento, que uma mulher tomou e meteu em três medidas de farinha, até ficar tudo levedado".[31-23: Mc 4.30; Lc 13,18]

Tudo isso dizia Jesus ao povo em parábolas, e não lhe faltava senão por parábolas, vindo a cumprir-se, assim, a palavra do profeta: "Abrirei os meus lábios, propondo parábolas; revelarei o que estava oculto desde a creação do mundo".

Explicação da parábola do joio. (13,36-43)

Em seguida, despediu o povo e foi para casa. Então se chegaram a ele seus discípulos com este pedido: "Explica-nos a parábola do joio no campo".

Respondeu-lhes Jesus: "Quem semeia a boa semente é o Filho do homem. O campo é o mundo; a boa semente são os filhos do reino; o joio são os filhos do maligno; o inimigo que o semeou é o diabo; a colheita é o fim do mundo; os ceifadores são os anjos. Do mesmo modo que o joio se recolhe e se queima no fogo, assim acontecerá também no fim do mundo. O Filho do homem enviará seus anjos, que reunirão do seu reino todos os obstáculos e autores de ilegalidade, lançando-os à fornalha de fogo; aí haverá choro e ranger de dentes. Então os justos resplandecerão como o sol, no reino de seu Pai.

Quem tem ouvidos ouça!

O tesouro oculto. (13,44)

O reino dos céus é semelhante a um tesouro oculto num campo. Um homem descobriu esse tesouro, escondeu-o e, cheio de alegria, vai vender tudo que possui e compra esse campo.

A pérola. (13,45-46)

O reino dos céus é semelhante a um negociante que procurava pérolas preciosas. Descobriu uma pérola de grande valor, foi vender tudo que possuía e a comprou.

A rede. (13,47-52)

O reino dos céus é ainda semelhante a uma rede de pescar, que foi lançada ao mar e apanhou peixes de toda espécie. Quando cheia, os homens puxaram-na à praia e, sentando-se, recolheram os bons em vasos e deitaram fora os maus. Assim acontecerá também no fim do mundo: sairão os anjos e separarão os maus do meio dos justos, lançando-os à fornalha do fogo; aí haverá choro e ranger de dentes.

Compreendestes tudo isto?"

"Compreendemos", responderam eles.

Disse-lhes Jesus: "Pelo que todo mestre instruído na doutrina do reino dos céus se parece com um pai de família que tira do seu tesouro coisas novas e coisas velhas".

Jesus em Nazaré. (13,53-58)

Depois de pôr termo a essas parábolas, partiu Jesus daí. Foi à sua pátria e pôs-se a ensinar na sinagoga deles. "Donde lhe vem essa sabedoria e essas forças?", dizia a gente, cheia de pasmo. "Pois não é o filho do carpinteiro? Não se chama Maria sua mãe, e seus irmãos Tiago, José, Simão e Judas? E não vivem no meio de nós suas irmãs todas? Donde lhe vem, pois, tudo isto?" E encontraram obstáculo nele.

Jesus, porém, lhes disse: "Em parte nenhuma encontra o profeta menos estima do que em sua pátria e em sua própria casa".

E não realizou ali muitas obras poderosas, porque eles não tinham fé.[53-58: Lc 4,16; Mc 6,1]

Degolação de Batista. (14,1-12)

Por aquele tempo, teve o tetrarca Herodes notícia da fama de Jesus. E disse aos seus cortesãos: "Esse é João Batista; ressurgiu dos mortos; por isso é que nele atuam essas forças". É que Herodes mandara prender, lançar em ferros e meter no cárcere a João, por causa de Herodíades, mulher de seu irmão Filipe; porque João lhe dissera: "Não te é lícito possuí-la". Bem o quisera matar; mas temia o povo, que o tinha em conta de profeta.

No aniversário natalício de Herodes, pôs-se a filha de Herodíades a dançar no meio dos convivas, e caiu tanto no agrado de Herodes, que ele prometeu com juramento dar-lhe tudo quanto lhe pedisse. Disse ela, instigada pela mãe: "Dá-me aqui, numa bandeja, a cabeça de João Batista".

Entristeceu-se o rei; mas, por causa do juramento, e dos convivas, mandou que lha dessem. Deu, pois, ordem que João fosse degolado no cárcere. Foi trazida a cabeça numa bandeja e entregue à menina, a qual a levou à sua mãe. Vieram então os seus discípulos buscar o corpo, e sepultaram-no. Em seguida foram dar parte a Jesus.[1-12: Mc 6,14; Lc 3,19; 9,7]

Primeira multiplicação dos pães. (14,13-21)

A essa notícia, retirou-se Jesus e embarcou para um lugar solitário à parte. O povo, porém, o percebeu, saiu das cidades e o foi seguindo a pé. Ao desembarcar, viu Jesus grande multidão de gente; teve pena deles e curou-lhes os enfermos. Ao cair da tarde, chegaram-se a ele os seus discípulos e disseram: "O lugar é deserto e vai adiantada a hora; despede o povo, para que vá às aldeias comprar o que comer".

Respondeu-lhes Jesus: "Não é necessário que vão embora; dai-lhes vós de comer".

Ao que eles observaram: "Não temos aqui senão cinco pães e dois peixes".

"Trazei-mos cá", ordenou Jesus; fez o povo sentar-se na relva, tomou os cinco pães e os dois peixes, levantou os olhos ao céu e abençoou-os. Em seguida, partiu os pães e entregou-os aos discípulos; e os discípulos serviram-nos ao povo. Comeram todos e ficaram fartos, e encheram ainda doze cestos com os pedaços que sobraram. Ora, o número dos que comeram era de uns cinco mil homens, sem contar mulheres e crianças.[13-21: Mc 6,30; Lc 9,10; Jo 6,1]

Jesus sobre as águas. (14,22-33)

Sem tardança impeliu Jesus os discípulos a que embarcassem e lhe tomassem a dianteira para a outra margem, enquanto ele ia despedir o povo. Depois de despedido o povo, subiu a um monte, a fim de orar, ele só. Já era noite, e ainda se achava aí sozinho.

Entrementes, andava o barco a meio caminho do lago e sofria violento embate das ondas, porque tinha vento contrário. Por volta das três horas da madrugada foi Jesus ter com eles, caminhando sobre as águas. Quando os discípulos avistaram-no a andar sobre as águas, perturbaram-se e gritaram, cheios de terror: "É um fantasma!"

Jesus, porém, se apressou a falar-lhes, dizendo: "Tende ânimo; sou eu; não temais!"

"Senhor!", exclamou Pedro. "Se és tu, manda que eu vá sobre as águas até onde estás."

"Vem", disse ele.

Pedro saltou do barco e caminhou sobre as águas em direção a Jesus. Reparando, porém, no vento forte, teve medo — e começou a submergir. E bradou: "Senhor, salva-me!" De pronto estendeu Jesus a mão, apanhou-o e disse-lhe: "Por que duvidaste, homem de pouca fé?"

Embarcaram; e cessou o vento. Os que estavam no barco vieram lançar-se aos pés de Jesus, dizendo: "Tu és, realmente, o Filho de Deus!".[22-33: Mc 6,45; Jo 6,14]

Em Genesar. (14,34-36)

Passaram então para a outra margem e chegaram ao território de Genesar. Logo que os habitantes dessa região o conheceram, mandaram recado por toda a redondeza e levaram a Jesus todos os enfermos.

Rogavam-lhe que lhes permitisse tocar apenas a borla do seu manto; e todos os que a tocavam eram curados.[34-36: Mc 6,53]

Preceitos humanos. (15,1-9)

Apresentaram-se então a Jesus, vindos de Jerusalém, uns escribas e fariseus e lhe fizeram esta pergunta: "Por que é que os teus discípulos transgridem a tradição dos antepassados, pois não lavam as mãos antes de comer?" Respondeu-lhes ele: "E vós, por que transgredis ao mandamento de Deus por amor à vossa tradição? Deus disse: 'Honrarás pai e mãe'; e: 'Quem injuriar ao pai ou à mãe será réu de morte'. Vós, porém, dizeis: 'Quem disser ao pai ou à mãe: oferecerei em sacrifício o que te deveria a ti — esse está dispensado de honrar pai e mãe'. E assim ab-rogais o mandamento de Deus por amor à vossa tradição. Hipócritas! Bem profetizou de vós Isaías, dizendo: 'Este povo me honra com os lábios; mas o seu coração está longe de mim; não tem valor o seu culto aos meus olhos, porque o que ensinam são doutrinas e preceitos humanos'".

Impureza real. (15,10-20)

Então chamou a si o povo e lhe disse: "Escutai e compreendei bem! O que entra pela boca não torna o homem impuro; mas o que sai da boca, isso é que torna o homem impuro".

Ao que se chegaram a ele os discípulos e lhe disseram: "Sabes que os fariseus se escandalizaram, quando ouviram essas palavras?"

Respondeu Jesus: "Toda plantação que não foi plantada por meu Pai celeste será exterminada. Deixai-os, são cegos e guias de cegos! Mas, se um cego guiar a outro cego, virão ambos a cair na cova".

Disse-lhe Pedro: "Explica-nos essa parábola".

Tornou Jesus: "Também vós estais ainda sem compreensão? Pois não compreendeis que tudo que entra pela boca vai para o estômago e daí é lançado fora? Mas o que sai da boca vem do coração, e isso é que torna o homem impuro. Porque do coração é que vêm os maus pensamentos, os homicídios, os adultérios, a luxúria, os furtos, os falsos testemunhos, as blasfêmias — e são essas coisas que tornam o homem impuro. Mas isso de comer sem lavar as mãos não torna o homem impuro".[1-20: Mc 7,1]

A mulher cananéia. (15,21-28)

Partiu Jesus daí e se retirou para as regiões de Tiro e Sidon. E eis que veio uma mulher cananéia daquelas terras e se pôs a clamar: "Senhor, filho de Davi, tem piedade de minha filha, que está muito atormentada de um espírito maligno!" Jesus, porém, não lhe respondeu palavra. Chegaram-se a ele seus discípulos e lhe pediram: "Despacha-a, porque vem gritando atrás de nós".

Respondeu ele: "Não fui enviado senão às ovelhas que se perderam da casa de Israel".

Aproximou-se ela e prostrou-se-lhe aos pés, dizendo: "Ajuda-me, Senhor!"

Tornou Jesus: "Não convém tirar o pão aos filhos e lançá-lo aos cachorrinhos".

"Decerto, Senhor", revidou ela, "mas também os cachorrinhos comem das migalhas que caem da mesa de seus donos."

Então disse Jesus: "Ó mulher, grande é a tua fé; seja feito conforme o teu desejo!"

E a partir desta hora estava de saúde sua filha.[21-28: Mc 7,24]

Segunda multiplicação dos pães. (15,29-39)

Partindo daí, encaminhou-se Jesus para as margens do lago da Galiléia. Subiu a um monte e sentou-se ali. Reuniram-se em torno dele numerosas multidões, trazendo consigo coxos, aleijados, cegos, mudos e outros muitos; colocavam-nos aos pés de Jesus, e ele os curava. Pasmava a gente e glorificava o Deus de Israel, ao ver que os mudos falavam, os aleijados recobravam saúde, os coxos andavam e os cegos viam.

Então convocou Jesus os seus discípulos e disse: "Tenho compaixão deste povo; há três dias que estão comigo e não têm o que comer; não quero despedi-los em jejum, para que não venham a desfalecer pelo caminho".

Observaram os discípulos: "Mas donde havemos de tirar pão, neste deserto, para fartar tamanha multidão?"

"Quantos pães tendes?", perguntou Jesus.

"Sete", responderam, "mais alguns peixinhos."

Então ordenou Jesus que o povo se sentasse no chão; tomou os sete pães e os peixes, deu graças, partiu-os e entregou-os aos discípulos; e os discípulos os distribuíram ao povo. Comeram todos e ficaram fartos, e encheram ainda sete cestos com os pedaços que sobraram. Ora, os que comeram eram quatro mil homens, sem contar mulheres e crianças.

Despediu Jesus o povo, embarcou e passou para o território de Magadan.[32-39: Mc 8,1]

Sinal do céu. (16,1-4)

Então foram ter com ele os fariseus e os saduceus e, com o fim de o porem à prova, pediram que lhes fizesse ver um sinal do céu.

Respondeu-lhes Jesus: "À noite dizeis: 'Vamos ter bom tempo, porque o céu está cor de fogo'; e de manhã: 'Hoje vamos ter chuva, porque o céu está vermelho sombrio'. Compreendeis, portanto, o aspecto do céu — e não compreendeis os sinais dos tempos? Esta geração perversa e adúltera pede um sinal; mas não lhe será dado outro sinal senão o sinal de Jonas".[1-4: Mc 8,11; Lc 12,54]

O fermento dos fariseus. (16,5-12)

Chegaram os discípulos à outra margem. Mas tinham-se esquecido de levar pão. Disse-lhes Jesus: "Alerta! Cuidado com o fermento dos fariseus e saduceus!"

Ao que eles se puseram a discorrer entre si e disseram: "É que não trouxemos pão".

Jesus, percebendo-o, disse: "Homens de pouca fé! Que estais aí a inquietar-vos de não terdes trazido pão? Ainda não compreendeis nada? Nem já vos lembrais daqueles cinco pães para os cinco mil, e quantos cestos recolhestes? Nem tampouco dos sete pães para os quatro mil, e quantos cestos levastes? Por que não compreendeis que não me referia ao pão quando vos dizia: Cuidado com o fermento dos fariseus e saduceus'?"

Então compreenderam que não queria dizer que tivessem cuidado com o fermento do pão, mas com a doutrina dos fariseus e saduceus.[5-12: Mc 8,14]

A pedra da Igreja. (16,13-20)

Chegou Jesus às bandas de Cesaréia de Filipe e dirigiu a seus discípulos esta pergunta: "Quem diz a gente ser o Filho do homem?"

Responderam: "Dizem uns que é João Batista; outros, Elias; ainda outros, Jeremias, ou algum dos profetas".

"E vós", perguntou-lhes, "quem dizeis que sou eu?"

Respondeu Simão Pedro: "Tu és o Cristo, o Filho de Deus vivo!"

Tornou-lhe Jesus: "Bem-aventurado és, Simão, filho de Jonas, porque não foi a carne e o sangue que to revelou, mas meu Pai que está nos céus. E eu te digo que tu és Pedro, e sobre esta pedra edificarei a minha Igreja, e as portas do inferno não prevalecerão contra ela; eu te darei as chaves do reino dos céus; tudo o que ligares sobre a terra será também ligado nos céus".

Em seguida, inculcou aos discípulos que a ninguém dissessem ser ele o Cristo.[13-20: Mc 8,27; Lc 9,18]

Jesus prediz a sua paixão. (16,21-23)

Desde então começou Jesus a declarar a seus discípulos que tinha de ir a Jerusalém padecer muito da parte dos anciãos, escribas e sumos sacerdotes e ser morto; mas que ao terceiro dia havia de ressurgir. Então Pedro o tomou à parte e entrou a fazer-lhe recriminações, dizendo: "De modo nenhum, Senhor, que isto não te há de suceder!" Jesus, porém, voltou-se e disse a Pedro: "Vai para trás, Satã, que me és obstáculo! Não compreendes o que é de Deus, mas o que é dos homens".

Em seguimento do Cristo. (16,24-28)

Então disse Jesus a seus discípulos: "Quem quiser seguir-me negue a si mesmo, carregue a sua cruz e acompanhe-me. Pois quem quiser salvar a sua vida perdê-la-á. Mas quem perder a sua vida por minha causa encontrá-la-á. Pois que aproveita ao homem ganhar o mundo inteiro, se sofrer prejuízo em sua alma? Ou que dará o homem em troca de sua alma? Porque o Filho do homem virá na glória de seu Pai, em companhia de seus anjos, e retribuirá a cada um segundo as suas obras. Em verdade, vos digo, entre os presentes há alguns que não provarão a morte sem que presenciem o advento do Filho do homem no seu reino".

Transfiguração de Jesus. (17,1-9)

Seis dias mais tarde, tomou Jesus consigo a Pedro, Tiago e João, irmão deste, conduziu-os de parte a um monte elevado e transfigurou-se diante deles; o seu rosto resplandecia como o sol, e suas vestes se tornaram brancas como a luz. E eis que lhes apareceram Moisés e Elias, falando com ele. Então tomou Pedro a palavra e disse a Jesus: "Senhor, que bom que é estarmos aqui! Se quiseres, vou armar aqui três tendas, uma para ti, outra para Moisés e outra para Elias".

Estava ainda falando, quando uma nuvem luminosa os envolveu, e de dentro da nuvem ecoou uma voz: "Este é meu Filho amado, em quem pus a minha complacência; ouvi-o!" Ao perceberem isso, os discípulos caíram de face em terra, transidos de terror. Jesus, porém, chegou-se a eles e os tocou, dizendo: "Levantai-vos e não temais". Ergueram os olhos, e não viram ninguém senão só Jesus.

Enquanto iam descendo do monte, pôs-lhes Jesus este preceito: "Não digais a pessoa alguma o que acabais de ver, até que o Filho do homem tenha ressuscitado dentre os mortos".[1-9: Mc 9,2; Lc 9,28]

Reaparecimento de Elias. (17,10-13)

Perguntaram-lhe os discípulos: "Por que é que os escribas dizem que primeiro há de vir Elias?" Respondeu Jesus: "Elias, é certo, virá e restabelecerá tudo: mas eu vos declaro que Elias já veio; mas eles não o reconheceram e fizeram dele o que queriam. Da mesma forma, terá também o Filho do homem de padecer da parte deles". Então compreenderam os discípulos que se referia a João Batista.

O menino possesso. (17,14-21)

Depois de terem chegado aonde estava o povo, aproximou-se de Jesus um homem e lançou-se de joelhos diante dele, suplicando:

"Senhor, tem piedade de meu filho; é lunático e sofre terrivelmente; muitas vezes cai no fogo e na água; apresentei-o a teus discípulos, mas eles não foram capazes de curá-lo".

Exclamou Jesus: "Ó raça incrédula e perversa! Até quando estarei convosco, até quando vos suportarei?... Trazei-mo cá!"

Jesus repreendeu o espírito maligno, e este saiu do menino, de maneira que estava curado desde essa hora.

Foram então os discípulos ter com Jesus e perguntaram em segredo: "Por que razão não pudemos nós expulsá-lo?"

Respondeu-lhes Jesus: "Porque a vossa fé é pouca. Em verdade vos digo, se tiverdes fé, como um grão de mostarda que seja, e disserdes a este monte: 'Passa daqui para acolá' — há de passar. Nada vos será impossível. Mas esta espécie não se expulsa senão por meio de oração e de jejum". [14-21: Mc 9,14; Lc 9,37]

Jesus torna a predizer a sua paixão. (17,22-23)

Enquanto se demoravam na Galiléia, disse-lhes Jesus: "O Filho do homem vai ser entregue às mãos dos homens; hão de matá-lo; no terceiro dia, porém, ressurgirá".

Foi o que os encheu de profunda tristeza. [22-23: Mc 9,30; Lc 9,43]

O tributo do templo. (17,24-27)

Depois da chegada deles a Cafarnaum, foram ter com Pedro os cobradores das duas dracmas e lhe perguntaram: "Vosso mestre não paga as duas dracmas?"

"Decerto", respondeu ele.

Mal entrara ele em casa, quando Jesus lhe atalhou a palavra, perguntando: "Que achas, Simão, de quem cobram os reis da terra imposto ou tributo, de seus filhos, ou dos súditos?"

"Dos súditos", respondeu ele.

"Por conseguinte", acrescentou Jesus, "são isentos os filhos. Entretanto, não lhes demos motivo de escândalo; vai ao lago, lança o anzol e toma o primeiro peixe que apanhares; abre-lhe a boca, que nela encontrarás um estáter; com ele paga por mim e por ti."

Contenda dos discípulos. (18,1-4)

Naquela hora, chegaram-se a Jesus os discípulos com esta pergunta: "Quem é o maior no reino dos céus?"

Ao que Jesus chamou uma criança, colocou-a no meio deles e disse: "Em verdade, vos digo, se não vos converterdes e não vos tornardes como as crianças, não entrareis no reino dos céus. Mas quem se tornar humilde como esta criança, este é o maior no reino dos céus.

Incitamento ao pecado. (18,5-11)
Quem acolher, em meu nome, uma criança assim, a mim é que acolhe; mas quem incitar ao pecado a um desses pequeninos que crêem em mim, melhor lhe fora que lhe suspendessem ao pescoço uma grande mó e o abismassem nas profundezas do mar. Ai do mundo por causa dos incitamentos ao pecado! É inevitável que venham esses incitamentos, mas ai do homem por quem eles vierem! Se tua mão ou teu pé te forem ocasião de pecado, corta-os e lança-os de ti; melhor te é entrares na vida manco ou aleijado do que, tendo duas mãos ou dois pés, seres lançado ao fogo eterno. Se teu olho for ocasião de pecado, arranca-o e lança-o de ti; melhor te é entrares na vida com um olho do que, tendo dois, seres lançado ao fogo do inferno. Vede que não desprezeis a nenhum desses pequeninos; pois vos digo que nos céus os seus anjos contemplam sem cessar a face de meu Pai que está nos céus, porque o Filho do homem veio para salvar o que perecera.

A ovelha extraviada. (18,12-14)
Que vos parece: se alguém possui cem ovelhas e uma delas se extraviar, não deixará as noventa e nove nos montes para sair à procura da que se extraviou? E se tiver a sorte de encontrá-la, em verdade vos digo que mais alegria experimentará por causa desta do que pelas noventa e nove que não se extraviaram. Da mesma forma, é vontade de vosso Pai celeste que não venha a perder-se um só desses pequeninos.[1-14: Mc 9,33; 42-50; Lc 9,46; 17,1]

Correção fraterna. (18,15-20)
Se teu irmão cometer falta contra ti, vai e repreende-o entre ti e ele só. Se te der ouvido, terás lucrado teu irmão; mas, se não te der ouvido, toma contigo mais uma ou duas pessoas, para que pelo depoimento de duas ou três testemunhas fique tudo apurado. Se, porém, nem ouvir a esses, vai dizê-lo à Igreja; se não ouvir à Igreja, tem-no em conta de pagão e publicano.

Em verdade, vos digo que tudo o que ligardes sobre a terra será ligado também no céu; e tudo que desligardes sobre a terra será desligado também no céu. Digo-vos ainda que qualquer coisa que dois de vós sobre a terra pedirem unanimemente ser-lhes-á concedida por meu Pai que está nos céus; pois, onde quer que dois ou três se acharem reunidos em meu nome, ali estou eu no meio deles".

O servo cruel. (18,21-35)

Então se chegou Pedro a ele com esta pergunta: "Senhor, quantas vezes terei de perdoar a meu irmão que me ofende? Até sete vezes?"

Respondeu-lhe Jesus: "Digo-te eu, não sete vezes, mas setenta vezes sete vezes. Porque o reino dos céus é semelhante a um rei que quis tomar contas a seus servos. E, ao começar com a tomada de contas, apresentaram-lhe um que lhe devia dez mil talentos: mas como não tivesse com que pagar, ordenou o senhor que o vendessem, a ele, sua mulher e seus filhos e todos os seus haveres, e com isso pagassem a dívida. O servo, porém, lançou-se-lhe aos pés, suplicando: 'Senhor, tem paciência comigo, que te pagarei tudo'. Compadecido do servo, o senhor pô-lo em liberdade e lhe perdoou a dívida.

Saindo fora, encontrou o servo um dos seus companheiros, que lhe devia cem denários, deitou-lhe as mãos e estrangulava-o, dizendo: 'Paga o que me deves!' O companheiro prostrou-se-lhe aos pés, suplicando: 'Tem paciência comigo, que te pagarei'. Ele, porém, não quis; mas foi-se e o mandou lançar ao cárcere até que houvesse pago a dívida. Contristaram-se profundamente os outros servos que tinham presenciado o caso e foram dar parte a seu senhor de tudo que acabava de acontecer. Então o senhor o mandou vir à sua presença e lhe disse: 'Servo mau! Perdoei-te toda a dívida, porque me pediste; não devias, pois, também tu ter compaixão de teu companheiro, assim como eu tive compaixão de ti?'

E, indignado, o senhor o entregou aos carrascos até que houvesse pago toda a dívida.

Assim vos há de tratar meu Pai celeste, se do íntimo do coração não perdoardes uns aos outros".

Atividade de Jesus na Judéia e em Jerusalém

Rumo a Jerusalém

Indissolubilidade do matrimônio. (19,1-9)

Depois de rematar esses discursos, partiu Jesus da Galiléia e foi em demanda das regiões da Judéia além do Jordão. Muita gente o foi seguindo, e ele os curou ali.

Então se aproximaram dele uns fariseus a fim de o porem à prova, perguntando: "É permitido ao homem repudiar sua mulher por qualquer motivo?"

Respondeu-lhes Jesus: "Não tendes lido que o Creador, a princípio, fez os homens como varão e mulher, e disse: 'Por isso deixará o homem pai e mãe para aderir à sua mulher, e serão os dois uma só carne'? Portanto, já não são dois, mas uma só carne. Ora, o que Deus uniu, não o separe o homem".

Objetaram eles: "Por que, pois, mandou Moisés dar carta de divórcio e repudiar a mulher?"

Respondeu-lhes Jesus: "Por causa da dureza dos vossos corações é que Moisés vos permitiu repudiar vossas mulheres; mas de princípio não foi assim. Eu, porém, vos declaro: quem repudiar sua mulher — salvo em caso de fornicação — e casar com outra, comete adultério".[1-9: Mc 10,1]

Renúncia ao matrimônio. (19,10-12)

Disseram-lhe então os discípulos: "Se tal é a condição do homem e da mulher, é melhor não casar". Tornou-lhes Jesus: "Nem todos compreendem isso, senão somente aqueles a quem foi dado. Há quem deixe de casar porque por natureza é incapaz; há quem deixe de casar porque os homens o puseram nesse estado; e há quem deixe de casar porque ele mesmo se incapacitou por amor ao reino dos céus. Quem pode compreendê-lo, compreenda-o".

Jesus e as crianças. (19,13-15)

Apresentaram-lhe então umas crianças para que sobre elas pusesse as mãos e orasse. Os discípulos repeliram a gente. Jesus, porém, disse: "Deixai que venham a mim as crianças e não lho embargueis, porque de tais é o reino dos céus". Pôs sobre elas as mãos, e partiu daí.[13-15: Mc 10,13; Lc 18,15]

O jovem rico. (19,16-22)

Eis senão quando alguém se apresentou a Jesus com esta pergunta: "Mestre, qual o bem que devo praticar para alcançar a vida eterna?"

Respondeu-lhe Jesus: "Por que me perguntas sobre que é bom? Um só é bom. Se queres entrar na vida, guarda os mandamentos".

"Quais?", perguntou-lhe ele. Tornou Jesus: "Não matarás, não cometerás adultério, não furtarás, não levantarás falso testemunho, honrarás pai e mãe, e amarás ao próximo como a ti mesmo". Replicou-lhe o jovem: "Tudo isso tenho observado; que me falta ainda?"

Respondeu-lhe Jesus: "Se queres ser perfeito, vai, vende os teus bens e dá-os aos pobres — e terás um tesouro nos céus —, depois vem e segue-me". A essas palavras retirou-se o jovem, pesaroso; porque era possuidor de muitos bens.

Perigo das riquezas. (19,23-26)

Disse Jesus a seus discípulos: "Em verdade, vos digo que um rico dificilmente entrará no reino dos céus. Repito que mais fácil é passar um camelo pelo fundo de uma agulha do que entrar um rico no reino de Deus". Quando os discípulos ouviram isso observaram, aterrados: "Quem pode então salvar-se?". Jesus encarou-os e disse: "Para os homens é isso impossível; mas a Deus tudo é possível".[16-26; Mc 10,17; Lc 18,18]

Prêmio da pobreza voluntária. (19,27-30)

Então tomou Pedro a palavra e disse-lhe: "Eis que nós deixamos tudo e te seguimos; que recompensa teremos?"

Respondeu-lhes Jesus: "Em verdade, vos digo que, no mundo regenerado, quando o Filho do homem estiver sentado no trono da sua glória, também vós que me seguistes estareis sentados em doze tronos e julgareis as doze tribos de Israel. E todo aquele que por amor de meu nome deixar casa, irmão, irmã, pai e mãe, filho e campo receberá o cêntuplo e possuirá a vida eterna. Muitos dos que são os primeiros serão os últimos; e muitos dos que são os últimos serão os primeiros".[27-30: Mc 10,28; Lc 18,28]

Trabalhadores na vinha. (20, 1-16)

O reino dos céus é semelhante a um dono de casa que, mui de madrugada, saiu a contratar trabalhadores para a sua vinha. Ajustou com os trabalhadores o salário de um denário por dia, e mandou-os para a sua vinha.

Pelas nove horas saiu outra vez, e viu outros na praça, ociosos. Disse-lhes: 'Ide também vós para a minha vinha, e dar-vos-ei o que for justo'. Foram-se.

Por volta das doze e das três horas da tarde tornou a sair, e procedeu da mesma forma.

E, quando, pelas cinco horas da tarde, saiu mais uma vez, encontrou outros que lá estavam; e disse-lhes: 'Por que estais aqui o dia todo sem fazer nada?' Ao que lhe responderam: 'É que ninguém nos contratou'. Respondeu-lhes ele: 'Ide vós também para a minha vinha'.

Ao entardecer disse o dono da vinha a seu feitor: 'Vai chamar os trabalhadores e paga-lhes o salário, a começar pelos últimos até os primeiros'. Apresentaram-se, pois, os que tinham entrado pelas cinco horas, e recebeu cada qual um denário. Chegando, porém, os primeiros, calculavam que iam receber mais; mas também esses não receberam senão um denário cada um. E ao recebê-lo, murmuraram contra o dono de casa, dizendo: 'Esses últimos trabalharam apenas uma hora, e os igualaste a nós, que suportamos o peso e o calor do dia'.

'Meu camarada', respondeu ele a um da turma, 'não te faço injustiça. Pois não ajustaste comigo um denário? Toma, pois, o que é teu e vai-te. Mas quero dar também a este último tanto quanto a ti. Ou não me é lícito fazer dos meus bens o que quero? O teu olhar é mau porque eu sou bom?'

Assim é que os últimos são os primeiros, e os primeiros são os últimos".

Jesus prediz pela terceira vez a sua paixão. (20,17-19)

Partiu Jesus, com destino a Jerusalém. Pelo caminho, tomou de parte os doze e disse-lhes: "Eis que vamos para Jerusalém! O Filho do homem será entregue aos príncipes dos sacerdotes e aos escribas, que hão de condená-lo à morte e entregá-lo aos gentios para ser escarnecido, açoitado e crucificado; mas ao terceiro dia ressurgirá".[17-19: Mc 10,32; Lc 18,31]

Os filhos de Zebedeu. (20,20-28)

Chegou-se então a Jesus a mãe dos filhos de Zebedeu e prostrou-se-lhe aos pés para lhe fazer um pedido.

"Que desejas?", perguntou-lhe Jesus.

Respondeu ela: "Ordena que estes meus dois filhos se sentem, no teu reino, um à tua direita e outro à tua esquerda".

Replicou Jesus: "Não sabeis o que pedis: podeis beber o cálice que eu vou beber?"

"Podemos", responderam-lhe.

Tornou-lhe Jesus: "O meu cálice haveis de bebê-lo; mas isto de conceder-vos os lugares à minha direita e à minha esquerda não é comigo; competem àqueles a quem meu Pai os destinou".

Quando os outros dez ouviram isso, indignaram-se contra os dois irmãos. Pelo que Jesus os chamou a si e disse: "Sabeis que os soberanos dos gentios dominam sobre eles, e os seus grandes exercem poder sobre eles. Entre vós, porém, não há de ser assim; mas quem entre vós quiser ser grande, seja vosso escravo; e quem entre vós quiser ser o primeiro, seja vosso servo. Também o Filho do homem não veio para ser servido, mas para servir e para dar a sua vida como preço de resgate por muitos".[20-28: Mc 10,35]

Os cegos de Jericó. (20,29-34)

Quando iam saindo de Jericó, foi Jesus seguido de grande multidão de povo. E eis que à beira da estrada se achavam sentados dois cegos. Mal ouviram que Jesus vinha passando, puseram-se a clamar: "Senhor, filho de Davi, tem piedade de nós!" O povo os repreendia para que se calassem. Eles, porém, gritavam cada vez mais: "Senhor, filho de Davi, tem piedade de nós!" Ao que Jesus parou, chamou-os e perguntou: "Que quereis que vos faça?" "Senhor, que se nos abram os olhos!", responderam eles.

Jesus teve pena deles e tocou-lhes os olhos. E no mesmo instante viam, e o foram seguindo.[29-34: Mc 10,46; Lc 18,35]

Feitos messiânicos

Entrada solene em Jerusalém. (21,1-11)

Quando se iam aproximando de Jerusalém e chegaram a Betfagé, ao monte das Oliveiras, enviou Jesus dois dos seus discípulos com este recado: "Ide à povoação que tendes em frente. Não tardareis a encontrar uma jumenta presa, e com ela um jumentinho; desatai-a e trazei-mos. Se alguém puser embargo, respondei que o Senhor precisa deles: e logo os deixarão trazer".

Devia cumprir-se, destarte, a palavra do profeta: "Dizei à filha de Sião: 'Eis que o teu rei te vem visitar cheio de mansidão, montado num jumento, num jumentinho, cria de um animal de carga'".

Foram-se, pois, os discípulos e cumpriram a ordem de Jesus. Trouxeram a jumenta com o jumentinho e puseram sobre eles as suas vestes. E Jesus montou.

Numerosíssimas pessoas do povo estendiam os seus mantos pelo caminho; outros cortavam ramos das árvores e com eles juncavam a estrada. E tanto as multidões que iam adiante como as que seguiam atrás clamavam em altas vozes: "Hosana ao filho de Davi! Bendito seja quem vem em nome do Senhor! Hosana nas alturas!"

Ao entrar em Jerusalém, alvoroçou-se a cidade toda, e perguntavam: "Quem é este?" Responderam as turbas: "Este é Jesus, o profeta de Nazaré e da Galiléia".[1-11: Mc 11,1; Lc 19,29; Jo 12,12]

Purificação do templo. (21,12-17)

Em seguida, entrou Jesus no templo de Deus e expulsou todos os que vendiam e compravam no templo, derribou as mesas dos cambistas e os bancos dos que negociavam em pombas; e disse-lhes: "Está escrito que minha casa é casa de orações; vós, porém, a fizestes covil de ladrões!"

No templo, chegaram-se a Jesus cegos e coxos e ele os curou. Quando os príncipes dos sacerdotes e os escribas viram os milagres que operava, e ouviram os meninos a clamar no templo: "Hosana ao filho de Davi!", indignaram-se e lhe disseram: "Estás ouvindo o que esses clamam?" "Estou ouvindo, sim", respondeu-lhes Jesus, "e vós nunca lestes: 'Pela boca de meninos e de crianças de peito farás cantar os teus louvores'?"

Com isso os deixou, saiu da cidade e retirou-se para a Betânia, e lá ficou.[12-17: Mc 11,15; Lc 19,45]

A figueira maldita. (21,18-22)

Quando, muito de madrugada, voltou à cidade, teve fome, viu uma figueira à beira do caminho, aproximou-se dela, mas não lhe encontrou senão folhas. Disse então a ela: "Nunca jamais nasça em ti fruto algum!" Imediatamente a figueira secou. À vista disso observaram os discípulos, cheios de admiração: "Como secou tão depressa a figueira!"

Replicou-lhes Jesus: "Em verdade, vos digo que, se tiverdes fé e não vacilardes, não somente fareis o que sucedeu à figueira; mas, se disserdes a este monte: 'Sai daqui e lança-te ao mar' — assim acontecerá. Tudo que pedirdes com fé, na oração, alcançá-lo-eis".[18-22: Mc 11,12; 20,26]

A questão da autoridade. (21,23-27).

Dirigiu-se Jesus ao templo e ensinava. Então se chegaram a ele os príncipes dos sacerdotes e os anciãos do povo e lhe perguntaram: "Com que autoridade fazes isto? Quem te deu esse direito?"

Replicou-lhes Jesus: "Hei de também eu propor-vos uma pergunta; se derdes resposta, dir-vos-ei com que autoridade faço isto: donde vinha o mergulho de João, do céu ou dos homens?"

Puseram-se eles a discorrer consigo mesmos: "Se dissermos do céu, há de replicar-nos: por que, pois, não lhe destes fé? Se dissermos dos homens, teremos de temer o povo, porque todos têm a João em conta de profeta". Responderam, pois, a Jesus: "Não sabemos".

Tornou-lhes ele: "Pois, nem eu vos digo com que autoridade faço isto".[23-27: Mc 11,27; Lc 20,1]

Filho sincero, filho fingido. (21,28-32)

Qual a vossa opinião? Um homem tinha dois filhos. Foi ter com o primeiro e lhe disse: 'Meu filho, vai hoje trabalhar na vinha'. 'Sim, senhor', respondeu ele; mas não foi.

Então foi ter com o outro e falou-lhe do mesmo modo. 'Não quero', respondeu este; mas depois se arrependeu e foi. Qual dos dois cumpriu a vontade do pai?"

"O último", responderam eles.

Disse-lhes Jesus: "Em verdade, vos digo que publicanos e meretrizes entrarão no reino de Deus antes que vós. Veio João e apontou-vos o caminho da justiça; vós, porém, não lhe destes fé, ao passo que publicanos e meretrizes creram nas suas palavras. Vós o vistes, mas nem por isso vos convertestes depois, nem lhe destes fé.

Os lavradores perversos. (21,33-46)

Ouvi mais outra parábola: havia um pai de família que plantou uma vinha, cercou-a de um muro, cavou nela um lagar e levantou uma torre. Em seguida arrendou-a a uns lavradores, e ausentou-se do país. Pelo tempo da colheita enviou seus servos aos lavradores, a fim de receberem os frutos. Os lavradores, porém, prenderam os servos dele, ferindo um, matando outro e apedrejando o terceiro. Pela segunda vez enviou outros servos, em número maior que dantes. Mas eles os trataram da mesma forma. Por último mandou-lhes seu próprio filho, dizendo consigo mesmo: 'Não deixarão de respeitar a meu filho'. Os lavradores, porém, assim que avistaram o filho, disseram uns aos outros: 'Esse é o herdeiro; vamos dar cabo dele, e apoderar-nos da sua herança'. Prenderam-no, pois, lançaram-no fora da vinha e o mataram. Ora, quando vier o senhor da vinha, que fará àqueles lavradores?"

Responderam eles: "Dará mau fim àqueles maus, e arrendará a sua vinha a outros lavradores que lhe entreguem os frutos no tempo marcado".

Disse-lhe Jesus: "Nunca lestes nas escrituras: 'A pedra que os arquitetos rejeitaram, esta se tornou pedra angular; esta é obra do Senhor — coisa prodigiosa aos nossos olhos'? Digo-vos, pois, que vos será tirado o reino de Deus e dado a um povo que produza seus frutos. Quem cair sobre esta pedra será espedaçado; e sobre quem esta pedra cair, esmagá-lo-á".

Repararam então os príncipes dos sacerdotes e os fariseus que tinham ouvido essas parábolas que Jesus se referia a eles. Pelo que queriam prendê-lo; mas temiam o povo, que o tinha em conta de profeta.[33-46: Mc 12,1; Lc 20,9]

O banquete nupcial. (22,1-14)

Continuou Jesus a falar-lhes em forma de parábolas, dizendo: "O reino dos céus é semelhante a um rei que celebrava as núpcias de seu filho. Mandou os seus servos para chamar às núpcias os convidados. Estes, porém, não quiseram vir. Então mandou outros servos com esta ordem: 'Dizei aos convidados: eis que tenho pronto o meu banquete; vinde às núpcias'. Eles, todavia, não ligaram importância, e foramse embora, um para seu campo, outro para o seu negócio; os restantes prenderam os servos, maltrataram-nos e os mataram. Indignou-se o rei a esta notícia, mandou os seus exércitos, deu cabo daqueles assassinos e pôs fogo à sua cidade. Em seguida, disse a seus servos: 'Está pronto o banquete nupcial; mas os convidados não foram dignos dele. Ide, pois, pelas encruzilhadas e convidai às núpcias a quanto encontrardes'. Saíram os servos estradas afora e ajuntaram todos os que encontraram, bons e maus; e encheu-se de convivas a sala do banquete.

Nisto entrou o rei para ver os que estavam à mesa. E deparou-selhe um homem que não trajava veste nupcial. 'Amigo' disse-lhe, 'como entraste aqui sem teres a veste nupcial?' Aquele, porém, ficou calado. Ordenou então o rei aos servos: 'Atai-o de mãos e pés e lançaio às trevas de fora; aí haverá choro e ranger de dentes. Porque muitos são os chamados, mas poucos os escolhidos'".

A questão do tributo. (22,15-22)

Foram os fariseus fazer uma consulta entre si a ver se apanhavam a Jesus em alguma das suas palavras. Enviaram-lhe, pois, seus discípulos em companhia de herodianos e lhe mandaram dizer: "Mestre, sabemos que és amigo da verdade, que ensinas o caminho de Deus conforme a verdade; que não dás preferência a ninguém, porque não levas em conta as aparências. Dize-nos, pois, qual a tua opinião: é lícito pagar tributo a César, ou não?"

Percebeu-lhes Jesus a astúcia e respondeu: "Hipócritas! Por que me tentais? Mostrai-me a moeda do tributo". Apresentaram-lhe um denário. Perguntou-lhes Jesus: "De quem é esta imagem e a inscrição?" "De César", responderam-lhe. Tornou-lhes ele: "Dai, pois, a César o que é de César, e a Deus o que é de Deus".

Ouvindo isso, pasmaram, deixaram-no e foram-se embora.[15-22: Mc 12,13; Lc 20,20]

A questão da ressurreição. (22,23-33)

Ainda no mesmo dia foram ter com Jesus uns saduceus — que negam a ressurreição — e lhe propuseram a questão seguinte: "Mestre, ordenou Moisés que, se alguém morresse sem deixar filhos, o irmão dele casasse com a mulher e desse descendentes ao irmão. Ora, havia entre nós sete irmãos. Casou-se o primeiro, e morreu sem filhos; e deixou a mulher a seu irmão. O mesmo aconteceu com o segundo e o terceiro, até o sétimo. Por último, faleceu também a mulher. A quem dos sete pertencerá a mulher, na ressurreição? Pois foi de todos..."

Replicou-lhe Jesus: "Estais em erro; não conheceis nem as escrituras, nem o poder de Deus. Pois na ressurreição não se há de casar nem dar em casamento; mas serão como os anjos de Deus no céu. Quanto à ressurreição dos mortos, não tendes lido o que Deus vos disse: 'Eu sou o Deus de Abraão, o Deus de Isaac e o Deus de Jacó'? Ora, Deus não é Deus dos mortos, mas, sim, dos vivos".

As multidões que isso ouviram pasmaram da sua doutrina.[23-33: Mc 12,18; Lc 20,27]

O mandamento máximo. (22,34-40)

Quando os fariseus souberam que Jesus tinha reduzido ao silêncio os saduceus, reuniram-se em conselho. Um deles, que era doutor da lei, quis armar uma cilada a Jesus com esta pergunta: "Mestre, qual é o maior mandamento na lei?"

Respondeu-lhe ele: "Amarás o Senhor teu Deus de todo o teu

coração, de toda a tua alma e de toda a tua mente. Esse é o primeiro e o maior dos mandamentos. O segundo, porém, é semelhante a esse: amarás o teu próximo como a ti mesmo. Nesses dois mandamentos se baseiam toda a lei e os profetas". [34-40: Mc 12,28; Lc 10,25]

O filho de Davi. (22,41-46)

Ora, como os fariseus estivessem aí reunidos, propôs-lhes Jesus esta pergunta: "Que opinião formais de Cristo? De quem é filho?"

"De Davi", responderam-lhe.

Respondeu-lhes Jesus: "Como é, pois, que Davi, em espírito, o chama Senhor, dizendo: 'Disse o Senhor a meu Senhor: senta-te à minha direita até que eu reduza os teus inimigos a escabelo de teus pés'? Se, portanto, Davi lhe chama Senhor, como é que é seu filho?"

E não houve quem lhe soubesse responder palavra. A partir desse dia, já ninguém ousava fazer-lhe perguntas. [41-46: Mc 12,35; Lc 20,41]

Espírito farisaico. (23,1-12)

Então disse Jesus ao povo e aos discípulos: "Sobre a cátedra de Moisés estão sentados escribas e fariseus. Fazei e guardai tudo que vos disserem; porém, não imiteis as suas obras, porque falam, mas não o executam. Armam fardos pesados e insuportáveis e os põem aos ombros da gente, ao passo que eles mesmos nem com um dedo os querem tocar. Tudo que fazem é para serem vistos da gente; por isso é que usam filactérios bem largos e borlas volumosas; gostam de ocupar lugar de honra nos banquetes e os primeiros assentos nas sinagogas; fazem questão de ser cumprimentados nas praças e chamados 'mestres' pelos homens.

Vós, porém, não queirais ser chamados mestres; porque um só é o vosso mestre, e todos vós sois irmãos. Nem queirais chamar pai a algum dentre vós sobre a terra; porque um só é o vosso pai: o Pai celeste. Nem tampouco vos intituleis guias; porque um só é o vosso guia: Cristo. Quem for o maior dentre vós seja vosso servo. Pois quem se exaltar será humilhado, e quem se humilhar será exaltado".

Ai de vós, fariseus! (23,13-36)

Ai de vós, escribas e fariseus hipócritas, que fechais o reino dos céus aos homens! Vós mesmos não entrais, nem deixais entrar aos que querem entrar.

Ai de vós, escribas e fariseus hipócritas, que correis terras e mares para ganhar um prosélito e, depois de ganho, o tornais filho do inferno duas vezes pior que vós!

Ai de vós, guias cegos! Dizeis que jurar pelo templo nada vale; mas quem jurar pelo ouro do templo ligado está. Insensatos e cegos que sois! Que vale mais: o ouro ou o templo que santifica o ouro? Dizeis ainda que jurar pelo altar nada vale; mas quem jurar pela oferenda que nele se acha ligado está. Cegos que sois! Que vale mais: a oferenda ou o altar que santifica a oferenda? Quem, pois, jurar pelo altar, jura por ele e por tudo o que nele se acha. Quem jurar pelo templo, jura por ele e por tudo que nele habita. Quem jurar pelo céu, jura pelo trono de Deus e por aquele que no trono está sentado.

Ai de vós, escribas e fariseus hipócritas, que pagais o dízimo da hortelã, do funcho e do cominho, e menosprezais o que há de mais importante na lei: a justiça, a misericórdia, a fidelidade! Isto se deve fazer, mas não omitir aquilo. Guias cegos que sois! Coais um mosquito e engulis um camelo.

Ai de vós, escribas e fariseus hipócritas, que limpais por fora o copo e o prato, e por dentro estais cheios de rapina e de voracidade. Fariseu cego! Purifica primeiro o que está dentro do copo e do prato, para que também o que está fora fique limpo.

Ai de vós, escribas e fariseus hipócritas, que sois semelhantes a sepulcros caiados, que por fora se apresentam formosos, mas por dentro estão cheios de ossadas e toda espécie de podridão! Assim é que também vós, no exterior, pareceis justos aos homens, quando no interior estais cheios de hipocrisia e maldade.

Ai de vós, escribas e fariseus hipócritas, que levantais monumentos aos profetas e adornais os sepulcros dos justos e dizeis: 'Se nós tivéssemos vivido nos dias de nossos pais, não nos teríamos tornado réus do sangue dos profetas'. Com isto dais testemunho, vós mesmos, de que sois filhos dos que mataram os profetas. Assim acabais de encher a medida de vossos pais. Raça de serpentes e víboras! Como escapareis à condenação do inferno?

Por isso, eis que vos envio profetas e sábios e escribas. A uns deles haveis de matar e pregar na cruz; a outros haveis de açoitar nas vossas sinagogas e perseguir de cidade em cidade. Destarte virá sobre vós todo o sangue que foi derramado, inocente, sobre a terra, a começar pelo sangue do justo Abel, até o sangue de Zacarias, filho de Baraquias, que assassinastes entre o templo e o altar. Em verdade, vos digo que tudo isso virá a recair sobre esta raça.[1-36: Mc 12,39; Lc 20,45; 11,37]

Queixa sobre Jerusalém. (23,37-39)

Jerusalém, Jerusalém, que matas os profetas e apedrejas os que te são enviados! Quantas vezes tenho querido reunir os teus filhos assim como a galinha recolhe os seus pintinhos debaixo das asas — vós, porém, não quisestes! Eis que vos será deixada deserta a vossa casa, pois vos declaro que doravante já não me vereis até que digais: 'Bendito seja o que vem em nome do Senhor!'"[37-39: Lc 13,34]

Profecia sobre a destruição de Jerusalém e o fim do mundo

Ocasião. (24,1-3)

Deixou Jesus o templo e se foi embora. Então se chegaram a ele os seus discípulos e lhe chamaram a atenção para os edifícios do templo. Disse-lhes Jesus: "Vedes tudo isto! Em verdade, vos digo que não ficará aí pedra sobre pedra; será tudo arrasado".

Sentou-se então no monte das Oliveiras. E foram ter com ele os discípulos, a sós, e perguntaram-lhe: "Dize-nos quando acontecerão estas coisas, e qual será o sinal do teu advento no fim do mundo".

Grandes tribulações. (24,4-14)

Respondeu-lhes Jesus: "Tomai cuidado que ninguém vos engane! Porque aparecerão muitos em meu nome, dizendo: 'Eu sou o Cristo!' e a muitos hão de enganar. Ouvireis falar de guerras e boatos de guerras. Ficai alerta e não nos perturbeis com isso. É necessário que assim aconteça, mas ainda não é o fim. Porque se levantará nação contra nação, e reino contra reino; haverá fome, peste e terremotos, por toda parte. Mas tudo isso será apenas o princípio das dores. Então vos hão de entregar à tribulação e à morte; e por causa do meu nome sereis odiados de todos os povos. Muitos hão de perder a fé, atraiçoar-se e odiar-se uns aos outros. Surgirão falsos profetas em grande número, iludindo a muitos. E com o excesso da impiedade há de o amor arrefecer nos corações de muitos. Mas quem perseverar até o fim será salvo. Será este evangelho do reino pregado no mundo inteiro, em testemunho a todos os povos; só depois disto virá o fim.[1-14: Mc 13,1; Lc 21,5]

Prenúncios da destruição de Jerusalém. (24,15-22)

Quando, pois, virdes reinar no lugar santo os horrores da desolação, de que falou o profeta Daniel — atenda a isto o leitor! —, então fujam para os montes os que estiverem na Judéia; e quem se achar no telhado não desça para buscar alguma coisa em casa; e quem estiver no campo não volte para buscar o seu manto. Ai das mulheres que naqueles dias andarem grávidas, ou com filhinho ao peito! Orai para que a vossa fuga não incida no inverno nem em dia de sábado. Então sobrevirá uma tribulação tão grande como não tem havido igual desde o princípio do mundo até agora, nem haverá jamais. Se aqueles dias não fossem abreviados, não se salvaria pessoa alguma; mas aqueles dias serão abreviados em atenção aos escolhidos.

Horrores finais. (24,23-28)

Quando então alguém vos disser: 'Eis aqui está o Cristo! Ei-lo acolá!' — não o acrediteis; porque aparecerão falsos Cristos e falsos profetas, que farão grandes sinais e prodígios, a ponto de enganarem possivelmente até os escolhidos. Eis que vos ponho de sobreaviso! Quando, pois, vos disserem: 'Eis que está no deserto!' — não saiais; 'eis que está no interior da casa!' — não lhes deis crédito. Pois, assim como o relâmpago que rompe no oriente fuzila até ao ocidente, assim há de ser também na vinda do Filho do homem. Onde houver carniça aí se ajuntam as águias.

Segunda vinda do Cristo. (24,29-31)

Logo depois da tribulação daqueles dias, escurecerá o sol, e a lua já não dará a sua claridade; as estrelas cairão do céu, e serão abaladas as energias do firmamento. Então aparecerá no céu o sinal do Filho do homem; lamentar-se-ão todos os povos da terra, e verão o Filho do homem vindo sobre as nuvens do céu, com grande poder e majestade. Enviará os seus anjos, ao som vibrante da trombeta, e ajuntarão os seus escolhidos dos quatro pontos cardeais, de uma extremidade do céu até a outra.

Parábola da figueira. (24,32-36)

Aprendei isto por uma semelhança tirada da figueira: quando os seus ramos se vão enchendo de seivas e brotando folhas, sabeis que está próximo o verão. Do mesmo modo, quando presenciardes tudo isso, sabei que está iminente, à porta. Em verdade, vos digo que não passará aquela geração sem que tudo isso aconteça. O céu e a terra passarão, mas não passarão as minhas palavras. Aquele dia, porém, e aquela hora ninguém os conhece, nem mesmo os anjos do céu; mas tão-somente o Pai.[32-36: Mc 13,26; Lc 21,29] [15-36: Mc 13,14; Lc 21,20]

Vigilância. (24,37-44)

Como foi nos tempos de Noé, assim há de ser quando vier o Filho do homem. Nos dias que precederam o dilúvio, a gente comia e bebia, casava e dava em casamento, até o dia em que Noé entrou na arca; e não atinaram até que veio o dilúvio e os arrebatou a todos. Bem assim há de ser por ocasião do advento do Filho do homem. Depois que se acharem no campo, um será admitido, e o outro deixado de parte; de duas mulheres que estiverem moendo no moinho, uma será admitida, e a outra deixada de parte. Alerta, pois, porque não conheceis o dia em que virá nosso Senhor! Atendei a isto: se o pai de família soubesse em que hora da noite havia de vir o ladrão, decerto vigiaria e não o deixaria penetrar em sua casa. Ficai, pois, alerta também vós; porque o Filho do homem virá numa hora em que não o esperais.

O fiel administrador. (24,45-51)

Quem será o servo fiel e prudente a quem o senhor pôs à testa dos seus fâmulos, para, em tempo exato, lhes dar o sustento? Bem haja o servo a quem o senhor, na sua volta, encontrar com esse procedimento! Em verdade, vos digo que lhe confiará a administração de todos os seus bens. Se, pelo contrário, aquele servo for mau e disser consigo: 'Meu senhor não voltará tão cedo'; e começar a espancar os seus companheiros, e comer e beber com os beberrões, aparecerá o senhor desse servo num dia em que ele não o espera e numa hora que desconhece, e o punirá e lhe dará lugar entre os hipócritas; aí haverá choro e ranger de dentes.[37-51: Mc 13,33; Lc 21,34; 17,26; 12,39]

As dez virgens. (25,1-13)

Então será o reino dos céus semelhante a dez virgens que, empunhando as suas lâmpadas, saíram ao encontro do esposo. Cinco delas eram tolas, e cinco sábias. As tolas tomaram as suas lâmpadas, mas não levaram azeite consigo; ao passo que as sábias levaram óleo nas suas vasilhas juntamente com as lâmpadas. Ora, como o esposo tardasse a vir, ficaram todas com sono e adormeceram. À meia-noite, soou o grito: 'Eis que vem o esposo; saí ao seu encontro!' Então se levantaram todas aquelas virgens e aprontaram as suas lâmpadas. As tolas pediram às sábias: 'Dai-nos do vosso óleo, porque as nossas lâmpadas se apagam'. 'Não', responderam as sábias, 'não chegaria para nós e para vós; ide antes aos vendedores, e comprai para vós'.

Enquanto iam comprar, chegou o esposo. As que estavam preparadas entraram com ele para as núpcias, e fechou-se a porta. Finalmente, chegaram as outras virgens e disseram: 'Senhor, Senhor, abre-nos!'

Ele, porém, replicou: 'Em verdade, vos digo que não vos conheço'.

Ficai, pois, alerta, porque não sabeis nem o dia nem a hora!

Os talentos. (25,14-30)

Acontecerá como a certo homem que estava prestes a partir para terras longínquas. Chamou os servos e lhes confiou seus bens. A um deu cinco talentos, a outro dois, ao terceiro um, a cada um segundo a sua capacidade. E partiu imediatamente.

Ora, o que recebera cinco talentos logo entrou a negociar com eles, e ganhou mais cinco. Do mesmo modo, o que recebera dois talentos ganhou mais dois. Mas o que recebera um talento foi-se e enterrou o dinheiro do seu senhor.

Passado muito tempo, voltou o senhor daqueles servos e os chamou a contas. Apresentou-se o que tinha recebido cinco talentos, trouxe mais cinco talentos, e disse: 'Senhor, entregaste-me cinco talentos; eis mais cinco talentos, que ganhei'.

'Muito bem, servo bom e fiel', respondeu-lhe o senhor, 'já que foste fiel no pouco, constituir-te-ei sobre o muito; entra no gozo de teu senhor'.

Apresentou-se o que tinha recebido os dois talentos e disse: 'Senhor, entregaste-me dois talentos; eis mais dois talentos, que ganhei'.

'Muito bem, servo bom e fiel', respondeu-lhe o senhor, 'já que foste fiel no pouco, constituir-te-ei sobre o muito; entra no gozo do teu senhor'.

Apresentou-se por fim o que recebera um talento e disse: 'Bem te conheço, senhor; és homem rigoroso; colhes onde não semeaste e ajustas onde não espalhaste. Pelo que tive medo de ti e fui enterrar o teu talento; aí tens o que é teu'.

Respondeu-lhe o senhor: 'Servo mau e preguiçoso! Sabias que colho onde não semeei, e ajunto onde não espalhei; devias, por conseguinte, colocar o meu dinheiro no banco e eu, na minha volta, teria recebido com juros o meu capital. Tirai-lhe, pois, o talento, e entregai-o a quem tem os dez talentos. Porque, ao que tem dar-se-lhe-á, e terá em abundância, mas ao que não tem, tirar-se-lhe-á aquilo que tem. A esse servo inútil, porém, lançai-o às trevas de fora. Aí haverá choro e ranger de dentes.[14-30: Lc 19,11]

O juízo universal. (25,31-46)
Quando vier o Filho do homem na sua majestade, em companhia de todos os anjos, sentar-se-á no trono da sua glória. E reunir-se-ão diante dele todos os povos. E ele os separará uns dos outros, assim como o pastor separa dos cabritos as ovelhas. Colocará à sua direita as ovelhas, e à esquerda os cabritos. Então dirá o rei aos que se acharem à sua direita: 'Vinde, benditos de meu Pai; tomai posse do reino que vos está preparado desde o princípio do mundo. Porque eu estava com fome, e me destes de comer; estava com sede, e me destes de beber; andava forasteiro, e me agasalhastes; estava nu, e me vestistes; estava doente, e me visitastes; estava preso, e me viestes ver'.

Então lhe perguntarão os justos: 'Senhor, quando foi que te vimos com fome, e te demos de comer? Ou com sede, e te demos de beber? Quando te vimos forasteiro, e te demos agasalho? Ou nu, e te vestimos? Quando te vimos doente ou preso, e te fomos ver?'

Responder-lhes-á o rei: 'Em verdade, vos digo, o que fizestes a algum destes meus irmãos mais pequeninos, a mim é que o fizestes'.

Em seguida, dirá aos que estiverem à sua esquerda: 'Apartai-vos de mim, malditos, para o fogo eterno preparado ao diabo e seus anjos! Porque eu estava com fome, e não me destes de comer; estava com sede, e não me destes de beber; andava forasteiro, e não me agasalhastes; estava nu, e não me vestistes; estava doente e preso, e não me visitastes'.

Perguntar-lhe-ão também estes: 'Quando foi, Senhor, que te vimos com fome, ou com sede, ou forasteiro, ou nu, ou doente, ou preso, e deixamos de acudir-te?'

Mas ele lhes responderá: 'Em verdade, vos digo, o que deixastes de fazer a algum destes mais pequeninos, a mim é que deixastes de o fazer'.

E irão estes para o suplício eterno; os justos, porém, para a vida eterna".

Paixão, morte e ressurreição de Jesus

Última ceia

Resolução do Sinédrio. (26,1-5)

Depois de terminar todos esses discursos, disse Jesus aos seus discípulos: "Sabeis que daqui a dois dias é a páscoa; então o Filho do homem será entregue para ser crucificado".

Então se reuniram os príncipes dos sacerdotes e os anciãos do povo no palácio do pontífice, que se chamava Caifás, e deliberaram como prenderiam astuciosamente a Jesus para o matar. Mas que não seja no dia da festa, diziam, a fim de não se amotinar o povo.[1-5: Mc 14,1; Lc 22,1]

Jesus ungido em Betânia. (26,6-13)

Achava-se Jesus em Betânia. Quando estava à mesa, em casa de Simão, o leproso, aproximou-se dele uma mulher com um vaso de alabastro cheio de um ungüento precioso, e derramou-o sobre a cabeça de Jesus. Os discípulos, quando viram isso, se indignaram e disseram: "Para que este desperdício? Podia ter-se vendido isto a bom preço e dado aos pobres".

Jesus, reparando isso, respondeu-lhes: "Por que molestais essa mulher? Praticou um belo gesto para comigo. Pobres sempre os tendes convosco; a mim, porém, nem sempre me tendes. Se derramou este ungüento sobre o meu corpo, foi para minha sepultura. Em verdade, vos digo, onde quer que for proclamado este evangelho, em todo o mundo, há de ser contado também, em memória dela, o que ela fez".[6-13: Mc 14,8; Jo 12,1]

Plano de Judas. (26,14-16)

Então um dos doze, por nome Judas Iscariotes, foi ter com os príncipes dos sacerdotes e disse: "Que me quereis dar, se vo-lo entregar?" Pagaram-lhe trinta moedas de prata. A partir daí procurava ele uma ocasião para o entregar.[14-16: Mc 14,10; Lc 22,3]

A ceia pascal. (26,17-25)

No primeiro dia dos pães ázimos, foram os discípulos ter com Jesus e lhe perguntaram: "Onde queres que te preparemos a ceia pascal?"

Respondeu Jesus: "Ide à cidade, à casa de fulano e dizei-lhe: 'O

Mestre manda dizer: o meu tempo vem chegando; em tua casa desejo comer a ceia pascal com os meus discípulos".

Executaram os discípulos a ordem de Jesus e prepararam a ceia pascal.

Ao anoitecer, sentou-se Jesus à mesa com os doze. Durante a ceia disse: "Em verdade, vos digo que um de vós me há de entregar". Profundamente contristados, começaram eles a perguntar-lhe, um após outro: "Acaso sou eu, Senhor?"

Respondeu ele: "Quem meter comigo a mão no prato, esse me há de entregar. O Filho do homem vai à morte, sim, conforme está escrito dele; mas ai do homem por quem o Filho do homem for atraiçoado! Melhor fora a esse homem não ter nascido".

Perguntou então Judas, o traidor: "Acaso sou eu, Mestre?". Respondeu Jesus: "É como disseste".[17-25: Mc 14,12; Lc 22,7; Jo 13,21]

A parábola do pão e do vinho. (26,26-29)

Durante a ceia tomou Jesus o pão, benzeu-o, partiu-o e deu-o a seus discípulos, dizendo: "Tomai e comei; isto é meu corpo".

Depois, tomou o cálice, deu graças e o apresentou aos discípulos, dizendo: "Bebei dele todos; porque isto é o meu sangue, do testamento, que é derramado por muitos, em remissão dos pecados. Digo-vos, todavia, que a partir de hoje não mais beberei deste fruto da videira, até o dia em que convosco o beber, novo, no reino de meu Pai".[28-29: Mc 14,22; Lc 22,19]

Protestos dos discípulos. (26,30-35)

Em seguida, recitaram o hino e saíram para o monte das Oliveiras. Disse-lhes então Jesus: "Esta noite serei a todos vós motivo de decepção; pois está escrito: 'Ferirei o pastor e dispersar-se-ão as ovelhas do rebanho'. Mas, depois de ressuscitado, irei adiante de vós para a Galiléia".

Disse então Pedro: "Ainda que todos se decepcionem de ti, eu nunca serei decepcionado".

Replicou Jesus: "Em verdade, te digo que ainda esta noite, antes de o galo cantar, me hás de negar três vezes".

Pedro, porém, protestava, dizendo: "Ainda que tivesse de morrer contigo, não te negaria".

De modo semelhante protestavam todos os outros discípulos.[31-35: Mc 14,27; Lc 22,31; Jo 13,36]

Agonia de Jesus. (26,36-46)

Então se encaminhou Jesus com eles a uma granja, de nome Getsêmani, e disse aos discípulos: "Sentai-vos aqui, enquanto eu vou aí orar". Tomou consigo somente a Pedro e os dois filhos de Zebedeu. Então começou a encher-se de tristeza e de angústia, dizendo-lhes: "Minha alma está em tristeza mortal; ficai aqui e vigiai comigo". Adiantou-se um pouco, caiu de face em terra e orou: "Meu Pai, se é possível, passe de mim este cálice. Contudo, não seja como eu quero, mas como tu queres".

Em seguida, foi ter com os discípulos, e os encontrou dormindo. Disse a Pedro: "Então não pudestes vigiar comigo uma hora? Vigiai e orai para não cairdes em tentação; o espírito está pronto, sim, mas a carne é fraca".

Retirou-se pela segunda vez e orou: "Meu Pai, se não é possível que passe este cálice sem que eu o beba, faça-se a tua vontade!"

Quando voltou, outra vez os encontrou dormindo; estavam com os olhos carregados.

Deixou-os, retirou-se novamente e orou pela terceira vez, repetindo as mesmas palavras. Depois voltou a ter com os seus discípulos e disse-lhes: "Continuais a dormir tranqüilamente? Eis que chegou a hora em que o Filho do homem vai ser entregue às mãos dos pecadores. Levantai-vos! Vamos! Eis que aí vem o meu traidor!"[36-46: Mc 14,32; Lc 22,40]

Prisão de Jesus. (26,47-56)

Ainda estava Jesus a falar, quando chegou Judas, um dos doze, acompanhado de uma multidão de gente armada de espadas e varapaus, por ordem dos príncipes dos sacerdotes e anciãos do povo. Tinha o traidor combinado com eles este sinal: "A quem eu beijar, esse é; prendei-o". Logo se aproximou de Jesus com as palavras "Salve, Mestre!" e beijou-o.

Respondeu-lhe Jesus: "Amigo, a que vieste?"

Nisto se aproximaram eles, deitaram as mãos a Jesus e o prenderam. Um dos companheiros de Jesus puxou da espada e, vibrando-a contra um servo do sumo sacerdote, cortou-lhe uma orelha. Disse-lhe Jesus: "Mete a espada na bainha; todos os que manejarem espada, à espada perecerão; cuidas então que meu Pai não me mandaria em auxílio, agora mesmo, mais de doze legiões de anjos, se lho pedisse? Mas como se cumpririam, então, as escrituras, segundo as quais assim deve acontecer?"

À multidão, porém, disse Jesus naquela hora: "Como se fora a um ladrão, assim saístes com espadas e varapaus para prender-me; e, no entanto, dia a dia, estava eu sentado no templo, a ensinar, e não me prendestes. Mas tudo isto aconteceu para que se cumprissem as escrituras dos profetas".

Então o abandonaram todos os discípulos e fugiram.[47-56: Mc 14,43; Lc 22,47; Jo 18,1]

Jesus diante do Sinédrio. (26,57-68)

Os esbirros levaram Jesus à presença do sumo sacerdote Caifás, onde se reuniram os escribas e os anciãos.

Pedro o foi seguindo de longe até o pátio do sumo sacerdote; entrou e sentou-se no meio dos servos para ver o fim. Os príncipes dos sacerdotes e todo o Sinédrio andavam em busca de algum falso testemunho contra Jesus, a fim de o condenarem à morte; mas não acharam, conquanto se apresentassem muitas falsas testemunhas. Por fim, apareceram mais dois, que depuseram: "Este homem afirmou: 'Posso destruir o templo de Deus e reedificá-lo em três dias'". Levantou-se então o sumo sacerdote e disse-lhe: "Não respondes coisa alguma ao que esses depõem contra ti?" Jesus, porém, permaneceu calado. Disse-lhe então o sumo sacerdote: "Conjuro-te pelo Deus vivo que nos digas se tu és o Cristo, o Filho de Deus!"

Respondeu-lhe Jesus: "É como disseste; e declaro-vos que, a partir daqui, vereis o Filho do homem sentado à direita do Poder e vir sobre as nuvens do céu".

A isso o sumo sacerdote rasgou as suas vestiduras, exclamando: "Blasfemou! Que necessidade temos ainda de testemunhas? Vós mesmos acabais de ouvir a blasfêmia; que vos parece?"

"É réu de morte", bradaram eles.

E passaram a cuspir-lhe na face e a feri-lo a punhadas. Outros davam-lhe bofetadas, dizendo: "Profetiza-nos, ó Cristo, quem foi que te bateu?".[57-68: Mc 14,53; Lc 22,63]

Negação de Pedro. (26,69-75)

Entrementes, estava Pedro sentado fora do pátio. Chegou-se a ele uma criada e disse: "Também tu estavas com Jesus, o galileu".

Ele, porém, negou diante de todos, dizendo: "Não entendo o que dizes".

Ia Pedro saindo ao portal, quando o viu outra criada, e disse para os circunstantes: "Esse também estava com Jesus, o nazareno".

Pela segunda vez negou ele, e com juramento, dizendo: "Não conheço esse homem".

Decorrido pouco tempo, acudiram os circunstantes, dizendo a Pedro: "Realmente, tu também és do número deles; a tua linguagem te dá a conhecer".

Então começou ele a praguejar e a jurar que não conhecia aquele homem. E imediatamente cantou o galo.

Nisso se lembrou Pedro do que lhe dissera Jesus: "Antes de o galo cantar, três vezes me terás negado". Saiu para fora e chorou amargamente.[69-75: Mc 14,66; Lc 22,54; Jo 18,15]

Fim do traidor. (27,1-10)

Pela madrugada, resolveram os príncipes dos sacerdotes e os anciãos do povo, de comum acordo, entregar Jesus à morte. Conduziram-no preso e entregaram-no ao governador Pilatos.[1-2: Mc 15,1; Lc 23,1; Jo 18,28]

Ora, quando seu traidor, Judas, viu que Jesus estava condenado, sentiu-se tomado de arrependimento e foi devolver as trinta moedas de prata aos príncipes dos sacerdotes e anciãos, dizendo: "Pequei, entreguei sangue inocente".

Replicaram eles: "Que temos nós com isto? Avém-te lá contigo mesmo!"

Então lançou ele as moedas de prata no templo, foi-se embora e enforcou-se. Os príncipes dos sacerdotes recolheram as moedas e disseram: "Não é lícito lançá-las no cofre do templo, porque é preço de sangue". Deliberaram comprar com elas o campo de um oleiro para servir de cemitério aos forasteiros. Por essa razão é chamado aquele campo, até o presente dia: campo de sangue. Assim se cumpriu a palavra do profeta Jeremias: "Tomam as trinta moedas de prata, custo em que os filhos de Israel avaliam aquele que foi posto a preço, e as dão pelo campo de um oleiro. Essa ordem me deu o Senhor".

Jesus diante de Pilatos. (27,11-26)

Foi Jesus apresentado ao governador. E o governador lhe dirigiu esta pergunta: "És tu o rei dos judeus?" Respondeu-lhe Jesus: "É como dizes". Entretanto, não deu resposta alguma às acusações dos sacerdotes e anciãos. Perguntou-lhe então Pilatos: "Não ouves de quanta coisa te fazem carga?"

Jesus, porém, não lhe respondeu a pergunta alguma, de maneira que o governador se admirou grandemente.

Ora, costumava o governador soltar-lhes, por ocasião da festa, um dos presos a quem o povo pedisse. Tinha, naquele tempo, um preso famigerado, por nome Barrabás. Perguntou, pois, Pilatos ao povo reunido: "Quem quereis que vos ponha em liberdade: Barrabás, ou Jesus, que se chama o Cristo?" Pois bem sabia que por inveja lho tinham entregado.

Quando Pilatos estava sentado no tribunal, mandou-lhe sua mulher este recado: "Nada tenhas que ver com esse justo; porque muito padeci hoje, em sonho, por causa dele".

Entretanto, os príncipes dos sacerdotes e os anciãos instigaram o povo a que pedisse a Barrabás e fizesse morrer a Jesus.

Interrogou-os o governador: "Qual dos dois quereis que vos ponha em liberdade?"

"Barrabás!", clamaram eles.

Tornou-lhes Pilatos: "E que farei de Jesus, que se chama o Cristo?"

"Crucifica-o!", gritaram todos.

Retrucou-lhes o governador: "Pois que mal fez ele?" Eles, porém, gritaram ainda mais alto: "Crucifica-o!"

Vendo Pilatos que nada adiantava e que o tumulto se tornava cada vez maior, mandou vir água e lavou as mãos à vista do povo, dizendo: "Eu sou inocente do sangue deste justo; respondei vós por ele".

Bradou então o povo em peso: "O seu sangue caia sobre nós e sobre nossos filhos".

Soltou-lhes, pois, Barrabás. A Jesus, porém, mandou-o açoitar e, em seguida, lho entregou para ser crucificado.[11-26: Mc 15,1; Lc 23,1; Jo 18,28]

Coroação de espinhos. (27,27-30)

Então, os soldados do governador levaram Jesus ao pretório e reuniram em torno dele todo o destacamento. Despojaram-no das suas vestes e lançaram-lhe aos ombros um manto escarlate; teceram uma coroa de espinhos e lha puseram sobre a cabeça, e meteram-lhe uma cana na mão direita. Dobravam o joelho diante dele e o escarneciam, dizendo: "Salve, rei dos judeus!" Cuspiam nele, tiravam-lhe a cana e davam-lhe com ela na cabeça.[27-30: Mc 15,16; Jo 19,2]

Crucifixão. (27,31-38)

Depois de o terem ludibriado, tiraram-lhe o manto, tornaram a vestir-lhe as suas vestiduras e o conduziram fora para o crucificarem. Pelo caminho encontraram um homem de Cirene, por nome Simão. Obrigaram-no a carregar-lhe a cruz. Chegaram, pois, ao lugar que se chama Gólgota, isto é, lugar de caveiras. Deram-lhe a beber vinho misturado com fel. Jesus o provou, mas não quis beber. Então o pregaram na cruz, e repartiram entre si as vestes dele, deitando sortes.

Depois sentaram-se e lhe faziam guarda. Puseram-lhe sobre a cabeça um letreiro, com a indicação do seu crime: "Este é Jesus, rei dos judeus". Juntamente com ele foram crucificados dois malfeitores, um à direita, outro à esquerda.

Impropérios. (27,39-44)

Os transeuntes o escarneciam, meneavam a cabeça, e diziam: "Tu, que destróis o templo e em três dias o reedificas, salva-te a ti mesmo; se és o Filho de Deus, desce da cruz".

Da mesma forma mofavam os príncipes dos sacerdotes, escribas e anciãos, dizendo: "Salvou a outros; e a si mesmo não se pode salvar; desça agora da cruz, se é que é rei de Israel, e creremos nele; confiou em Deus; pois que o venha livrar agora, se de fato lhe quer bem; porquanto afirmou: 'Eu sou o Filho de Deus'". Esses mesmos insultos lhe dirigiam também os malfeitores que com ele estavam crucificados.[31-44: Mc 15,20; Lc 23,26; Jo 19,17]

Morte de Jesus. (27,45-56)

Desde o meio-dia até três horas da tarde esteve todo o país coberto de trevas. Por volta das três horas soltou Jesus um grande brado: *"Eli, Eli, lamá sabactáni?"* — isto é: "Meu Deus, meu Deus, por que me desamparaste?"

Alguns dos circunstantes, ouvindo isso, observaram: "Está chamando por Elias". Logo um deles correu a ensopar uma esponja em vinagre, prendeu-a numa cana e deu-lhe de beber. Outros, porém, diziam: "Deixem; vamos ver se vem Elias para o salvar".

Mais uma vez deu Jesus um grande brado — e entregou o espírito.

E eis que o véu do templo se rasgou em duas partes de alto a baixo, tremeu a terra, partiram-se os rochedos, abriram-se os sepulcros e muitos corpos de santos, que tinham adormecido, ressurgiram. Saíram das suas sepulturas, depois da ressurreição dele, foram à cidade santa e apareceram a muitos.

Quando o comandante e os que com ele faziam guarda a Jesus perceberam o terremoto e os demais acontecimentos, sentiram-se tomados de grande terror e diziam: "Em verdade, este era o Filho de Deus!"

Assistiam de longe também muitas mulheres, que desde a Galiléia tinham acompanhado a Jesus, ministrando-lhe o necessário. Entre elas se achavam Maria Madalena, Maria, mãe de Tiago e José, bem como a mãe dos filhos de Zebedeu.[45-56: Mc 15,33; Lc 23,44; Jo 19,28]

Sepultura de Jesus. (27,57-61)

Ao anoitecer, veio um homem rico de Arimatéia, por nome José, que era discípulo de Jesus. Foi ter com Pilatos e requereu o corpo de Jesus. Pilatos mandou que lhe entregassem o corpo. Tomou José o corpo, amortalhou-o num lençol de linho puro, e depositou-o no sepulcro novo, que para si mesmo mandara abrir numa rocha; volveu uma grande pedra à boca do túmulo e retirou-se. Maria Madalena, porém, e a outra Maria deixaram-se ficar aí, sentadas defronte do sepulcro.[57-61: Mc 15,42; Lc 23,50; Jo 19,38]

A guarda do sepulcro. (27,62-66)

No outro dia — após o dia dos preparativos — reuniram-se os príncipes dos sacerdotes e fariseus em casa de Pilatos e disseram: "Senhor, estamos lembrados de que esse embusteiro, quando vivo, afirmou: 'Depois de três dias ressurgirei'. Manda, pois, guardar o sepulcro até o terceiro dia; do contrário, poderiam os seus discípulos vir roubá-lo e dizer ao povo: 'Ressuscitou dentre os mortos'. E assim viria o último embuste a ser pior do que o primeiro".

Respondeu Pilatos: "Tendes uma guarda; ide e guardai o sepulcro como entendeis".

Foram-se e guardaram o sepulcro mediante sentinela, e selaram a pedra.

Ressurreição de Jesus

As mulheres ao sepulcro. (28,1-10)

Terminado o sábado, pela madrugada do primeiro dia da semana, puseram-se a caminho Maria Madalena e a outra Maria para verem o sepulcro. E eis que tremeu a terra com violência. Um anjo do Senhor desceu do céu, aproximou-se, revolveu a pedra e sentou-se em cima. O seu aspecto era como o relâmpago e as suas vestes eram brancas como a neve. Os guardas estremeceram de terror em face dele e ficaram como mortos.

Disse o anjo às mulheres: "Não temais; sei que procurais a Jesus, o crucificado; não está aqui; ressuscitou como disse. Vinde e vede aqui o lugar onde esteve colocado o Senhor. Ide depressa e dizei a seus discípulos que ressuscitou dentre os mortos. Irá diante de vós para a Galiléia; aí o vereis. Eis que vo-lo disse".

Transidas de terror e de alegria ao mesmo tempo, deixaram, pressurosas, o sepulcro e correram a levar a notícia aos discípulos. Nisso lhes veio Jesus ao encontro e disse: "Eu vos saúdo". Aproximaram-se e, abraçando-se com os pés dele, o adoraram. Então lhes disse Jesus: "Não temais; ide e avisai a meus irmãos que vão à Galiléia; aí me verão". [1-10 Mc 16,1; Lc 24,1; Jo 20,1]

Suborno dos guardas. (28,11-15)

Depois da partida delas, foram alguns dos guardas à cidade e deram parte aos príncipes dos sacerdotes de tudo quanto acabava de acontecer. Convocaram estes os anciãos e deliberaram. Deram uma grande soma de dinheiro aos soldados, e intimaram-nos: "Dizei assim. 'De noite, enquanto nós dormíamos, vieram os seus discípulos e o roubaram'. Se isso chegar aos ouvidos do governador, trataremos de apaziguá-lo e advogar a vossa causa".

Tomaram, pois, o dinheiro e procederam conforme as instruções recebidas. E até o presente dia anda esse boato entre os judeus.

Missão mundial dos apóstolos. (28,16-20)

Dirigiram-se os onze discípulos à Galiléia, ao monte que Jesus lhes designara. Quando o viram, adoraram-no; alguns, todavia, duvidavam. Chegou-se Jesus a eles e lhes disse: "A mim me foi dado todo o poder no céu e na terra. Ide, pois, e fazei discípulos vossos todos os povos, mergulhando-os em nome do Pai e do Filho e do Espírito Santo, e ensinando-os a observar tudo o que eu vos tenho mandado. E eis que estou convosco todos os dias, até o fim do mundo". [16-20: Mc 16,14]

Notas explicativas

Concepção e nascimento de Jesus

Mateus, o ex-coletor galileu de Cafarnaum, e Lucas, o médico grego de Antioquia, traçam a genealogia humana de Jesus por intermédio dos ascendentes de José. Mateus principia com Abraão, patriarca do judaísmo; Lucas inicia a narrativa com Adão, pai do gênero humano. Ambos consideram José como o pai real de Jesus — embora neguem a sua paternidade material. Por outro lado, nem Mateus nem Lucas consideram José apenas como pai adotivo ou legal de Jesus, como certos teólogos, mas, sim, como pai verdadeiro. Se José fosse apenas pai legal de Jesus, não haveria razão alguma para essas genealogias milenares de Jesus por intermédio dos ascendentes de José.

Surge, porém, o problema sobre "paternidade real" e "paternidade material". Mateus não entra em pormenores sobre esse problema, ao passo que Lucas, o erudito médico e consciencioso historiador, tenta dar uma pista sobre a paternidade real, mas não material de José. (Ver notas explicativas ao Evangelho de Lucas.)

"José, como era homem justo..."

Na sua consciência normal sabia José que ele não era pai da criança nascitura; por outro lado não duvidava da inocência de Maria.

Então, em estado de "sonho", ou extraconsciente, lhe foi revelado que ele era o pai da criança nascitura, e tem ordem de receber Maria como sua verdadeira esposa. Esse arauto de Deus, que lhe falou em sonho, é o mesmo *Gabriel* (varão de Deus), a personalidade astral ou bio-plásmica de José que em Nazaré realizara a concepção de Jesus, confirmando a visão profética de Isaías (7,14) sobre a "virgem grávida".

Perante o público profano que ignorava essa concepção imaterial, era Jesus considerado como filho carnal de José.

Mergulho ministrado por João

João mergulhava os pecadores penitentes nas águas do Jordão, mergulho esse que, no texto grego, se chama *baptisma*.

João não atribuía a esse mergulho (batismo) um efeito de purificação moral, mas exigia conversão interior (*metanóia* — transmentalização) dos pecadores e, depois, dramatizava essa conversão real por meio de uma cerimônia ritual. João não mergulhava crianças, porque não vigorava ainda a ideologia de um tal "pecado original", que também Jesus ignorava. Mergulhava somente pecadores adultos, depois de lhes ter exigido conversão interior, que não era apenas "penitência", nem "arrependimento", mas uma total conversão, ou transmentalização interior.

O mergulho, como diz Paulo de Tarso, simboliza a morte do velho homem adâmico e o nascimento do novo homem crístico, pela imersão e emersão do rito externo. Aos ricos exigia João renúncia à sua ganância; aos soldados romanos exigia abstenção de qualquer violência; a todos os mergulhandos exigia abolição dos seus pecados e início de uma vida espiritual, simbolizada pelo rito externo.

Mergulho de Jesus

Quando Jesus pediu a João que o mergulhasse, este se recusou porque sabia que ele não tinha pecado, pois era "o cordeiro de Deus que tira o pecado do mundo". Jesus, porém, pediu a João que lhe aplicasse o rito simbólico, e João o mergulhou nas águas do Jordão. Esse rito era tradicional entre os essênios, de que Jesus e João tinham sido companheiros. Por isso compreendeu João as palavras de Jesus: "Façamos tudo o que é justo". A comunidade místico-ética dos essênios, residente à margem noroeste do Mar Morto, praticava o simbolismo na imersão e emersão (batismo), quando encerrava determinado período de vida (imersão) e iniciava outro período (emersão). Sendo que Jesus, aos trinta anos, encerrava a sua vida solitária de carpinteiro em Nazaré e principiava a sua missão social de Messias, pediu a seu colega essênio que simbolizasse essa transição da profissão humana para a vocação divina com o rito do mergulho. João compreendeu o sentido e mergulhou Jesus.

Os dezoito anos de Jesus em Nazaré

Muito se tem escrito sobre os dezoito anos — dos doze aos trinta — de Jesus, de que os evangelistas não falam. Dizem apenas que ele "cresceu em sabedoria e graça perante Deus e os homens". Escritores fantasiosos imaginaram viagens de Jesus ao Egito, à Índia, ao Tibete, fosse como discípulo, fosse como Mestre.

Entretanto, nenhum dos cinco historiadores do primeiro século

— Mateus, Marcos, Lucas, João e Paulo de Tarso — menciona essas supostas viagens de Jesus. Os próprios nazarenos, conterrâneos de Jesus, ignoram uma ausência dele e, quando, aos trinta anos, aparece como um profeta cheio de sabedoria, estranham o fato, dizendo: "Como? Não é ele o filho do carpinteiro José? Donde lhe vem, pois, essa sabedoria? Nem sequer freqüentou escola..." Nenhum dos contemporâneos e conterrâneos de Jesus menciona uma ausência corporal dele.

Durante esses dezoito anos de silêncio e solidão, deve o adolescente ter recebido grande "sabedoria e graça", luz e força da fonte invisível do Infinito, de que ele era canal aberto. A fim de poder dar algo da sua plenitude durante três anos, quis Jesus receber abundância de luz e força durante dezoito anos. A sua profissão humana de carpinteiro solitário lhe facultava ensejo que tenha viajado em sentido terrestre, horizontal — é provável que Jesus tenha peregrinado em sentido cósmico, vertical, durante o longo período de que nada dizem nem podiam saber os historiadores humanos.

Tentação

Depois de encerrar o seu período solitário em Nazaré, e antes de iniciar a sua vida messiânica, retirou-se Jesus durante quarenta dias ao deserto da Judéia.

Depois desse período de solidão e meditação enfrenta ele o "adversário", que em grego se chama *diábolos* (diabo), e em hebraico *satan* (satanás). As teologias entendem por esse adversário uma entidade objetiva, externa, que teria tentado Jesus. Entretanto, é bem possível que esse adversário tenha sido a personalidade humana de Jesus, que se opôs ao seu Cristo divino, tentando dissuadi-lo dos seus planos de redenção e abrindo gloriosas perspectivas, em que o ego humano vê redenção. Durante quarenta dias, havia a personalidade humana de Jesus sido suspensa das suas funções normais; nem a sua natureza física, nem as suas faculdades mentais haviam funcionado durante esse tempo, enquanto o Eu divino do seu Cristo se achava no "terceiro céu" do êxtase ou *somadhi*. Era natural que, terminando esse período de ego-banimento, a personalidade humana reclamasse os seus direitos suspensos, tentando e testando a individualidade crística com três invectivas tipicamente humanas: satisfazer a sua fome material, exibir a sua magia mental e apoderar-se do domínio político do mundo inteiro. O Cristo divino derrota o seu adversário humano e dá-lhe ordem de se pôr na "retaguarda" (*vade retro*) como servidor, e não na vanguarda como senhor, porquanto "a Deus adorarás e só a ele prestarás culto".

A sabedoria milenar do *Bhagavad Gita* harmoniza-se com essa atitude, quando diz: "O ego é um péssimo senhor, mas é um ótimo servidor da nossa vida".

O texto sacro não manda o adversário (o ego humano) ir-se embora, mas, sim, pôr-se na retaguarda, como dócil servidor do Eu divino do Cristo.

Diz o Evangelho que o adversário se retirou, aguardando outras oportunidades para hostilizar o Cristo, o que ocorreu três anos mais tarde, no Getsêmani, quando o adversário, personificado por Judas e seus ajudantes, avançou contra Jesus, que lhes declarou: "Esta é a vossa hora e o poder das trevas", e permitiu que destruíssem pela morte o seu ego físico, na certeza de que nenhum adversário humano podia prevalecer contra o seu Eu divino: "O dominador deste mundo, que é o poder das trevas, tem poder sobre vós [os discípulos dele], mas sobre mim [o Cristo] ele não tem poder, porque eu já venci este mundo".

Sermão da montanha

Mateus sintetizou, neste chamado sermão da montanha, a doutrina místico-ética de Jesus, que os outros evangelistas reproduzem separadamente em ocasiões diferentes.

Tão importante é esta "alma do Evangelho" que Mahatma Gandhi disse: "Se se perdessem todos os livros espirituais da humanidade e só se salvasse o sermão da montanha, nada estaria perdido". Estas palavras de Jesus não foram por ele excogitadas, mas representam as experiências de sua própria vida, e por isso não podem ser devidamente compreendidas se não forem realizadas e vividas pelo homem. Por isso disse o Mestre: "Quem quiser saber se minha doutrina é verdadeira, pratique-a".

Oração

A oração ocupa lugar de máxima importância e absoluta prioridade na vida de Jesus, como, aliás, de todos os iniciados.

Ele ora aos doze anos, no Templo de Jerusalém, durante três dias.

A sua vida solitária em Nazaré, durante dezoito anos, deve ter sido uma vida de trabalho e oração.

No Tabor, Jesus se transfigura enquanto orava.

No Getsêmani, ele ora durante o sofrimento, e pede aos seus discípulos que orem.

Antes de qualquer "milagre", Jesus ora.

Na última ceia, faz oração.

No alto da cruz, põe-se a orar.

As suas últimas palavras, no dia da ascensão, são uma oração.

A todos os seus discípulos recomenda o Mestre: "Orai sempre, e nunca deixeis de orar".

A oração perfeita é sem palavras nem pensamentos, uma conscientização da presença de Deus, que hoje em dia se chama cosmo-meditação, ou meditação transcendental.

A palavra latina "orar" é derivada de "os" (*oris*), que quer dizer "boca". Orar é abrir a boca da alma rumo a Deus, é assumir uma atitude de receptividade em face do Infinito. Orar é estabelecer em si uma atitude de vacuidade faminta, a fim de ser plenificada pela plenitude de Deus. E, nesse sentido, é possível orar sempre e nunca deixar de orar.

Quando o homem entra em meditação, ou oração perfeita, ele não pensa nem deseja nada, mas conserva-se plenamente consciente, em espírito e em verdade. E, enquanto o homem se cala, Deus lhe fala. Quando o homem consegue estabelecer em si um silêncio total, Deus resolve todos os problemas da sua vida.

Quando Jesus recomenda a seus discípulos que, para orar, fechem a porta e se retirem para seu cubículo ou aposento, entende ele a retirada para o interior de sua alma, longe de todos os ruídos físicos, mentais e emocionais do ego humano. Sendo Deus o Infinito silêncio, só pode ouvir a voz de Deus quem está em profundo silêncio.

O "Pai Nosso"

Esta oração não tem a finalidade de ser apenas recitada verbalmente, mas indica o roteiro para uma atitude permanente do homem: conscientizar a realidade do Reino de Deus e vivenciar, na vida diária, essa realidade espiritual. O "Pai Nosso", quando interiormente conscientizado e exteriormente vivenciado, faz do homem um homem integral, plenamente realizado e cristificado.

Jejum

Recentemente, a mais avançada terapêutica recomenda com insistência o "jejum curativo". Mas, em todos os tempos, os médicos do espírito recomendaram a terapêutica do jejum espiritualizador. Em nosso século, Mahatma Gandhi incluiu em seu programa de libertação nacional da Índia o processo de jejum e meditação como fator especial para a superação das potências materiais pela potência do espírito.

É conhecido o episódio do Evangelho em que Jesus diz a seus discípulos que certa espécie de demônios só pode ser expulsa à custa de "oração e jejum".

Os profanos dificilmente compreenderão a relação existente entre a vacuidade do estômago e a plenitude do espírito; mas os iniciados sabem que as calorias extraídas dos alimentos materiais, quando isoladas e submetidas ao impacto intenso e diuturno do espírito, são altamente dinamizadas e tornam possível o impossível.

Todos os homens realizados em espírito e verdade eram devotados amigos do misterioso processo "jejum e oração", que Jesus recomenda a seus discípulos, prevenindo-os porém contra toda e qualquer ostentação que destruiria o resultado espiritual.

Conversão

Um dos mais insistentes imperativos da Mensagem Viva do Cristo e de João Batista está nas palavras "convertei-vos, porque o reino dos céus está próximo".

No texto grego do primeiro século, a palavra "convertei-vos" é *metanolite*, cuja tradução literal seria "transmentalizai-vos", ultrapassai a vossa mentalidade habitual, o vosso modo de pensar, e deixai-vos invadir por uma potência ultramental, espiritual, divina, cósmica.

As traduções habituais "fazei penitência", ou "arrependei-vos", não reproduzem o sentido exato do texto original. Pode alguém fazer quanta penitência quiser sem se converter ou transmentalizar; pode mesmo arrepender-se do mal que fez sem se converter para o bem que deixou de fazer, como aconteceu com Judas, que se arrependeu sem se converter.

O texto do Evangelho exige imperiosamente que o homem, além de detestar o mal que fez, comece a realizar uma total *metanóia* ou transmentalização interior, deixando de se identificar com o seu ilusório ego humano e identificando-se, pela consciência mística e pela vivência ética com o seu Eu divino, com o seu Cristo interno, com o Pai que está nele.

Moisés e Cristo

Toda a mensagem de Jesus transcende tudo quanto Moisés e outros mestres haviam ensinado. Nessa mensagem, e na própria vida do Cristo, aparece uma síntese cósmica do mundo espiritual e material da humanidade, uma complementaridade da vivência do homem-ego e do homem-Eu na vivência do "Filho do homem".

O sermão da montanha é a Carta Magna do verdadeiro Cristianismo.

Milagres

Todos os Evangelhos narram numerosos fatos de Jesus que são chamados "poderes", "demonstração", ou "sinais", e que o povo costuma chamar milagres, isto é, objetos de admiração. Só se admira algo cuja causa se desconhece. Os Evangelhos nunca falam em milagres, porque Jesus conhecia a causa desses fenômenos, que estava nele mesmo. Esses fenômenos são naturais, mas, como ultrapassam o alcance da inteligência humana, são considerados sobrenaturais. Não há nada sobrenatural; Deus mesmo é natural, infinitamente natural, e por isso parece sobrenatural a nós que somos apenas finitamente naturais.

Jesus sempre proíbe a divulgação desses chamados milagres, para evitar a ilusão de que ele dê importância a esses fenômenos. Os seus chamados milagres estão apenas a serviço da caridade para com os doentes e o povo em geral; nunca fez milagres para exibição de poderes, tanto mais que os mesmos prodígios podem também ser realizados por força mental. Jesus censura a miraculofilia, dizendo: "Vós, quando não vedes demonstração de poderes, não tendes fé... Tomé, tu tens fé porque viste — felizes os que têm fé sem nada verem".

Teu olho é a luz do teu corpo

Jesus não se refere aos olhos (plural), mas ao olho (singular), isto é, ao "olho simples", à visão mística, à intuição espiritual do homem. Esse Eu divino ilumina todo o ego humano. Mas, quando esse olho da visão divina se obscurecer, então toda a vida humana estará envolta em trevas. A luz incolor do Eu é "simples" por plenitude, ao passo que as luzes multicores do ego são complexas por vacuidade.

Demônios — diabo

Muitas vezes narra o Evangelho o encontro de Jesus com os demônios ou espíritos impuros. Os demônios (ou *dáimones*) são entidades da natureza inferior, que, em determinadas circunstâncias, podem prejudicar o corpo e a mente humanos.

O diabo, ou Satanás, é uma creação da mente humana não espiritualizada. Diabo (*diábolos*) é a palavra grega para opositor ou adversário, que em hebraico se chama *satan*. Pedro é chamado por Jesus Satã, porque o seu modo de pensar não era segundo Deus, mas segundo o homem. Judas é chamado diabo, porque não tinha fé nas palavras de Jesus.

Em certas ocasiões, pode o diabo mental materializar-se em forma visível e objetiva; mas a sua origem é sempre mental. Deus não creou diabos.

Os demônios fazem parte da natureza elemental ou astral, ao passo que diabo é creação da natureza humana.

O homem pode imunizar-se contra a ofensiva dos demônios, intensificando em si o poder espiritual. "Quando o forte [diabo] guarda os seus utensílios [demônios], está em segurança tudo quanto ele possui; mas, quando lhe sobrevém outro mais forte do que ele [Cristo], despoja o forte de todas as armas em que confiava". Esse exorcismo só é possível ao homem plenamente cristificado.

Parábolas

Toda a vida pública de Jesus gira em torno de um único assunto: o Reino de Deus, que está dentro do homem e que, uma vez despertado, pode e deve ser proclamado sobre a face da terra, para que haja um novo céu e uma nova terra.

Mas, como o povo não podia compreender o caráter transcendental deste reino, que não é deste mundo, embora esteja no mundo, tenta Jesus dar-lhe uma compreensão por meio de comparações e alegorias chamadas parábolas. Mais de trinta dessas parábolas figuram nos Evangelhos.

Toda parábola tem um símbolo material conhecido de todos e um simbolizado espiritual, cuja compreensão varia de acordo com a evolução espiritual de cada ouvinte ou leitor. Por isso, é ideal o ensinamento por meio de parábolas; a sua compreensão é elástica e adaptável ao estado de evolução espiritual de cada homem.

No meu livro *Sabedoria das Parábolas* tentei explicar a maior parte das parábolas de Jesus.

Irmãos de Jesus

Repetidas vezes mencionam os evangelistas irmãos e irmãs de Jesus. É provável que esses irmãos de Jesus tenham sido filhos de José de um matrimônio anterior; José, provavelmente, era viúvo e homem de certa idade quando se casou com Maria. Todos os ícones antigos apresentam José como homem de uns quarenta ou cinqüenta anos.

Se esses irmãos de Jesus fossem filhos de Maria, não se compreende por que nenhum deles aparece como discípulo de Jesus e, sobretudo, por que Jesus, moribundo, entrega sua mãe a seu discípulo João. Não teriam esses outros filhos de Maria tido a preocupação de cuidar de sua mãe?

É provável que esses filhos de José e enteados de Maria tenham criado certa antipatia a Jesus, quando este começou a ficar célebre como profeta, ao passo que eles desapareceram na obscuridade.

João Batista era Elias?

Em razão de certas palavras de Jesus, parece João Batista ter sido a reencarnação do profeta Elias.

Surge, porém, o seguinte problema: João foi degolado por ordem de Herodes, no primeiro ano da vida pública de Jesus; e pelo fim da vida dele, por ocasião da transfiguração de Jesus, aparece Elias outra vez como Elias, e não como João Batista. Como conciliar este fato com a suposição de que Elias tenha reencarnado como João Batista?

Multiplicação dos pães

Um dos fenômenos mais estupendos da vida de Jesus foi a chamada multiplicação dos pães e peixes, que ocorre duas vezes no Evangelho. Numa dessas ocasiões, havia cinco pães e dois peixes, que fartaram mais de cinco mil homens esfaimados. E, depois de todos fartos, foram recolhidos ainda doze cestos de fragmentos. Esse fato se deu na mais ampla publicidade, perante amigos e inimigos de Jesus, não podendo restar a menor dúvida sobre sua realidade.

A costumada expressão "multiplicação" é inexata. Ninguém pode multiplicar cinco para produzir mais de cinco mil, sobrando ainda doze cestos cheios de fragmentos.

O que de fato houve foi uma materialização da luz em forma de pão e peixe. Em nossa era atômica e eletrônica é, até certo ponto, compreensível esse acontecimento. Há cerca de três mil e quinhentos anos, escreveu Moisés no livro de Gênesis que, no primeiro período (*yom*), creou Deus a luz e, no quarto período, creou o sol e as estrelas. Logo, a luz do primeiro período não era luz solar, mas a luz cósmica, invisível, difundida por todo o Universo.

Em nossos dias, provaram Einstein e outros cientistas da era atômica que a base de todas as coisas materiais é a luz; que os 92 elementos da química, de que são feitas todas as coisas, são basicamente luz cósmica, condensada em energia e congelada em matéria. Hoje em dia, podemos afirmar afoitamente que todas as coisas visíveis são lucigênitas e, por isso, podem ser lucificadas; vieram da luz, e podem ser convertidas em luz. Matéria e luz são a mesma substância, em diversas fases de freqüência. Tanto a intuição espiritual de Moisés, como a análise intelectual dos cientistas provam isso.

O que Jesus fez, por ocasião de tal multiplicação dos pães, no deserto de Betsaida-Julias, foi materializar a luz cósmica do espaço em forma de pão e de peixe, para fartura de milhares de pessoas.

Toda a vida de Jesus prova que ele tinha o poder sobre as leis da natureza; materializava e desmaterializava até o seu próprio corpo.

A pedra da Igreja

Segundo as palavras de Santo Agostinho, no quinto século, as palavras "tu és Pedro, e sobre esta pedra edificarei a minha Igreja" não se referiam à pessoa humana do apóstolo, mas, sim, à confissão que Pedro fizera da divindade do Cristo: "Tu és o Cristo, filho de Deus vivo". A confissão da divindade do Cristo, diz Agostinho, é a pedra fundamental da Igreja. Acrescenta Agostinho que a pessoa de Pedro, que é chamada por Jesus "carne e sangue", não podia ser a pedra fundamental da Igreja. Pouco depois, Jesus chama Pedro "satanás", por ter pensamentos humanos e não divinos.

A pedra da Igreja é a divindade do Cristo confessada por Pedro.

Mais tarde, por motivos hierárquicos e políticos, foram as palavras de Jesus interpretadas em outro sentido, como se Jesus tivesse conferido à pessoa humana de Pedro o título de pedra fundamental da Igreja.

Transfiguração

Normalmente, o corpo opaco do Jesus humano ocultava a luz do Cristo divino; mas no Tabor, enquanto Jesus estava em intensa oração, a luz do seu Cristo cósmico penetrou o corpo do seu Jesus humano, que se tornou totalmente luminoso e transparente, perdendo a sua natural gravidade e flutuando livremente no espaço. É o poder transfigurador da consciência crística. Os três discípulos presentes, Pedro, Tiago e João, foram envoltos nesses esplendores e inebriados de tamanha felicidade que Pedro exclamou, como se estivesse no céu: "Que bom que é estarmos aqui!"

"O que Deus uniu, não o separe o homem"

O verdadeiro matrimônio é baseado no amor mútuo entre homem e mulher e não apenas em libido nem interesse. Casamento contratado por verdadeiro amor é feito por Deus, porque Deus é amor. E esse matrimônio não conhece divórcio. Divórcio só existe onde não há verdadeiro amor. Um casal não unido por amor, embora unido pelo cartório ou pela Igreja, não está realmente unido por Deus, e já está potencialmente divorciado antes de se divorciar atualmente. Se eles se separaram por um divórcio ou desquite declarado, nada de novo aconteceu. Só quem está unido pelo amor verdadeiro está unido por Deus, realmente casado, e nenhum poder externo os pode separar.

Abstenção sexual voluntária

Há pessoas que não casam por incapacidade natural. Há pessoas que não casam porque foram mutiladas fisicamente. E há pessoas que não casam porque superaram a erótica sexual pela mística espiritual.

Um celibato compulsório é contraproducente — um celibato voluntário, permanentemente voluntário, não é perigoso fisicamente e é benéfico espiritualmente, porque a vitalidade material é sublimada pela vitalidade do espírito.

Mas como esse último estado exige profunda experiência espiritual, Jesus exclama: "Quem puder compreendê-lo, compreenda-o!"

O jovem rico

Esse jovem era um perfeito cumpridor do dever compulsório, mas não conseguiu entrar na dimensão de um querer voluntário. Ótimo discípulo de Moisés, não se tornou discípulo de Jesus. Era Mestre em fazer algo, era analfabeto em ser alguém. "Por Moisés foi dada a Lei (tu deves) — pelo Cristo veio a verdade e a graça (eu quero)."

A parábola do pão e do vinho

Esta parábola, geralmente chamada Eucaristia, cujo símbolo material é mencionado na última ceia, teve como complemento o seu simbolizado espiritual na manhã do Pentecostes, quando cento e vinte pessoas, homens e mulheres, comungaram o espírito do Cristo cósmico, que transformou total e definitivamente essas pessoas.

Esta comunhão do Cristo carismático, no domingo de Pentecostes, representa o início do verdadeiro Cristianismo.

Durante quase dois mil anos, certas igrejas cristãs confundiram o símbolo material da última ceia com o simbolizado espiritual ocorrido no Pentecostes. Essas igrejas supõem que Jesus tenha transformado o pão e o vinho em seu corpo e sangue, e tenha dado seu corpo e sangue aos doze discípulos presentes na santa ceia. Supõem igualmente que Jesus, nessa ocasião, tenha conferido a esses seus discípulos o poder de transformar pão e vinho em seu corpo e sangue, consagrando-os assim sacerdotes com poderes divinos.

Se tal coisa tivesse acontecido na santa ceia, os doze discípulos neo-comungantes e neo-sacerdotes teriam sido cristificados e altamente espiritualizados.

Entretanto, o que aconteceu logo depois da última ceia foi exatamente o contrário: os discípulos, supostos neo-comungantes e neo-sacerdotes, cometeram, logo em seguida, os maiores pecados: um deles consumou o plano de traição, entregando Jesus à morte, e suicidou-se; outro negou Jesus três vezes, jurou que não o conhecia e rogou praga sobre si se era discípulo do Nazareno; e os outros, à exceção de um só, fugiram covardemente, com medo de sofrimentos.

Se é pelos frutos que se conhece a árvore, então a suposta árvore que tão venenosos frutos produziu não pode ter sido plantada por Jesus. Não houve primeira missa celebrada por Jesus; não houve ordenação sacerdotal; não houve sagrada comunhão; não houve transubstanciação de pão e vinho no corpo e sangue de Jesus. Tudo isso foi uma parábola, que se cumpriu gloriosamente na manhã do Pentecostes, onde não houve traidor, suicida, negador, desertores, mas verdadeiros heróis, porque comungaram o Cristo em espírito e verdade, após nove dias de silenciosa meditação.

"As palavras que vos digo são espírito e são vida — a carne de nada vale."

Se, na última ceia, tivesse ocorrido o que certas igrejas supõem, não teria Jesus, após a ressurreição, repreendido os seus discípulos, supostamente neo-sacerdotes e neo-comungantes, por seu procedimento incompatível com tão sagradas ocorrências? Jesus, porém, não estranhou a subseqüente traição, o suicídio, a negação, a deserção — sinal de que não supunha o que certas igrejas supõem.

Quanto às palavras "isto é meu corpo, isto é meu sangue", convém saber que, na língua aramaica usada por Jesus, não está o verbo "é", mas simplesmente "isto, meu corpo; isto, meu sangue", podendo significar: este pão e este vinho são símbolos do meu corpo e sangue. Assim como o alimento que o homem ingere para sua vitalização não pode ser integrado por ele, se antes não for desintegrado, assim também não pode o Cristo divino ser integrado espiritualmente, se o Jesus humano não for desintegrado materialmente. Nesse sentido disse Jesus a seus discípulos: "Convém a vós que eu me vá [morra], porque, se eu não me for, o espírito da verdade não poderá vir a vós".

A elite espiritual da cristandade está começando a compreender que a verdadeira comunhão se dá em espírito e verdade pela assimilação do Cristo carismático, como ocorreu pela primeira vez na manhã do Pentecostes.

Tomás de Aquino, o principal defensor e codificador da doutrina sobre a transubstanciação eucarística, escreveu, no fim da sua vida: "Tudo que escrevi é palha". Entretanto, em todos os seminários continua a ser ensinada a mesma doutrina, mas sem a categórica revogação do "tudo que escrevi é palha".

Crer — ter fé

Desde os primeiros séculos do cristianismo, quando o texto grego do Evangelho foi traduzido para o latim, principiou a funesta identificação de crer com ter fé. A palavra grega para fé é *pistis*, cujo verbo é *pisteuein*. Infelizmente, o substantivo latino *fides*, correspondente a *pistis*, não tem verbo e, assim, os tradutores latinos viram-se obrigados a recorrer a um verbo de outro radical para exprimir o grego *pisteuein*, ter fé. O verbo latino que substituiu o grego *pisteuein* é *credere*, que em português deu crer. Nenhuma das cinco línguas neolatinas — português, espanhol, italiano, francês, romeno — possui verbo derivado do substantivo *fides*, fé; todas essas línguas são obrigadas a recorrer a um verbo derivado de *credere*.

Ora, a palavra *pistis* ou *fides* significa originariamente harmonia, sintonia, consonância. Ter fé é estabelecer ou ter sintonia, harmonia entre o espírito humano e o espírito divino.

Nos tempos modernos, é fácil estabelecer o seguinte paralelo ilustrativo: um receptor de rádio só recebe a onda eletrônica emitida pela estação emissora quando o receptor está sintonizado ou afinado perfeitamente com a freqüência da emissora; se a emissora, por exemplo, emite uma onda de freqüência 100, o meu receptor só reage a essa onda e recebe-a quando está sintonizado com a freqüência 100; só nesse caso o meu receptor tem fé, fidelidade, harmonia; fideliza com a emissora.

Se o espírito humano não está sintonizado com o espírito de Deus, ele não tem fé, embora talvez creia. Esse homem pode, em teoria, aceitar que Deus existe, e apesar disso não ter fé. Ter fé é estar em sintonia com Deus, tanto pela consciência como também pela vivência, ao passo que um homem sem sintonia com Deus pela consciência e pela vivência, pela mística e pela ética, pode crer vagamente em Deus. Crer é um ato de boa vontade; ter fé é uma atitude de consciência e de vivência.

A conhecida frase "quem crer será salvo, quem não crer será condenado" é absurda e blasfema no sentido em que ela é geralmente usada pelos teólogos. Mas, se lhe dermos o sentido verdadeiro, "quem tiver fé será salvo", ela está certa, porque salvação não é outra coisa senão a harmonia da consciência e da vivência com Deus. A substituição de ter fé por crer há quase dois mil anos está desgraçando a teologia, deturpando profundamente a mensagem do Cristo.

"Não vi tão grande fé em Israel"

Mateus e Lucas narram o episódio do oficial romano de Cafarnaum, que tinha um servo doente e foi ter com Jesus. Não pediu que Jesus fosse pessoalmente à casa dele para curar o doente; pediu-lhe apenas que falasse ao seu Verbo, isto é, a seu *Lógos* ou Cristo, na certeza de que esse Cristo cósmico, mesmo na ausência física do Jesus humano, restituiria a saúde a seu servo.

A tradução comum é "dize somente uma palavra", como se a vibração aérea da voz fosse o agente curador. Mas tanto o texto grego do primeiro século como a tradução latina dizem "fala ao Verbo". O centurião romano devia estar iniciado no mistério da Gnose, devia conhecer a doutrina do *Lógos* ou Verbo, isto é, a idéia da presença do Deus imanente no mundo e no homem, de que haviam falado os filósofos gregos daquele tempo.

Essa visão esotérica do centurião provoca a mais viva admiração de Jesus — o que seria inexplicável se ele acreditasse apenas numa cura por meio de uma palavra material. Essa visão do *Lógos* ou Verbo condiz com a atitude do centurião romano, que não se julga digno de receber Jesus em sua casa, o que seria incompreensível se ele visse em Jesus apenas um rabi judeu ambulante, como tantos outros. O oficial vê no Nazareno uma entidade sobre-humana que, a qualquer distância, pode curar-lhe o servo doente; basta que apele para o seu Verbo invisível.

Por isso exclama Jesus, com estupefação: "Não encontrei tão grande fé, nem mesmo em Israel!"

Fé, *fides*, alta fidelidade, harmonia, sintonização cósmica entre o ser humano e a alma do Universo...

Conclui Jesus que muitos virão do Oriente e do Ocidente e entrarão no Reino de Deus, como já acontece com esse militar gentio.

"Quem solver um destes mandamentos"...

Nas palavras de Jesus "quem solver um destes mandamentos, por menor que seja, será chamado pequeno no Reino dos Céus" — a expressão "solver" (em grego, *lyein*, em latim *solvere*) é geralmente traduzida por abolir, violar, transgredir, contrastando com todo o restante ensinamento de Jesus. Como poderia ser considerado pequeno no Reino de Deus um violador ou transgressor de um mandamento do Mestre? A palavra solver não significa dissolver, mas resolver, ou solucionar. Quem der uma solução teórica às palavras do Mestre é pequeno no seu Reino; mas quem realizar praticamente os mandamentos do Mestre, esse é considerado grande no Reino dos Céus; a auto-realização é a grandeza do homem cristificado.

Marcos

Introdução

1. O evangelista Marcos — que nos Atos dos Apóstolos (12,25; 15,37) é chamado João Marcos, e nas epístolas paulinas (Cl 4,10; Fm 24; 2Tm 4,11) vem simplesmente com o nome de Marcos — era natural de Jerusalém e tinha estreitas relações com Pedro, que o instruiu na religião cristã e o batizou (1Pd 5,13). Em companhia de Barnabé tomou parte na primeira viagem missionária de Paulo, no ano 45; separou-se, porém, dos companheiros em Perge, na Panfília, regressando a Jerusalém (At 13,5,13). Nos anos 62-67, encontramo-lo, com algumas interrupções, em Roma (Cl 4,10; 1Pd 5,13; 2Tm 4,11).

A tradição o dá como primeiro bispo de Alexandria. A Igreja o venera como mártir, localizando a sua festa no dia 25 de abril.

2. A esse Marcos, discípulo dos apóstolos, é que a tradição atribui o segundo evangelho. Pápias (75-150) escreve: "Marcos, que servia de intérprete a Pedro, registrou com exatidão, ainda que não pela ordem, palavras e obras de Jesus".

Santo Irineu († 202) refere: "Depois da morte destes (isto é, de Pedro e Paulo), Marcos, discípulo e intérprete de Pedro, consignou por escrito as instruções de Pedro". Clemente de Alexandria († 217) testificava: "Marcos, companheiro de Pedro, enquanto este pregava publicamente o Evangelho em Roma, compôs um evangelho, que se chama segundo Marcos". Dessas notícias antiqüíssimas se colhe que o segundo evangelho se prende mui intimamente com a pregação de Pedro.

É o que também vem confirmado pelo caráter interno do evangelho, cujo conteúdo, âmbito e fim coincidem com a pregação de Pedro (cf. At 10,37-41). Oferece uma descrição tão exata, viva e intuitiva, até nas mínimas circunstâncias de lugar, tempo e pessoas e seu modo de ver e proceder, que faz lembrar uma testemunha presencial (cf. 1,29.33-36s; 4,38; 5,3; 9,3; 11,4). Entretanto, sabemos que Marcos não foi testemunha ocular das ocorrências que refere; donde se conclui que deve ter sido porta-voz de uma pessoa que presenciou o que o evangelista nos deixou consignado. Essa pessoa foi Pedro, pois Marcos descreve muito mais nitidamente o perfil do chefe dos apóstolos do que os outros historiadores sacros; a narração revela maior exatidão quando se trata de frisar as faltas e fraquezas de Simão Pedro, passando em silêncio, ou mencionando apenas de passagem as distinções que lhe couberam (cf. Mc 8,32-33,10,27-29 com Mt 16,17-19).

3. Dirige-se este evangelho a leitores étnico-cristãos, principalmente romanos. Falta o apelo ao Antigo Testamento, bem como a polêmica contra-interpretação farisaica da lei mosaica. Localidades, circunstâncias, costumes judaicos e expressões aramaicas vêm devidamente explicadas, ao passo que instituições romanas (civis, políticas e militares) se supõem conhecidas dos leitores (cf. Mc 15,21 com Rm 16,13).

4. O fim visado por este documento está em aumentar nos leitores a fé na divindade do Cristo e no seu domínio universal. Esse objetivo aparece nitidamente em cada uma das partes principais do escrito, objetivo que o historiador pretende conseguir principalmente pela narração de uma série de milagres operados por Jesus em face do povo e, em particular, dos seus discípulos, aos quais conferiu ordens e poderes para lhe continuarem a missão sobre a terra.

5. O ano da composição do evangelho é incerto. É de data posterior ao evangelho aramaico, de Mateus, porém anterior ao de Lucas, que se originou nos anos 62-63. De maneira que Marcos teria escrito entre os anos 50 e 60. Como lugar de origem vem indicada desde o princípio a cidade de Roma (Irineu, Clemente de Alexandria, Jerônimo).

6. O conteúdo deste evangelho regula mais ou menos pelo de Mateus, faltando porém a história da infância de Jesus, como também os grandes discursos do Senhor, que o primeiro evangelista refere. Das preliminares da vida pública temos apenas a atividade do Batista, bem como o batismo e a tentação de Jesus (1,1-13). Em seguida passa a narrativa à vida pública de Jesus na Galiléia (1,14–9,50), na Judéia e em Jerusalém (10,1–13,37), concluindo com a paixão, morte e glorificação do Salvador (14,1–16,20).

Preliminares da vida pública de Jesus

João Batista. (1,1-8)

O Evangelho de Jesus Cristo, o Filho de Deus, teve princípio como está escrito no profeta Isaías:

"Eis que envio o meu arauto ante a tua face para te preparar o caminho! Uma voz que clama no deserto: 'Preparai o caminho do Senhor: endireitai as suas veredas!'"

Apareceu João, o mergulhador no deserto, proclamando o mergulho da conversão para libertação dos pecados. Afluíam a ele a Judéia e todos os habitantes de Jerusalém; faziam-se por ele mergulhar no Jordão e confessavam seus pecados. A vestimenta de João era de pêlo de camelo, trazia um cinto de couro em volta do corpo e nutria-se de gafanhotos e mel silvestre. A sua proclamação era esta: "Após mim vem outro, que é mais poderoso que eu; eu nem sou digno de me prostrar diante dele para lhe desatar as correias do calçado. Eu vos mergulho na água; ele, porém, vos há de mergulhar no Espírito Santo". [1-8: Mc 3,1; Lc 3,14; Jo 1,19]

Mergulho de Jesus. (1,9-11)

Por aqueles dias, veio Jesus de Nazaré da Galiléia e se fez mergulhar por João no Jordão. Logo que saiu da água, viu o céu aberto e o espírito em forma de pomba descer sobre ele. E uma voz do céu dizia: "Tu és meu Filho amado; em ti é que pus a minha complacência". [9-11: Mt 3,13; Lc 3,21; Jo 1,29]

Tentação de Jesus. (1,12-13)

Logo em seguida, o espírito o impeliu para o deserto. Passou no deserto quarenta dias e foi tentado por Satanás; vivia no meio de animais bravios; mas os anjos o serviam.[12-13: Mt 4,1; Lc 4,1]

Atividade pública de Jesus na Galiléia

Primeiros frutos. Alvo de contradição

Os primeiros discípulos. (1,14-20)

Depois de João encarcerado, dirigiu-se Jesus para a Galiléia, onde proclamava o evangelho de Deus dizendo: "Completou-se o tempo; está próximo o reino de Deus! Convertei-vos e tende fé no evangelho!"[14-15: Mt 4,12; Lc 4,14]

Passando ao longo do lago da Galiléia, viu a Simão e o irmão dele, André, que lançavam as redes ao mar; pois eram pescadores. Disse-lhes Jesus: "Segui-me, que vos farei pescadores de homens". Deixaram imediatamente as redes e foram em seu seguimento.

Depois de andar um pouco, viu a Tiago, filho de Zebedeu, e seu irmão João, ocupados em compor as redes no barco. Logo os chamou; e eles deixaram no barco seu pai Zebedeu com os servos, e o seguiram.[16-20: Mt 4,18; Lc 5,1]

Cura de um possesso. (1,21-28)

Dirigiram-se para Cafarnaum. Logo no sábado entrou Jesus na sinagoga e se pôs a ensinar. Pasmavam de sua doutrina; porque ensinava como quem tinha autoridade, e não como os escribas.

Ora, achava-se justamente nessa sinagoga um homem possesso de um espírito impuro, que gritava: "Que temos nós contigo, Jesus de Nazaré? Vieste para nos perder? Sei quem és: o santo de Deus!"

Ameaçou-o Jesus, dizendo: "Cala-te e sai dele".

Ao que o espírito impuro o agitou violentamente e saiu dele, soltando um grito estridente.

Consternados, diziam uns para os outros: "Que vem a ser isto? Que nova doutrina, essa, cheia de poder? Dá ordem até aos espíritos impuros, e eles lhe obedecem".

E sua fama correu célere por toda a região da Galiléia.[21-28: Lc 4,31]

Em casa de Pedro. (1,29-34)

Saiu Jesus da sinagoga e encaminhou-se diretamente para a casa de Simão e André, em companhia de Tiago e João. A sogra de Simão estava de cama com febre. Logo lhe falaram dela. Aproximou-se Jesus, tomou-a pela mão e levantou-a. No mesmo instante, a febre a deixou, e ela os foi servindo.

Ao cair da tarde, depois do sol posto, trouxeram-lhe todos os enfermos e endemoninhados; a cidade em peso se apinhava diante da porta. Curou numerosos doentes atacados de moléstias diversas, e expulsou muitos demônios; mas não permitia aos espíritos que falassem, porque o conheciam.[29-34: Mt 8,14; Lc 4,38]

Nos arredores de Cafarnaum. (1,35-39)

De manhã, ainda bem escuro, levantou-se, retirou-se para um lugar solitário, onde orou. Entretanto, Simão e seus companheiros foram-lhe no encalço e, quando o encontraram, disseram-lhe: "Todo o mundo anda à tua procura". Ao que Jesus lhes respondeu: "Vamos a outra parte, às povoações circunvizinhas, para eu pregar também aí; porque para isto é que vim". Foi, pois, cruzando a Galiléia toda, pregando nas sinagogas e expulsando demônios.[35-39: Lc 4,42]

Cura de um leproso. (1,40-45)

Veio ter com Jesus um leproso, caiu de joelhos diante dele e suplicou: "Se quiseres, podes tornar-me limpo". Compadecido dele, estendeu Jesus a mão, tocou-o e disse: "Quero, sê limpo". Mal acabara de falar, e já a lepra desaparecera, e o homem estava limpo. Despediu-o logo, com a ordem severa: "Olha, não o digas a ninguém; mas vai mostrar-te ao sacerdote e oferece pela tua purificação o sacrifício ordenado por Moisés, para que lhes sirva de testemunho".

Apenas se havia retirado, começou a fazer grande alarde e a divulgar por toda parte o que acabava de acontecer; de maneira que Jesus já não podia aparecer publicamente numa cidade, preferindo ficar fora, em lugares apartados. Mas nem por isso deixava o povo de afluir a ele de todos os lados.[40-45: Mt 8,1; Lc 5,12]

Cura de um paralítico. (2,1-12)

Decorridos alguns dias, tornou Jesus a entrar em Cafarnaum. À notícia de que estava na casa afluiu tanta gente que não cabia nem mesmo diante da porta.

Enquanto lhes anunciava a palavra, trouxeram-lhe um paralítico, que vinha carregado por quatro homens. Mas não conseguiram chegar até Jesus por causa do grande aperto; pelo que abriram o teto por cima dele e pela abertura arriaram o leito em que jazia o paralítico. À vista da fé que eles tinham, disse Jesus ao paralítico: "Meu filho, os teus pecados te são perdoados". Ora, estavam sentados aí uns escribas, que pensaram consigo mesmos: "Como pode esse homem falar assim? Blasfema; quem pode perdoar pecados se não Deus somente?"

Jesus conheceu logo em espírito os pensamentos deles, e disse-lhes: "Que estais a pensar aí em vossos corações? Que é mais fácil, dizer ao paralítico: os teus pecados te são perdoados? Ou dizer: levanta-te, carrega com o teu leito e anda? Ora, haveis de ver que o Filho do homem tem o poder de perdoar pecados sobre a terra". E disse ao paralítico: "Eu te ordeno: levanta-te, toma o teu leito e vai para casa".

Logo ele se levantou, tomou o seu leito e foi-se embora, à vista de todos. Ficaram todos estupefatos e glorificaram a Deus, dizendo: "Coisa assim nunca vimos".[1-12: Mt 9,1; Lc 5,17]

Vocação de Levi. (2,13-17)

Em seguida, retomou rumo ao lago. Afluía a ele todo o povo, e Jesus o ensinava. De passagem, viu a Levi, filho de Alfeu, sentado na coletoria. "Segue-me", disse-lhe Jesus. Levantou-se ele e o seguiu.

Quando estava à mesa, em casa dele, se achavam em sua companhia e dos seus discípulos também numerosos coletores e pecadores; porque eram muitos os que a ele aderiram.

Ora, quando os escribas, que eram dos fariseus, viram Jesus à mesa, em companhia de pecadores e coletores, perguntaram aos discípulos dele: "Por que é que ele come e bebe em companhia de coletores e pecadores?"

Jesus, percebendo isso, respondeu-lhes: "Não necessitam de médico os que estão de saúde; mas, sim, os doentes. Eu não vim para chamar os justos, mas os pecadores".[13-17: Mt 9,9; Lc 5,27]

A questão do jejum. (2,18-22)

Era dia de jejum para os discípulos de João e os fariseus. Foi quando eles se apresentaram a Jesus com esta pergunta: "Por que é que os discípulos de João e os dos fariseus jejuam, ao passo que os teus discípulos não jejuam?"

Respondeu-lhes Jesus: "Podem, porventura, jejuar os convidados ao casamento, enquanto está com eles o esposo? Enquanto estiver com eles o esposo não podem jejuar. Mas não deixarão de vir dias em que lhes será tirado o esposo; nesse dia, sim, hão de jejuar.

Ninguém põe remendo de pano novo em vestido velho; do contrário, o remendo novo arranca parte do vestido velho e fica pior o rasgão.

Ninguém deita vinho novo em odres velhos; do contrário, o vinho rompe os odres, e perdem-se tanto o vinho como os odres. O vinho novo deita-se em odres novos". [18-12: Mt 9,14; Lc 5,33]

Colhendo espigas no sábado. (2,23-28)

Atravessava Jesus as searas, em dia de sábado. De passagem, os seus discípulos arrancavam espigas. Observaram-lhe então os fariseus: "Olha, por que fazem eles o que é proibido em dia de sábado?"

Replicou-lhes Jesus: "Nunca lestes o que fez Davi, quando ele e seus companheiros sofriam necessidade e estavam com fome? Como entrou na casa de Deus, no templo do sumo sacerdote Abiatar, e comeu os pães de proposição, que só os sacerdotes podem comer? E como deu de comer também a seus companheiros?" E prosseguiu: "O sábado foi feito por causa do homem, e não o homem por causa do sábado. Pelo que também o Filho do homem é senhor do sábado". [23-28: Mt 12,1; Lc 6,1]

Cura em dia de sábado. (3,1-6)

Tornou Jesus a entrar na sinagoga. Deparou-se-lhe um homem com uma das mãos atrofiada. Puseram-se eles à espreita, a ver se curava esse homem no sábado; porque queriam acusá-lo. Disse Jesus ao homem com a mão atrofiada: "Passa para o meio!" Em seguida, perguntou-lhes: "É permitido fazer bem ou mal em dia de sábado? Salvar uma vida ou deixá-la perecer?"

Calaram-se.

Magoado com a cegueira dos seus corações, cravou Jesus um olhar indignado nos que estavam à roda dele e disse ao homem: "Estende a mão". Estendeu-a — e estava restabelecida a mão.

Logo saíram os fariseus e, de aliança com os amigos de Herodes, deliberaram sobre o modo de prendê-lo. [1-6: Mt 12,9; Lc 6,6]

Jesus e seus discípulos

Afluência do povo. (3,7-12)

Retirou-se Jesus com seus discípulos para as margens do lago.

Grandes multidões da Galiléia o foram seguindo; também da Judéia e de Jerusalém, da Iduméia e das regiões d'além-Jordão, bem como de Tiro e Sidon afluíam massas enormes, desde que ouviram das maravilhas que operava. Recomendou por isso a seus discípulos que lhe conservassem aparelhado um barco para evitar que a multidão o atropelasse. É que curava muita gente, razão por que todos que sofriam algum mal se apertavam em torno dele para o tocar. Os espíritos impuros, assim que o avistaram, prostraram-se diante dele aos gritos: "Tu és o Filho de Deus!" Ele, porém, os proibia severamente de que o dessem a conhecer.[7-12: Mt 12,15]

Eleição dos apóstolos. (3,13-19)

Em seguida, subiu a um monte e chamou a si os que queria; e eles se lhe apresentaram. Escolheu doze que fossem companheiros seus e que pudesse enviar a pregar; e deu-lhes o poder de expulsarem demônios. Os doze que designou são os seguintes: Simão, a quem pôs o sobrenome de Pedro; Tiago, filho de Zebedeu, e João, irmão de Tiago, aos quais deu o nome de Boanerges, o que significa: filhos do trovão; mais, André, Filipe, Bartolomeu, Mateus, Tomé; Tiago, filho de Alfeu; Tadeu; Simão, o zelador; e Judas Iscariotes, que o traiu.[13-19: Mt 10,1; Lc 6,12]

Jesus e os seus. (3,20-21)

Foram para casa. E de novo tomou tal incremento o concurso do povo que nem podiam tomar alimento. Quando os seus souberam disso, saíram para o reter; porque diziam: "Está fora de si".

Injúrias dos escribas. (3,22-30)

Os escribas, porém, que tinham vindo de Jerusalém diziam: "Está possesso de Belzebu, e por virtude do príncipe dos demônios é que ele expulsa os demônios". Convocou-os Jesus e lhes disse em forma de parábolas: "Como pode Satanás expulsar a Satanás? Não pode subsistir um reino desunido em si mesmo, nem uma casa desunida em si mesma pode ficar em pé. Se, pois, Satanás se revoltasse contra si mesmo, e consigo mesmo estivesse em desunião, não poderia existir, mas havia de perecer. Ninguém pode penetrar na casa do poderoso; só então lhe poderá saquear a casa. Em verdade, vos digo que todo pecado e qualquer blasfêmia que os homens cometerem lhes serão perdoados; quem, todavia, blasfemar contra o Espírito Santo não será perdoado eternamente, mas será réu de pecado eterno". É que eles diziam: "Está possesso do espírito impuro".[22-30: Mt 12,22; Lc 11,14]

A família espiritual de Jesus. (3,31-35)

Nisso chegaram sua mãe e seus irmãos. Ficaram da parte de fora e o mandaram chamar. À roda dele estava sentada muita gente. Foi quando alguém lhe deu este recado: "Olha, que tua mãe e teus irmãos estão aí fora à tua procura".

Respondeu-lhes Jesus: "Quem é minha mãe e quem são meus irmãos?" E, correndo o olhar pelos que estavam sentados à roda dele, disse: "Eis minha mãe e meus irmãos! Pois quem cumpre a vontade de Deus, esse é que me é irmão, irmã e mãe".[31-35: Mt 12,45; Lc 8,19]

Parábola do semeador. (4,1-9)

Reencetou Jesus os seus ensinamentos à beira do lago. O povo o cercava numerosíssimo; pelo que entrou Jesus num barco; sentou-se nele, sobre o lago, enquanto toda a multidão ficava em terra, pela praia do lago. Ensinava-lhes muitas coisas em parábolas. Numa das suas doutrinas, disse-lhes:

"Atendei! Saiu um semeador a semear. E, ao lançar a semente, parte caiu à beira do caminho, e vieram comê-la as aves. Outra caiu em solo pedregoso, onde a terra era pouca; não tardou a nascer, porque estava a pouca profundidade; mas quando despontou o sol ficou crestada, e secou por falta de raízes. Outra caiu entre os espinhos, e os espinhos cresceram com ela e a sufocaram, de maneira que não deu fruto. Outra caiu em bom terreno, brotou, cresceu e deu fruto, rendendo uns grãos trinta, outros sessenta, outros cem por um".

E acrescentou, dizendo: "Quem tem ouvidos para ouvir ouça!"

Explicação da parábola. (4,10-20)

Quando estavam a sós vieram perguntar-lhe os discípulos e os doze qual o sentido da parábola. Respondeu-lhes Jesus: "A vós é que está confiado o mistério do reino de Deus, enquanto que aos de fora tudo se lhes diz em parábolas, de maneira que, de olhos abertos, não enxergam e, ouvindo, não compreendem, de modo que não se convertem nem encontram perdão".

E prosseguiu: "Não compreendeis esta parábola? Como compreendereis então todas as outras parábolas? O que o semeador semeia é a palavra. Encontra-se a palavra semeada à beira do caminho nos que a ouvem; mas vem Satanás e tira a palavra que nos seus corações fora semeada. De modo análogo, foi semeada em solo pedregoso naqueles que escutam a palavra, e logo a abraçam com alegria; mas não a deixam lançar raízes, são inconstantes, e, sobrevindo tribulação ou perseguição por causa da palavra, logo desfalecem. Foi semeada por entre espinhos em outros; ouvem a palavra, mas vêm entrando os cuidados do mundo, as riquezas falazes e desejos de outras coisas, que sufocam a palavra, de maneira que fica sem fruto. Foi semeada em terreno bom naqueles que escutam a palavra, a acolhem e dão fruto a trinta, a sessenta, a cem por um".[1-20: Mt 13,1; Lc 8,4]

Escopo das parábolas. (4,21-25)

Disse-lhes ainda: "Manda-se, porventura, vir uma luz para colocá-la debaixo do velador, ou debaixo do leito? Não será antes para a colocar sobre o candelabro? Pois não há nada oculto que não venha a manifestar-se; nem nada secreto que não venha a ser notório. Quem tem ouvidos para ouvir ouça!"

E prosseguiu: "Prestai atenção ao que ouvis. Com a medida com que medirdes medir-vos-ão a vós, e ainda vos darão de acréscimo. Porque, a quem tem dar-se-lhe-á, mas a quem não tem tirar-se-lhe-á ainda aquilo que possui".

A sementeira a crescer. (4,26-29)

Disse ainda: "Dá-se com o reino de Deus o que acontece ao homem que deita a semente ao campo. Durma ou vigie, de dia e de noite, a semente vai germinando e crescendo sem que ele o perceba. De si mesma é que a terra produz, primeiro o pé da planta, depois a espiga, e, por fim, o grão cheio dentro da espiga. E, mal aparece o fruto, logo lhe mete a foice, pois é chegado o tempo da colheita".

O grão de mostarda. (4,30-34)

E continuou dizendo: "Com que havemos de comparar o reino de Deus? Por que parábola o representaremos? É semelhante a um grão de mostarda. Quando se lança ao solo, é a menor de todas as sementes da terra; mas, depois de semeada, vai crescendo e acaba por se tornar maior que todas as hortaliças, criando ramos tão grandes que as aves do céu podem habitar à sua sombra".

Assim é que lhes falava, em numerosas parábolas como estas, sempre ao alcance deles; nem lhes falava senão por meio de parábolas. E, quando se achava a sós com seus discípulos, passava a lhes explicar tudo.[30-34: Mt 13,31; Lc 13,18]

A tempestade no lago. (4,35-41)

Naquele mesmo dia, ao cair da noite, disse-lhes Jesus: "Passemos à outra margem". Despediram o povo e, sem mais, levaram-no consigo no barco. Outros barcos seguiam atrás. Levantou-se então uma grande tempestade; as ondas se arrojavam sobre o barco, que se ia enchendo de água. Jesus, porém, dormia sobre um travesseiro, na popa da embarcação. Despertaram-no os discípulos, bradando: "Mestre! Não te importa que pereçamos?" Levantou-se Jesus, deu ordem ao vento e disse ao lago: "Cala-te, fica quieto!" Cessou o vento e seguiu-se uma grande bonança. E disse-lhes: "Por que esse medo? ainda não tendes fé?"

Apoderou-se deles um grande terror, e diziam uns aos outros: "Quem é este, que até o vento e o mar lhe obedecem?". [35-41: Mt 8,23; Lc 8,22]

O possesso de Gerasa. (5,1-20)

Chegaram à margem oposta do lago, país dos gerasenos. Mal tinha Jesus desembarcado, quando lhe correu ao encontro, da parte dos sepulcros, um homem possesso de um espírito impuro. Vivia nos sepulcros, e não havia quem o pudesse trazer preso, nem mesmo com cadeias; muitas vezes já o tinham ligado de pés e mãos; mas ele rompia as algemas e despedaçava os grilhões. Ninguém o podia dominar. Sempre, de dia e de noite, andava pelos sepulcros e pelos montes, gritando e ferindo-se com pedras. Quando avistou a Jesus de longe, correu a ele e se lhe prostrou aos pés, com um grito, clamando: "Que tenho eu contigo, Jesus, Filho de Deus altíssimo? Conjuro-te por Deus que não me atormentes!" É que Jesus lhe ordenava: "Sai desse homem, espírito impuro! Perguntou-lhe então: "Como é teu nome?", "O meu nome é legião," replicou-lhe ele, "porque somos muitos". E pôs-se a suplicar-lhe encarecidamente que não o expulsasse daquele país.

Ora, andava pastando aí, no monte, uma grande manada de porcos. Suplicaram-lhe: "Manda-nos entrar nos porcos". Permitiu-lho. Ao que os espíritos impuros saíram e entraram nos porcos. E toda a manada se precipitou encosta abaixo para dentro do lago, onde se afogou. Eram uns dois mil.

Os pastores fugiram e contaram o caso na cidade e no campo. Acudiu muita gente a ver o que acabava de suceder. Quando chegaram à presença de Jesus e viram aí, sentado, o homem que estivera possesso de uma legião, vestido e de perfeito juízo, tiveram medo. Passaram as testemunhas oculares a relatar-lhes a cena com o possesso e com os porcos. Ao que eles rogaram insistentemente a Jesus que se retirasse das suas terras.

Quando Jesus ia embarcando, veio pedir-lhe o homem que fora possesso que o admitisse em sua companhia. Ele, porém, não o permitiu; mas disse-lhe: "Vai para casa ter com os teus e conta-lhes quanto te fez o Senhor e como se compadeceu de ti". Foi-se ele e começou a apregoar na Decápole quanto lhe fizera Jesus. Pasmaram todos.[1-20: Mt 8,28; Lc 8,26]

A filha de Jairo e a hemorroíssa. (5,21-43)

Tornou Jesus a embarcar e chegaram à outra margem, onde afluíram a ele grandes multidões. Estava ainda à beira do lago, quando veio um chefe da sinagoga, por nome Jairo; assim que avistou Jesus, lançou-se-lhe aos pés, com esta súplica insistente: "Minha filhinha está para morrer; vem impor-lhe as mãos para que tenha saúde e vida".

Foi com ele. Muita gente o seguia, apinhando-se em torno dele. Achava-se aí uma mulher que, havia doze anos, sofria de um fluxo de sangue; tinha padecido muito às mãos de numerosos médicos, gastando toda a sua fortuna, mas sem encontrar alívio algum; até se achava cada vez pior. Quando ouviu falar de Jesus, aproximou-se por trás, no meio da multidão, e lhe tocou no manto, porque dizia consigo mesma: "Se lhe tocar o manto sequer, serei curada". E no mesmo instante se lhe estancou o fluxo de sangue e sentia no corpo que estava livre do seu mal. Jesus, porém, percebeu interiormente que dele saíra uma virtude; voltou-se para a multidão e perguntou: "Quem me tocou no manto?"

Disseram-lhe os discípulos: "Ora, bem vês que o povo te comprime, e ainda perguntas: quem me tocou?" Ele, porém, voltou o rosto para quem o fizera. Apresentou-se então a mulher, aterrada e trêmula, porque bem sabia o que lhe sucedera, e prostrou-se aos pés de Jesus, confessando-lhe a verdade toda. Respondeu-lhe Jesus: "Minha filha, a tua fé te salvou; vai-te em paz e sê curada do teu mal".

Ainda estava falando, quando chegou gente da casa do chefe da sinagoga com esta notícia: "Tua filha acaba de morrer; por que ainda incomodas o Mestre?" Jesus, que entreouvira esse recado, disse ao chefe da sinagoga: "Não temas; é só teres fé". Não permitiu que alguém o acompanhasse, senão Pedro, Tiago e João, irmão de Tiago. Chegaram à casa do chefe da sinagoga, e percebeu Jesus grande alvoroço, choros e lamentos. Entrou e disse-lhes: "Por que esse alvoroço e esse choro? A menina não está morta, dorme apenas". Riram-se dele. Jesus, porém, mandou sair todos, levando consigo tão-somente o pai e a mãe da menina e seus companheiros; e entrou onde estava a menina. Tomou-a pela mão e disse-lhe: "*Talitha, cumi!*" — o que quer dizer: "Menina, eu te ordeno: levanta-te!"

Imediatamente, a menina se levantou e pôs-se a andar; tinha doze anos de idade. A gente estava fora de si, estupefata. Jesus, porém, ordenou com insistência que ninguém o chegasse a saber. Em seguida, mandou que lhe dessem de comer.[21-43: Mt 9,18; Lc 8,40]

Jesus em Nazaré. (6,1-6)

Partindo daí, foi em demanda da sua cidade pátria, acompanhado dos discípulos. No sábado imediato ensinou na sinagoga. Os seus numerosos ouvintes pasmavam da sua doutrina, perguntando: "Donde lhe vem isto? Que sabedoria, essa, que lhe foi dada, e que obras poderosas se realizam pelas mãos dele! Não é este o carpinteiro, filho de Maria e irmão de Tiago, José, Judas e Simão? E não moram aqui entre nós suas irmãs?" E foi para eles motivo de tropeço.

Jesus, porém, lhes disse: "Em parte alguma encontra o profeta menos estima do que em sua pátria, entre os seus parentes e na casa própria". Não lhe foi possível realizar nenhuma obra poderosa; apenas curou alguns doentes, impondo-lhes as mãos. Estava admirado da incredulidade deles.

Em seguida, pôs-se a percorrer as aldeias circunvizinhas, ensinando.[1-6: Mt 13,53; Lc 4,16]

Missão dos apóstolos. (6,7-13)

Chamou a si os doze e começou a enviá-los, dois a dois. Deu-lhes poder sobre os espíritos impuros e ordenou-lhes que não levassem coisa alguma para o caminho, afora um bordão; nem pão, nem bolsa, nem dinheiro na cinta; que calçassem sandálias, mas não levassem duas túnicas. Recomendou-lhes ainda: "Quando entrardes em alguma casa, aí ficai até seguirdes viagem. Mas onde não vos receberem nem vos ouvirem, segui adiante e sacudi o pó dos vossos pés, em testemunho contra eles".

Puseram-se, pois, a caminho. Pregaram que os homens se convertessem, expulsaram muitos demônios e curaram numerosos enfermos, ungindo-os com óleo.[7-13: Mt 10,1; Lc 9,1]

Degolação de João Batista. (6,14-29)

Chegou a notícia dele aos ouvidos do rei Herodes; pois o nome de Jesus corria mundo. Dizia ele: "É João Batista; ressurgiu dentre os mortos; por isso é que atuam nele forças poderosas". Outros diziam que era Elias; ainda outros, que era algum dentre os profetas. Herodes, porém, ouvindo isso, dizia: "É João; o mesmo que mandei degolar; ressurgiu".

É que Herodes mandara prender e lançar ao cárcere a João, por causa de Herodíades, mulher de seu irmão Filipe, a qual ele tinha levado por mulher. Pois João tinha censurado a Herodes, dizendo: "Não te é lícito possuir a mulher de teu irmão". Por isso, Herodíades lhe guardava rancor, e bem quisera matá-lo; mas não o podia, porque Herodes reverenciava João; sabia que era homem justo e santo, e o protegia. Toda vez que o ouvia, sentia-se muito perturbado; mas nem por isso deixava de o ouvir com gosto.

Chegou então um dia azado. No seu aniversário natalício, ofereceu Herodes um banquete aos grandes da corte, tribunos e próceres da Galiléia.

Nisto entrou a filha de Herodíades e pôs-se a dançar, o que tanto agradou a Herodes e aos convivas, que o rei disse à menina: "Pede-me o que quiseres, que to darei". Chegou a jurar: "Dar-te-ei tudo que me pedires, ainda que seja metade do meu reino".

Saiu ela e perguntou à mãe: "Que hei de pedir?" Respondeu ela: "A cabeça de João Batista".

Tornou a entrar sem demora e, apresentando-se, pressurosa, ao rei, exigiu: "Quero que me dês agora mesmo, numa bandeja, a cabeça de João Batista".

Entristeceu-se profundamente o rei; mas, por causa do juramento e dos convivas, não lho quis recusar. Enviou, pois, o rei imediatamente um dos seus guardas com a ordem de trazer a cabeça. Foi-se ele e o degolou no cárcere; veio com a cabeça numa bandeja e entregou-a à menina, e a menina a foi levar à sua mãe.

A esta notícia vieram os discípulos de João, levaram o corpo e o sepultaram.[14-29: Mt 14,1; Lc 3,19; 9,7]

Regresso dos apóstolos. (6,30-33)

Voltaram os apóstolos à presença de Jesus e lhe contaram tudo quanto tinham feito e ensinado. Ao que lhes disse: "Vinde, sozinhos, a um lugar solitário e descansai um pouco". Porque nem tinham tempo para comer, de tão numerosos que eram os que iam e vinham. Embarcaram, pois, com destino a um lugar solitário, para ficarem a sós.

Muitos, porém, os viram partir e perceberam a sua intenção. Pelo que, de todas as cidades, acudiram a pé àquele lugar, e chegaram ainda antes deles.

Primeira multiplicação dos pães. (6,34-44)

Ao desembarcar deu Jesus com grande multidão e teve compaixão dela, porque era como ovelhas sem pastor. E começou a ensinar-lhe muitas coisas.

Ao declinar da tarde, chegaram-se a Jesus os discípulos e lhe disseram: "O lugar é deserto, e vai adiantada a hora. Despede as pessoas, para que vão às fazendas e aldeias circunvizinhas e comprem o que comer".

Replicou-lhes Jesus: "Dai-lhes vós de comer".

Tornaram-lhe eles: "Queres que vamos comprar pão por duzentos denários, para lhes dar de comer?"

Inquiriu Jesus: "Quantos pães tendes? Ide e verificai".

Verificaram e disseram: "Cinco, mais dois peixes".

Ordenou então Jesus que o povo se sentasse em ranchos sobre o verde relvado. Dispuseram-se eles em grupos de cem e de cinqüenta pessoas. Então tomou ele os cinco pães e os dois peixes, levantou os olhos ao céu e os abençoou. Em seguida, partiu os pães e os deu aos discípulos para que lhos servissem. Da mesma forma, mandou servir a todos dos dois peixes. Comeram todos e ficaram fartos, e encheram ainda doze cestos com os pedaços que sobraram e alguns restos dos peixes. Eram cinco mil os homens que tinham comido os pães.[30-44: Mt 14,13; Lc 9,10; Jo 6,1]

Jesus caminha sobre as águas. (6,45-52)

Logo impeliu Jesus os seus discípulos a que embarcassem e lhe tomassem a dianteira para a outra margem, rumo a Betsaida, enquanto ele mesmo ia despedir o povo. Despediu-o e retirou-se a um monte para orar.

Já era noite. O barco estava em pleno lago; só Jesus ainda em terra. Via o muito que se afadigavam com o trabalho de remar, porque tinham vento pela proa. Por volta das três horas da madrugada foi caminhando sobre as águas em direção a eles, e fez menção de passar de largo. Quando eles o avistaram a caminhar sobre as águas, pensaram que fosse um fantasma e puseram-se a gritar em altas vozes; estavam todos aterrados à vista dele. Jesus, porém, se apressou a falar-lhes, dizendo: "Tende ânimo; sou eu; não temais".

Embarcou no bote em que eles estavam, e o vento amainou. Com isso eles ficaram fora de si. É que não tinham ainda compreendido aquilo dos pães; o coração deles estava cego.[45-52: Mt 14,22; Jo 6,14]

No território de Genesaré. (6,53-56)

Passaram para a margem oposta e chegaram a Genesaré, onde saltaram. Mal acabaram de desembarcar, logo a gente reconheceu a Jesus. Puseram-se a correr toda a região, trazendo-lhe os doentes em leitos, onde quer que ouvissem da presença dele. E onde quer que aparecesse — fosse em aldeia, cidade ou povoação — expunham os seus enfermos em praça pública e rogavam que lhes permitisse tocarem-lhe ao menos a borla do manto; e quantos a tocavam saíam curados.[53-56: Mt 14,34]

Preceitos humanos. (7,1-13)

Foram ter com Jesus os fariseus e uns escribas de Jerusalém, e repararam que alguns dos discípulos dele comiam com as mãos profanas, isto é, não lavadas. É que os fariseus, como os judeus em geral, consoante as tradições dos antepassados, não comem sem ter primeiro lavado cuidadosamente as mãos. Da mesma forma, quando vêm do mercado, não comem sem se lavar previamente; e, além disso, observam muitos outros usos e costumes ditados pela tradição, como sejam as lavagens das taças, bilhas, caldeiras.

Perguntaram-lhe, então, os fariseus e os escribas: "Por que não se conformam os teus discípulos com a tradição dos antepassados, mas tomam alimento com as mãos profanas?"

Respondeu-lhes Jesus: "Bem profetizou de vós Isaías escrevendo: 'Este povo me honra com os lábios; mas o seu coração está longe de mim; é fútil a meus olhos o culto que me prestam; não ensinam senão preceitos humanos'.

Deixais de parte o mandamento de Deus e observais preceitos humanos, lavando bilhas e taças e cuidando de muitas outras coisas dessas". Disse-lhes ainda: "Mui jeitosamente sabeis burlar o preceito de Deus para guardar a vossa tradição. Moisés ordenou: 'Honra pai e mãe'; e: 'Quem injuria pai ou mãe seja réu de morte'. Vós, porém, dizeis: 'Quem disser: vá como *corban* — isto é, sacrifício — o que eu te deveria está dispensado de acudir a pai e mãe'; e destarte, com a vossa tradição, desdizeis o que Deus disse. E praticais ainda muitas outras coisas desse gênero".

Impureza real. (7,14-23)

Em seguida, tornou a convocar o povo e lhe disse: "Escutai, todos, e compreendei-o bem! O que de fora entra no homem não o pode tornar impuro; mas somente o que sai do interior do homem, isto é que o torna impuro. Quem tem ouvidos para ouvir ouça!"

Depois de ele se retirar do povo e chegar a casa, vieram os discípulos interrogá-lo sobre o sentido da parábola. Respondeu-lhes ele: "Nem vós tendes ainda compreensão? Não atinais então que tudo que de fora entra no homem não o pode tornar impuro? Pois não lhe entra no coração, mas vai para o estômago, e daí toma o seu caminho natural, purificando todos os alimentos. Mas o que sai do homem", prosseguiu, "isso é que o torna impuro: porque do interior, do coração do homem é que vêm os maus pensamentos, a luxúria, os roubos, o assassínio, o adultério, a avareza, a malícia, a astúcia, a libertinagem, o mau olhar, a blasfêmia, a soberba e os desatinos. Todos esses males vêm de dentro, e são eles que tornam o homem impuro". [1-23: Mt 15,1]

A mulher cananéia. (7,24-30)

Partiu Jesus daí e se dirigiu para o país de Tiro e Sidon. Entrou numa casa, e queria que ninguém o soubesse. Mas não pôde ficar oculto; porque uma mulher, que tinha uma filha possessa de um espírito impuro, assim que ouviu da presença dele, entrou e se lhe lançou aos pés. Era pagã essa mulher, natural da Siro-fenícia. Suplicou a Jesus que expulsasse de sua filha o demônio.

Respondeu-lhe ele: "Deixa que primeiro se fartem os filhos; não convém partir o pão aos filhos e lançá-lo aos cachorrinhos".

"Decerto, Senhor", replicou ela, "mas também os cachorrinhos, debaixo da mesa, comem das migalhas dos filhos".

Disse-lhe Jesus: "Por causa desta palavra, vai, que o demônio acaba de sair de tua filha".

Foi para casa e encontrou a menina estendida na cama; o demônio tinha saído. [24-30: Mt 15,21]

O surdo-mudo. (7,31-37)

Tornou a retirar-se do país de Tiro e foi por Sidon ao lago da Galiléia, atravessando o território da Decápole.

Trouxeram-lhe então um surdo-mudo e lhe rogaram pusesse a mão sobre ele. Jesus tomou-o à parte, fora do povo, pôs-lhe os dedos nos ouvidos e tocou-lhe a língua com saliva. Depois levantou os olhos ao céu, deu um suspiro e disse-lhe: "*Effetha!*" — que quer dizer: "Abre-te!"

Imediatamente se lhe abriram os ouvidos e soltou-se-lhe a prisão da língua, e falava corretamente. Jesus, porém, os proibiu de que o dissessem a pessoa alguma; mas, quanto mais lhos proibia, tanto mais o divulgavam. Cheios de pasmo, diziam: "Faz bem todas as coisas; faz ouvir os surdos e falar os mudos!"

Segunda multiplicação dos pães. (8,1-9)

Por aqueles dias se tinha juntado, novamente, grande multidão. Mas não tinham o que comer. Jesus convocou os seus discípulos e lhes disse: "Tenho compaixão do povo; há três dias que está comigo e não tem o que comer. Se os mandar para casa com fome, desfalecerão pelo caminho, porque muitos deles vieram de longe".

Observaram-lhe seus discípulos: "Donde havia alguém de tirar pão, aqui no deserto, para os fartar?"

"Quantos pães tendes?", perguntou-lhes Jesus.

"Sete", responderam.

Então ordenou Jesus que o povo se sentasse no chão; tomou os sete pães, partiu-os e entregou-os a seus discípulos para que os distribuíssem ao povo. E eles os distribuíram. Tinham também alguns peixinhos. Abençoou também a estes e os mandou servir. Comeram e ficaram fartos, e encheram ainda sete cestos com os pedaços que sobraram. Eram uns quatro mil. E Jesus despediu-os.[1-9: Mt 15,32]

Sinal do céu. (8,10-13)

Sem demora embarcou com os seus discípulos e passou para o território de Dalmanuta. Vieram os fariseus e se puseram a discutir com ele. No intuito de o porem à prova, pediram que lhes desse um sinal do céu. Ao que Jesus deu um suspiro profundo e disse: "Por que é que esta raça me pede um sinal? Em verdade vos digo que não será concedido um sinal a esta geração".

Com isso os deixou, tornou a embarcar e passou para a outra margem.[10-13: Mt 16,1; Lc 12,54]

O fermento dos fariseus. (8,14-21)

Ora, tinham-se esquecido de levar pão; não levavam consigo na barca senão um único. Preveniu-os Jesus, dizendo: "Alerta! Cuidado com o fermento dos fariseus e o fermento de Herodes".

Puseram-se eles a discorrer entre si: "É que não temos pão".

Reparou isso Jesus e disse: "Que estais a inquietar-vos de não terdes pão? Ainda não atinais nem compreendeis, ainda está tão cego o vosso coração? Tendes olhos e não vedes? Tendes ouvidos e não ouvis? Já não vos lembrais quando parti cinco pães para os cinco mil? Quantos cestos levastes cheios de pedaços?"

"Doze", responderam-lhe.

"E quando parti os sete pães para os quatro mil, quantos cestos levastes cheios de pedaços?"

"Sete", tornaram-lhe.

Ao que lhes disse Jesus: "Como é que não entendeis ainda?"[14-21: Mt 16,5; Lc 12,1]

Cura de um cego. (8,22-26)

Chegaram a Betsaida. Aí lhe apresentaram um cego, rogando que o tocasse. Jesus tomou o cego pela mão e o conduziu para fora da aldeia; tocou-lhe com saliva os olhos, impôs-lhe as mãos e perguntou-lhe: "Enxergas alguma coisa?"

Levantou ele os olhos e disse: "Vejo andar homens como árvores".

Novamente lhe pôs Jesus as mãos sobre os olhos; então se tornou penetrante a vista dele; ficou curado e distinguia nitidamente todas as coisas.

Mandou-o Jesus para casa com esta recomendação: "Não entres na aldeia".

Confissão de Pedro. (8,27-30)

Partiu Jesus com os seus discípulos em demanda nas aldeias nos arredores de Cesaréia de Filipe. Pelo caminho dirigiu a seus discípulos esta pergunta: "Quem dizem os homens que eu sou?"

Responderam-lhe eles: "Dizem uns que és João Batista; outros, Elias; ainda outros, algum dos profetas".

Continuou a interrogá-los: "E vós, quem dizeis que eu sou?"

Respondeu-lhe Pedro: "Tu és o Cristo".

Inculcou-lhes Jesus que a ninguém falassem a respeito dele.[27-30: Mt 16,13; Lc 9,18]

Jesus prediz a sua paixão. (8,31-33)

Começou então a declarar-lhes que era necessário que o Filho do homem padecesse muito, que fosse rejeitado e morto pelos anciãos, sumos sacerdotes e escribas; mas que depois de três dias havia de ressurgir. Falava disto com toda a clareza. Ao que Pedro o tomou à parte e entrou a fazer-lhe recriminações. Jesus, porém, voltou-se, encarou os seus discípulos e repreendeu a Pedro dizendo: "Vai atrás de mim, Satanás! Não compreendes o que é de Deus, mas dos homens".[31-33: Mt 16,21; Lc 9,22]

Em seguimento do Cristo. (8,34-38--9,1)

Então convocou o povo e os discípulos e disse-lhes: "Se alguém me quiser acompanhar, renuncie a si mesmo, carregue a sua cruz e siga-me. Porque quem quiser salvar a sua vida perdê-la-á; mas quem perder a sua vida por causa de mim e do evangelho salvá-la-á. Que aproveita ao homem ganhar o mundo inteiro, se chegar a perder a sua alma? Pois que dará o homem em troca de sua alma? Quem se envergonhar de mim e das minhas palavras, em face desta raça adúltera e pecadora, desse tal se há de também envergonhar o Filho do homem, quando vier na glória de seu Pai, em companhia dos santos anjos".

E prosseguiu, dizendo-lhes: "Em verdade, vos digo que entre os presentes há alguns que não provarão a morte enquanto não virem o reino de Deus a manifestar-se com poder".[8,34-9,1: Mt 16,24; Lc 9,23]

Transfiguração de Jesus. (9,2-8)

Seis dias depois, tomou Jesus consigo a Pedro, Tiago e João, e conduziu-os sozinhos à parte, a um monte elevado. E transfigurou-se diante deles. As suas vestes resplandeciam em tanta alvura como nenhum lavandeiro da terra as poderia branquear. Apareceu-lhes Elias em companhia de Moisés a falar com Jesus.

Então tomou Pedro a palavra e disse a Jesus: "Mestre, que bom que é estarmos aqui! Vamos armar três tendas: uma para ti, outra para Moisés e outra para Elias". Não sabia o que dizia, de tão aterrados que estavam. Nisso veio uma nuvem, que os envolveu; e de dentro da nuvem uma voz clamava: "Este é meu Filho querido; ouvi-o!" Quando olharam em derredor, não viram mais ninguém, senão só Jesus com eles.

Reaparecimento de Elias. (9,9-13)

Enquanto iam descendo do monte, inculcou-lhes ele que a ninguém falassem da visão, até que o Filho do homem houvesse ressurgido dentre os mortos.

Guardaram consigo mesmos a coisa, e puseram-se a discutir o que significaria aquilo: "ressurgir dentre os mortos". Foram perguntar a Jesus: "Por que é que os escribas afirmam que primeiro há de aparecer Elias?"

Respondeu-lhes ele: "Elias há de aparecer primeiro para restabelecer todas as coisas. Mas como é que está escrito que o Filho do homem deve padecer muito e ser desprezado? Ora, declaro-vos que Elias já apareceu, mas fizeram dele o que queriam, como está escrito dele". [2-13: Mt 17,1; Lc 9,28]

O menino possesso. (9,14-29)

Quando chegaram aonde estavam os discípulos, viram à roda deles grande multidão e uns escribas a discutir com eles. Assim que o povo avistou a Jesus, encheu-se de espanto. Correram-lhe ao encontro e o saudaram.

Perguntou-lhes Jesus: "Que estais a discutir com eles?"

Respondeu-lhe alguém do meio da multidão: "Mestre, levei à tua presença meu filho, que se acha possesso de um espírito mudo. Esse, quando o apanha, atira com ele para cá e para lá. Espuma, range com os dentes e fica todo hirto. Pedi a teus discípulos que o expulsassem, mas não foram capazes".

Exclamou Jesus: "Ó raça incrédula! Até quando hei de estar convosco? Até quando vos hei de suportar?... Trazei-mo cá".

Trouxeram-lho. Apenas o espírito viu a Jesus, começou a agitar com violência o menino. Caiu por terra e se revolvia, espumando. Perguntou Jesus ao pai dele: "Há quanto tempo lhe acontece isto?" "Desde pequeno", respondeu. "Muitas vezes dá com ele no fogo ou na água para o matar. Se puderes fazer alguma coisa, tem piedade de nós e ajuda-nos".

Tornou-lhe Jesus: "Quanto ao poder — quem tem fé tudo pode". "Tenho fé!", exclamou logo o pai do menino, entre lágrimas. "Auxilia a minha falta de fé!"

Vendo Jesus que o povo se aglomerava cada vez mais numeroso, ameaçou o espírito impuro, dizendo: "Espírito mudo e surdo, eu te ordeno: sai dele e não tornes a entrar nele!" Por entre os gritos e violentas convulsões saiu dele. O menino jazia como morto, de modo que a maior parte dizia: "Está morto". Jesus, porém, o tomou pela mão e o levantou, e ele se pôs de pé.

Quando Jesus entrou em casa, perguntaram-lhe em segredo os seus discípulos: "Por que razão não pudemos nós expulsá-lo?"

Respondeu-lhes: "Esta casta não se expulsa senão à força de oração e jejum". [14-29: Mt. 17,14; Lc 9,37]

Jesus torna a predizer a sua paixão. (9,30-32)

Partindo daí, puseram-se a percorrer a Galiléia; e Jesus não queria que o soubessem. É que instruía os discípulos, dizendo-lhes: "O Filho do homem vai ser entregue às mãos dos homens, que hão de matá-lo; três dias após a sua morte, porém, ressurgirá".

Não atinaram com o sentido disso; mas tinham medo de interrogá-lo. [30-32: Mt 17,22; Lc 9,43]

Questão de precedência. (9,33-37)

Chegaram a Cafarnaum. Em casa perguntou-lhes Jesus: "De que vínheis falando pelo caminho?"

Calaram-se, porque em caminho tinham questionado sobre quem deles seria o maior. Sentou-se Jesus, chamou a si os doze e disse-lhes: "Quem pretender ser o primeiro seja o último e o servo de todos". Depois tomou uma criança, colocou-a no meio deles, abraçou-a e disse-lhes: "Quem acolher em meu nome uma criança assim, a mim é que acolhe; mas quem me acolhe não é a mim que acolhe, senão aquele que me enviou".

Zelo imprudente. (9,38-41)

Nisso lhe disse João: "Mestre, vimos um homem que em teu nome expulsava demônios, e lho proibimos, porque não vai conosco".

Respondeu-lhes Jesus: "Não lho proibais; porque quem realiza obras poderosas em meu nome não pode logo dizer mal de mim. Quem não é contra vós é por vós. Quem vos der de beber um copo d'água em meu nome, por serdes do Cristo, em verdade vos digo que não ficará sem a sua recompensa.

Escândalo. (9,42-50)

Quem incitar ao pecado um desses pequeninos que têm fé, melhor lhe fora que lhe suspendessem ao pescoço uma grande mó e o lançassem ao mar. Se tua mão te for ocasião do pecado, corta-a; melhor te é entrares na vida com uma só mão do que, tendo duas, ires para o inferno, para o fogo inextinguível. Se teu pé for ocasião de pecado, corta-o; melhor te é entrares na vida aleijado do que, tendo dois pés, seres lançado ao inferno. Se teu olho for ocasião de pecado, arranca-o; melhor te é entrares no reino de Deus com um só olho do que, tendo dois, seres lançado ao inferno, onde o verme não lhes morre, nem o fogo se apaga. Porque cada um será salgado com fogo. O sal é coisa boa; mas, se o sal perder a sua salinidade, com que haveis de salgar?[Mt 5,13; Lc 14,34] Tende sal em vós mesmos e guardai a paz uns com os outros".[33-50: Mt 18,1; Lc 9,46]

Atividade de Jesus na Judéia e em Jerusalém

Rumo a Jerusalém

Indissolubilidade do matrimônio. (10,1-12)

Daí partiu Jesus e entrou em terras da Judéia, para além do Jordão. Novamente afluiu numeroso o povo, e Jesus tornou a ensiná-lo como de costume.

Então se aproximaram dele alguns dos fariseus, e, no intuito de o porem à prova, perguntaram-lhe se era permitido ao homem repudiar sua mulher.

Respondeu-lhes Jesus: "Que preceito vos deu Moisés?"

Tornaram eles: "Moisés permitiu dar carta de divórcio e repudiar a mulher".

Replicou-lhes Jesus: "Por causa da dureza dos vossos corações é que Moisés vos deu esse preceito. Mas, no princípio da creação, Deus os fez como varão e mulher. Por isso, deixará o varão ao pai e à mãe para aderir a sua mulher, e serão os dois uma só carne. Assim, já não são dois, mas uma só carne. Ora, não separe o homem o que Deus uniu".

Em casa, tornaram os discípulos a interrogá-lo sobre o mesmo assunto. Ao que lhes respondeu: "Quem repudiar sua mulher e casar com outra comete adultério contra ela; e, se a mulher repudiar a seu marido e casar com outro, comete adultério".[1-12: Mt 19,1]

Jesus e as crianças. (10,13-16)

Apresentaram-lhe umas crianças, para que as tocasse. Os discípulos, porém, repeliram a gente. Jesus, vendo isso, se indignou, e disse-lhes: "Deixai que venham a mim as crianças, e não lho embargueis; porque de tais é o reino de Deus. Em verdade, vos digo: quem não receber o reino de Deus como uma criança não entrará nele".

Em seguida, abraçou-as, pôs sobre elas as mãos e as abençoou.[13-16: Mt 19,13; Lc 18,15]

O jovem rico. (10,17-22)

Quando Jesus seguia caminho, correu-lhe ao encontro alguém, caiu de joelhos e lhe fez esta pergunta: "Bom Mestre, que devo fazer para alcançar a vida eterna?"

Respondeu-lhe Jesus: "Por que me chamas bom? Ninguém é bom senão Deus somente. Conheces os mandamentos: não matarás, não cometerás adultério, não furtarás, não levantarás falso testemunho, não enganarás, honrarás pai e mãe".

Respondeu ele: "Mestre, tudo isso tenho observado desde pequeno".

Contemplou-o Jesus com amor e disse-lhe: "Uma coisa ainda te falta: vai, vende tudo que tens e dá-o aos pobres — e terás um tesouro no céu —, depois vem, segue-me".

A essas palavras entristeceu-se ele e retirou-se, pesaroso, porque era possuidor de muitos bens.

Perigo das riquezas. (10,23-27)

Correu Jesus um olhar em derredor de si e disse a seus discípulos: "Como é difícil entrarem no reino de Deus os que possuem riquezas!"

Aterraram-se os discípulos com essas palavras. Jesus, porém, tornou a dizer-lhes: "Como é difícil, filhos, entrarem no reino de Deus os que põem sua confiança nas riquezas. Mais fácil é passar um camelo pelo fundo de uma agulha do que entrar um rico no reino de Deus".

Com isso se aterraram ainda mais e diziam uns aos outros: "Quem pode então salvar-se?" Jesus cravou neles um olhar e disse: "Para os homens é isto impossível, mas não para Deus; porque a Deus tudo é possível".[17-27: Mt 19,16; Lc 18,18]

Prêmio da pobreza voluntária. (10,28-31)

Então tomou Pedro a palavra e disse: "Eis que nós deixamos tudo e te seguimos".

Respondeu Jesus: "Em verdade, vos digo que todo aquele que por causa de mim e do evangelho deixar casa, irmão, irmã, pai, filho, ou campo, receberá, já nesta vida — embora entre perseguições —, o cêntuplo em casas, irmãos, irmãs, mãe, filhos e campos; e no mundo futuro terá a vida eterna. Muitos dos que são os primeiros serão os últimos; e muitos dos que são os últimos serão os primeiros".[28-31: Mt 19,27; Lc 18,28]

Jesus prediz pela terceira vez a sua paixão. (10,32-34)

Estavam subindo a caminho de Jerusalém. Jesus lhes tomou a dianteira; com isso se aterraram os discípulos e o foram seguindo cheios de apreensão. Tornou Jesus a chamar a si os doze e declarou-lhes o que estava para acontecer-lhe: "Eis que vamos subindo a Jerusalém! O Filho do homem será entregue aos sumos sacerdotes e aos escribas, que hão de condená-lo à morte e entregar aos gentios; hão de escarnecê-lo, cuspir nele, açoitá-lo e matá-lo. Depois de três dias, porém, ressurgirá".[32-34: Mt 20,17; Lc 18,31]

Os filhos de Zebedeu. (10,35-45)

Chegaram-se então a ele Tiago e João, filhos de Zebedeu, e lhe disseram: "Mestre, quiséramos que atendesse a um pedido nosso".

Perguntou-lhes Jesus: "Que é que pedis de mim?"

Responderam-lhe eles: "Concede-nos que, na tua glória, um de nós se sente à tua direita, e outro à tua esquerda".

Replicou-lhes Jesus: "Não sabeis o que pedis. Podeis beber o cálice que eu bebo, e ser mergulhados como eu serei mergulhado?"

"Podemos", responderam-lhe.

Tornou-lhes Jesus: "Sim, haveis de beber o cálice que eu bebo, e sereis mergulhados como eu serei mergulhado; mas isto de vos conceder os lugares à minha direita e à minha esquerda não é comigo, competem àqueles a quem são destinados".

Quando os outros dez ouviram isso, indignaram-se contra Tiago e João. Pelo que Jesus os chamou a si e lhes disse: "Sabeis que os príncipes dos povos dominam sobre os seus súditos, e os seus grandes exercem poder sobre eles. Entre vós, porém, não há de ser assim; mas quem dentre vós pretender ser grande seja vosso servo; e quem dentre vós quiser ser o primeiro seja o servidor de todos. Pois também o Filho do homem não veio para ser servido, mas para servir e dar a sua vida como preço em lugar de muitos". [35-45: Mt 20,20; Lc 22,25]

O cego de Jericó. (10,46-52)

Chegaram a Jericó. Quando Jesus ia saindo de Jericó, em companhia de seus discípulos e muito povo, estava sentado à beira do caminho um mendigo cego. Era Bartimeu, filho de Timeu. Mal ouviu que vinha passando Jesus de Nazaré, pôs-se a clamar: "Jesus, Filho de Davi, tem piedade de mim!"

Repreenderam-no muito para que se calasse; ele, porém, gritava cada vez mais: "Filho de Davi, tem piedade de mim!"

Parou Jesus e disse: "Chamai-o cá!" Foram chamar o cego e lhe disseram: "Tem confiança, levanta-te, que ele te está chamando". Lançou de si sua capa, levantou-se de um salto e correu para Jesus.

"Que queres que te faça?", perguntou-lhe Jesus.

"Mestre", suplicou o cego, "faze com que eu veja!"

Disse-lhe Jesus: "Vai, que a tua fé te curou!" No mesmo instante via, e o foi seguindo pelo caminho.[46-52: Mt 20,29; Lc 18,35]

Feitos messiânicos

Entrada em Jerusalém. (11,1-11)

Aproximavam-se de Jerusalém, perto de Betfagé e Betânia, no monte das Oliveiras. Enviou Jesus dois dos seus discípulos com esta ordem: "Ide à aldeia que tendes em frente. Logo à entrada, encontrareis um jumentinho amarrado, no qual ainda ninguém montou: desatai-o e trazei-mo cá. Se alguém vos perguntar: 'Que estais a fazer?', respondei que o Senhor precisa dele e logo o restituirá".

Foram e encontraram o jumentinho amarrado fora do portão, numa encruzilhada. Desataram-no. Alguns dos que lá estavam perguntaram: "Que estais a desatar o jumentinho?" Responderam-lhes conforme Jesus ordenara; e deixaram-no levar.[1-6: Mt 21,1; Lc 19,29; Jo 12,12]

Conduziram o jumentinho a Jesus, cobriram-no com as suas vestes; e ele montou. Muita gente estendia os seus mantos pelo caminho; outros espalhavam verde folhagem, que haviam cortado nos campos. E tanto os que iam adiante como os que seguiam atrás clamavam em altas vozes: "Hosana! Bendito o que vem em nome do Senhor! Bendito seja o reino vindouro de nosso pai Davi! Hosana nas alturas!"

Assim fez a sua entrada em Jerusalém e ingressou no templo. Observou tudo quanto havia em derredor, e só bastante tarde se retirou para Betânia com os doze.

Maldição da figueira estéril. (11,12-14)

Quando, no dia seguinte, deixaram Betânia, Jesus teve fome.

Avistou ao longe uma figueira coberta de folhagem; aproximou-se a ver se lhe encontrava qualquer coisa. Mas, chegando ao pé, não lhe achou senão folhas, porque ainda não era tempo de figos. Bradou-lhe Jesus: "Nunca jamais alguém coma frutos de ti!" Ouviram isso seus discípulos.[12-14: Mt 21,18]

Purificação do templo. (11,15-19)

Chegaram a Jerusalém. Entrou Jesus no templo, expulsou os que aí vendiam e compravam, derribou as mesas dos cambistas e os bancos dos que vendiam pombas; nem consentia que alguém levasse algum utensílio pelo templo.

Chamava-lhes a atenção para isto: "Porventura, não está escrito: 'Minha casa será casa de oração para todos os povos?' Vós, porém, a fizestes covil de ladrões".

Quando os príncipes dos sacerdotes e escribas souberam disso, deliberaram como matá-lo; mas temiam-no, porque todo o povo andava empolgado com a doutrina dele.

Ao cair da tarde, tornou Jesus a sair da cidade.[15-19: Mt 21,12; Lc 19,45]

A figueira seca. (11,20-26)

Quando, na manhã seguinte, passaram pela figueira, viram que secara até a raiz. Ao que Pedro, recordando-se, lhe disse: "Olha, Mestre, secou a figueira que amaldiçoaste".

Respondeu-lhes Jesus: "Tende fé em Deus. Em verdade vos declaro que, se alguém disser a esse monte: 'Sai daqui e lança-te ao mar'; e se não duvidar em seu coração, mas crer firmemente na realização da sua palavra — há de acontecer assim mesmo. Por isso vos digo: crede firmemente que recebereis tudo quanto pedirdes na oração — e ser-vos-á dado. E, se estiverdes a orar, perdoai, se tendes qualquer coisa contra alguém, para que também vosso Pai celeste vos perdoe os vossos pecados".[20-26: Mt 21,20]

Discussões no templo

Questão da autoridade. (11,27-33)

Regressaram para Jerusalém. Andava Jesus pelo templo, quando se chegaram a ele os sumos sacerdotes, os escribas e os anciãos, e lhe perguntaram: "Com que autoridade fazes estas coisas? Quem te deu o direito de fazer isto?"

Replicou-lhes Jesus: "Também eu vos farei uma pergunta; se me derdes resposta, dir-vos-ei com que autoridade faço isto. O batismo de João vinha do céu ou dos homens? Respondei-me".

Puseram-se eles a discorrer consigo mesmos: "Se dissermos do céu, replicar-nos-á: por que, pois, não lhe destes fé? Diremos dos homens?" Mas temiam o povo, porque toda a gente tinha a João em conta de verdadeiro profeta. Responderam, pois, a Jesus: "Não sabemos". Replicou-lhes ele: "Pois nem eu vos digo com que autoridade faço isto".[27-33 Mt 21,23; Lc 20,1]

Os lavradores perversos. (12,1-12)

Disse-lhes Jesus em forma de parábola: "Certo homem plantou uma vinha, cercou-a com uma sebe, cavou nela um lagar e levantou uma torre. Em seguida, arrendou-a a uns lavradores, e ausentou-se do país. A seu tempo, enviou um servo aos lavradores, a fim de receber deles a sua porção dos frutos da vinha. Eles, porém, o prenderam, feriram, e o despediram de mãos vazias. Pela segunda vez lhes enviou outro servo. E maltrataram também a este, cobrindo-o de afrontas. Mandou-lhes ainda um terceiro. Mas eles o mataram. O mesmo fizeram também a muitos outros, que em parte feriram, em parte mataram. Ora, tinha ele ainda um filho único. Foi a esse que lhes enviou por último, dizendo consigo mesmo: 'Não deixarão de respeitar a meu filho'.

Os lavradores, porém, disseram uns aos outros: 'Esse é o herdeiro; vamos dar cabo dele, e será nossa a herança'.

Prenderam-no, pois, mataram-no e o lançaram fora da vinha.

Ora, que fará o senhor da vinha? Virá e matará esses lavradores e arrendará a vinha a outros. Nunca lestes esta passagem da escritura: 'A pedra que os arquitetos rejeitaram, essa se tornou pedra angular; esta é a obra do Senhor — coisa prodigiosa aos nossos olhos'?"

Procuraram então deitar-lhe as mãos; porque repararam que a parábola se referia a eles mesmos. Mas temiam o povo. Deixaram-no, pois, e foram embora.[1-12: Mt 21,33; Lc 20,9]

A questão do tributo. (12,13-17)

Enviaram-lhe então uns fariseus e herodianos, a fim de o apanharem em alguma palavra. Aproximaram-se e disseram-lhe: "Mestre, sabemos que és amigo da verdade, que não conheces respeito humano, porque não fazes acepção de pessoas; mas que ensinas o caminho de Deus conforme a verdade. É lícito dar tributo a César ou não? Temos de pagar ou não temos de pagar?"

Jesus, porém, lhes percebeu a hipocrisia, e disse-lhes: "Por que me tentais? Mostrai-me um denário para verificar". Apresentaram-lhe. Perguntou-lhes Jesus: "De quem é esta imagem e a inscrição?" "De César", responderam-lhe.

Tornou-lhes Jesus: "Dai, pois, a César o que é de César, e a Deus o que é de Deus".

Pasmaram dele.[13-17: Mt 22,15; Lc 20,20]

A questão da ressurreição. (12,18-27)

Nisso se lhe apresentaram uns saduceus — que negam a ressurreição — e lhe propuseram esta questão: "Mestre, ordenou-nos Moisés que, se morresse um irmão e deixasse mulher e filhos, o irmão dele casasse com a mulher e desse descendentes ao irmão. Ora, havia sete irmãos. Casou-se o primeiro, e morreu sem deixar filhos. Casou o segundo com a mulher, e morreu também sem deixar filhos. Da mesma forma, o terceiro; e assim todos os sete e não deixaram filhos. Por último de todos, faleceu também a mulher. A quem pertencerá ela como mulher na ressurreição — se é que ressurgem —, uma vez que todos a tiveram por mulher?"

Respondeu-lhes Jesus: "Não é que estais em erro por ignorardes as escrituras e o poder de Deus? Porquanto na ressurreição dos mortos não se casa nem se dá em casamento; mas são como os anjos nos céus. Quanto à ressurreição dos mortos, não lestes no livro de Moisés, onde se fala da sarça, que Deus lhe disse: 'Eu sou o Deus de Abraão, o Deus de Isaac e o Deus de Jacó?' Ora, ele não é Deus dos mortos, mas, sim, dos vivos. Laborais, portanto, num grande erro".[18-27: Mt 22,23; Lc 20,27]

O mandamento máximo. (12,28-34)

Um dos escribas que assistira a essa discussão e percebera com que acerto lhes respondera Jesus, apresentou-se a ele com esta pergunta: "Qual é o primeiro de todos os mandamentos?"

Respondeu Jesus: "O primeiro é este: 'Ouve, Israel! O Senhor nosso Deus é o único Senhor. Amarás o Senhor teu Deus de todo o teu coração, de toda a tua alma, de toda a tua mente e com todas as tuas forças'. O segundo diz: 'Amarás a teu próximo como a ti mesmo'. Não há mandamento maior que estes".

Tornou-lhe o escriba: "Perfeitamente, Mestre, é bem verdade o que acabas de dizer: que há um só, e não há outro fora dele. Amá-lo de todo o coração, de toda a mente e com todas as forças, e ao próximo como a si mesmo — isso vale mais que todos os holocaustos e vítimas".

Em face dessa resposta que ele dera, tão sensata, disse-lhe Jesus: "Não estás longe do reino de Deus".

A partir daí, ninguém mais ousava fazer-lhe pergunta.[28-34: Mt 22,34; Lc 10,25]

O filho de Davi. (12,35-37)

No meio dos ensinamentos que dava no templo perguntou Jesus: "Como é que os escribas afirmam que Cristo é filho de Davi, quando o próprio Davi diz, no Espírito Santo: 'Disse o Senhor a meu Senhor: senta-te à minha direita até que eu reduza os teus inimigos a escabelo de teus pés'?

Se, pois, o próprio Davi lhe chama Senhor, como é que é seu filho?"

A numerosa multidão o escutava com gosto.[35-37: Mt 22,41; Lc 20,41]

Cuidado com os escribas! (12,38-40)

Prosseguindo nos seus ensinamentos, disse: "Cuidado com os escribas, que se comprazem em andar por aí em amplas roupagens, querem ser cumprimentados nas praças e gostam de ocupar os primeiros assentos nas sinagogas e lugar de honra nos banquetes. Devoram as casas das viúvas, sob pretexto de recitarem longas orações. Rigoroso será o juízo que os aguarda".[38-40: Mt 23,6; Lc 20,45]

O óbolo da viúva. (12,41-44)

Sentou-se Jesus defronte ao cofre das ofertas e observava como a gente deitava dinheiro no cofre. Muitos ricos ofereciam muito. Veio também uma pobre viúva que deitou duas pequenas moedas, no valor de um centavo. Ao que Jesus chamou os seus discípulos e lhes disse: "Em verdade, vos digo que esta pobre viúva lançou no cofre mais que todos os outros; porque todos os outros deram do que lhes sobrava; ela, porém, deu da sua indigência tudo quanto tinha, todo o sustento da sua vida".[41-44: Lc 21,1]

Profecia sobre a destruição de Jerusalém e o fim do mundo

Ocasião. (13,1-4)

Ao sair do templo, disse um dos discípulos a Jesus: "Olha, Mestre, que maravilha de pedras e de construções!" Tornou-lhe Jesus: "Estás vendo essas soberbas construções? Pois não ficará pedra sobre pedra — será tudo arrasado".

Em seguida, foi sentar-se no monte das Oliveiras, com o templo à vista. Perguntaram-lhe então, confidencialmente, Pedro, Tiago, João e André: "Dize-nos, quando é que acontecerão estas coisas? E que sinal indicará o cumprimento de tudo isto?"

Grandes tribulações. (13,5-13)

Ao que Jesus lhes respondeu: "Cuidado que ninguém vos iluda! Porque aparecerão muitos em meu nome, dizendo: 'Sou eu'; e a muitos hão de enganar. Quando ouvirdes falar em guerras e boatos de guerra, não vos perturbeis; pois importa que assim aconteça; mas ainda não é o fim. Porque se levantará nação contra nação, e reino contra reino; haverá terremotos e fome, por toda parte. Mas tudo isso não será senão o princípio das dores.

Cuidado com vós mesmos! Por minha causa vos hão de entregar aos tribunais, açoitar nas sinagogas e levar à presença de reis e governadores, em testemunho a eles. Primeiro será pregado o evangelho a todos os povos.

Quando, pois, vos levarem e arrastarem aos tribunais, não vos preocupeis com o que tiverdes de dizer; mas dizei o que naquela hora vos for inspirado; porque já não sois vós que falais, mas o Espírito Santo. Há de o irmão entregar à morte o irmão, e o pai ao filho; hão de os filhos revoltar-se contra os pais e tirar-lhes a vida. Por causa de meu nome é que sereis odiados de todos; mas quem perseverar até o fim será salvo". [5-13: Mt 24,4; Lc 21,8]

Prenúncios da destruição de Jerusalém. (13,14-18)

Quando virdes reinar os horrores da desolação onde reinar não deviam — atenda a isto o leitor! —, então fujam para os montes os que estiverem na Judéia; e quem se achar no terraço não desça ao interior da casa nem entre para buscar alguma coisa; quem estiver no campo não volte para buscar sua capa. Ai das mulheres que nesses dias andarem grávidas ou com filhinho ao peito! Orai para que isto não aconteça em tempo de inverno."

Tragédias. (13,19-23)

Naqueles dias sobrevirá tribulação tão grande como não tem havido igual, desde o princípio, quando Deus creou o mundo, nem haverá para o futuro. Se o Senhor não abreviasse aqueles dias, não se salvaria pessoa alguma; mas abreviou os dias, em atenção aos escolhidos que elegeu.

Quando então vos disser alguém: 'Eis aqui o Cristo! Ei-lo acolá!' — não o acrediteis; porque aparecerão falsos Cristos e falsos profetas, que farão sinais e prodígios a ponto de enganar, possivelmente, até os escolhidos. Ficais pois alerta! Eis que vos ponho de sobreaviso.[14-23: Mt 24,15; Lc 21,20]

Segundo advento do Cristo. (13,24-27)
Depois da tribulação daqueles dias escurecerá o sol, e a lua já não dará a sua claridade; as estrelas cairão do céu, e serão abaladas as energias do firmamento. Então se verá o Filho do homem vir sobre as nuvens com grande poder e majestade; enviará os seus anjos, que ajuntarão os seus escolhidos dos quatro pontos cardeais, desde o mais extremo horizonte da terra até ao mais alto do céu.[24-27: Mt 24,29; Lc 21,25]

Parábola da figueira. (13,28-32)
Aprendei isto por uma semelhança tirada da figueira: quando os seus ramos se vão enchendo de seivas e brotando folhas, sabeis que está próximo o verão. Do mesmo modo, quando presenciardes estes acontecimentos, sabeis que está às portas. Em verdade vos digo que não passará esta geração sem que tudo isto aconteça. O céu e a terra passarão, mas não passarão as minhas palavras. Aquele dia, porém, e aquela hora ninguém os conhece, nem os anjos do céu, nem o Filho, mas tão-somente o Pai.[28-32: Mt 24,32; Lc 21,29]

Vigilância. (13,33-37)
Ficai, pois, alerta! Vigiai. Porque ignorais quando chegará este momento. Acontecerá como a certo homem que saiu para empreender uma viagem. Entregou a casa a seus servos, marcando a cada um o competente serviço e recomendando vigilância ao porteiro. Alerta, pois! Porque não sabeis quando virá o dono da casa, se de tarde, se à meia-noite, se ao canto do galo, se de madrugada. Que não apareça de improviso e vos encontre a dormir!

O que vos digo a vós digo-o a todos: ficai alerta!"[33-37: Mt 24,42; Lc 12,39]

Paixão, morte e ressurreição de Jesus

Última ceia

Resolução do Sinédrio. (14,1-2)

Era dois dias antes da páscoa, festa dos pães ázimos. Andavam os sumos sacerdotes e escribas em busca de uma oportunidade para prender traiçoeiramente a Jesus e matá-lo. Mas que não seja no dia da festa, diziam, a fim de não se amotinar o povo.[1-2: Mt 26,1; Lc 22,1]

Jesus ungido em Betânia. (14,3-9)

Achava-se Jesus em Betânia. Quando estava à mesa, em casa de Simão, o leproso, entrou uma mulher com um vaso de alabastro cheio de ungüento de nardo genuíno e de grande valor; quebrou o vaso de alabastro e derramou-lhe sobre a cabeça o ungüento. Indignaram-se com isso alguns e diziam: "Para que este desperdício de ungüento? Poder-se-ia vender este ungüento por mais de trezentos denários e dá-los aos pobres". E censuraram a mulher.

Jesus, porém, disse: "Deixai-a! Por que a molestais? Praticou uma obra boa para comigo. Pobres sempre os tendes convosco e podeis fazer-lhes bem quando quiserdes; a mim, porém, nem sempre me tendes. Fez o que estava da sua parte: ungiu o meu corpo de antemão, para a sepultura. Em verdade, vos digo, onde quer que seja pregado o evangelho no mundo inteiro, será mencionado também em sua memória o que fez".[3-9: Mt 26,6; Jo 12,1]

Plano de Judas. (14,10-11)

Então Judas Iscariotes, um dos doze, foi ter com os sumos sacerdotes para o entregar. Alegraram-se eles com a notícia e prometeram dar-lhe dinheiro. Desde então buscava ele oportunidade para entregá-lo.[10-11: Mt 26,14; Lc 22,3]

A ceia pascal. (14,12-21)

No primeiro dia dos pães ázimos, quando se imolava o cordeiro pascal, perguntaram os discípulos a Jesus: "Aonde queres que vamos e te preparemos a ceia pascal?"

Ao que ele enviou dois de seus discípulos com esta ordem: "Ide à cidade; aí encontrareis um homem com uma bilha d'água, segui-o e dizei ao dono da casa onde ele entrar: 'O Mestre manda perguntar onde é a sala em que possa comer a ceia pascal com os seus discípulos'. Ele vos há de mostrar uma sala espaçosa e guarnecida de almofadas. Aí fazei os preparativos para nós".

Foram os discípulos à cidade e encontraram como lhes dissera; e prepararam a ceia pascal.

Ao anoitecer, chegou Jesus com os doze. Quando estavam à ceia, disse-lhes Jesus: "Em verdade, vos digo que um de vós, que come comigo, me há de entregar".

Contristados, começaram a perguntar-lhe, um após outro: "Acaso sou eu?"

Respondeu-lhes Jesus: "É um de vós doze, um que mete comigo a mão no prato. O Filho do homem vai à morte, sim, conforme está escrito dele; mas ai daquele por quem o Filho do homem for atraiçoado! Melhor fora a esse homem não ter nascido".[12-21: Mt 26,17; Lc 22,7; Jo 13,21]

Parábola do pão e do vinho. (14,22-25)

Durante a ceia, tomou Jesus o pão, benzeu-o, partiu-o e deu-lho, dizendo: "Tomai; isto é o meu corpo". Depois tomou o cálice, deu graças e lho apresentou; e beberam dele todos. E disse-lhes: "Isto é o meu sangue, do testamento, que é derramado por muitos. Em verdade, vos digo que já não beberei do fruto da videira até o dia em que o beber de novo, no reino de Deus".[22-25: Mt 26,26; Lc 22,19]

Protestos dos discípulos. (14,26-31)

Recitaram o hino e saíram para o monte das Oliveiras. Disse-lhes então Jesus: "Para todos vós serei uma decepção, porque está escrito: 'Ferirei o pastor, e dispersar-se-ão as ovelhas'. Mas, depois de ressuscitado, irei adiante de vós para a Galiléia".

Disse-lhe Pedro: "Ainda que todos sejam decepcionados de ti, eu nunca!"

Replicou-lhe Jesus: "Em verdade, te digo, ainda esta noite, antes de o galo cantar duas vezes, três vezes me terás negado".

Ele, porém, porfiava em asseverar: "Ainda que seja necessário morrer contigo, não te negarei".

Todos os outros asseveravam o mesmo.[27-31: Mt 26,31; Lc 22,31; Jo 13,36]

Agonia de Jesus. (14,32-42)

Dirigiram-se então a uma granja por nome Getsêmani. Disse Jesus a seus discípulos: "Sentai-vos aqui, enquanto eu vou orar". Levou consigo a Pedro, Tiago e João e começou a encher-se de horror e de angústia, dizendo: "Minha alma está em tristeza mortal; ficai aqui e vigiai". Adiantou-se um pouco, e prostrou-se em terra, suplicando que, se possível fosse, passasse aquela hora. "*Abba*, Pai!", dizia, "tudo te é possível; tira de mim este cálice. Contudo, não se faça como eu quero, mas, sim, como tu queres".

Voltou, e os encontrou dormindo. Disse então a Pedro: "Tu dormes, Simão? Não pudeste vigiar uma hora sequer? Vigiai e orai para não caírdes em tentação. O espírito está pronto, mas a carne é fraca".

E, tornando a retirar-se, orou, repetindo as mesmas palavras. Quando voltou, encontrou-os novamente dormindo, porque estavam com os olhos carregados; e não sabiam que responder-lhe.

Veio pela terceira vez e disse-lhes: "Ainda continuais a dormir tranqüilamente. Basta! É chegada a hora. O Filho do homem vai ser entregue às mãos dos pecadores. Levantai-vos. Vamos! Eis que aí vem o meu traidor!". [32-42: Mt 26,36; Lc 22,40]

Prisão de Jesus. (14,43-52)

Ainda estava Jesus a falar, quando chegou Judas, um dos doze, acompanhado de uma multidão de gente armada de espadas e varapaus, por ordem dos sumos sacerdotes, escribas e anciãos. Tinha o traidor combinado com eles um sinal: "A quem eu beijar, esse é; prendei-o e conduzi-o com cautela". Veio, pois, encaminhou-se logo para ele e beijou-o, dizendo: "Mestre!" Ao que eles lhe deitaram as mãos e o prenderam. Nisto um dos circunstantes puxou da espada e, vibrando-a contra um servo do sumo sacerdote, cortou-lhe uma orelha.

Disse-lhes Jesus: "Como se fora a um ladrão, assim saístes com espadas e varapaus para prender-me; dia a dia estava eu no meio de vós, ensinando no templo, e não me prendestes. Mas convinha que se cumprisse a escritura".

Então o abandonaram todos os seus e fugiram. Seguia-o, porém, um jovem coberto com um lençol de linho sobre o corpo nu; quando queriam prendê-lo, largou o lençol e escapou desnudo. [43-52: Mt 26,47; Lc 22,47; Jo 18,1]

Jesus diante do Sinédrio. (14,53-65)

Conduziram Jesus à presença do sumo sacerdote, onde se reuniram todos os sumos sacerdotes, anciãos e escribas. Pedro o foi seguindo de longe até o pátio do sumo sacerdote, e sentou-se ao fogo, no meio dos servos, para aquecer-se.

Os sumos sacerdotes e o sinédrio todo andavam em busca de algum falso testemunho contra Jesus, a fim de o condenarem à morte; mas não encontravam, por mais que fossem os que depunham falsamente contra ele; os seus depoimentos não concordavam. Levantaram-se ainda alguns e depuseram falsamente contra ele: "Nós o ouvimos dizer: 'Destruirei este templo, obra de mãos humanas, e em três dias edificarei outro, que não será obra de mãos humanas'".

Mas nem assim harmonizavam os seus depoimentos.

Levantou-se então o sumo sacerdote, colocou-se no meio e perguntou a Jesus: "Não respondes coisa alguma ao que esses depõem contra ti?" Jesus, porém, permaneceu calado; nada lhe respondeu.

Tornou o sumo sacerdote a interrogá-lo, dizendo: "És tu o Cristo, o Filho do Bendito?"

Respondeu-lhe Jesus: "Sim, eu o sou. Vereis o Filho do homem sentado à direita do Onipotente e vir sobre as nuvens do céu".

A isso o sumo sacerdote rasgou as suas vestiduras, exclamando: "Que necessidade temos ainda de testemunhas? Acabais de ouvir a blasfêmia! Que vos parece?" E todos a uma voz o declararam réu de morte.

Puseram-se alguns a cuspir nele, a cobrir-lhe o rosto e a tratá-lo aos murros, dizendo: "Profetiza!" Os servos lhe davam bofetadas.[53-65: Mt 26,57; Lc 22,63]

Negação de Pedro. (14,66-72)

Entrementes, se achava Pedro embaixo, no pátio. Veio uma das criadas do sumo sacerdote, viu a Pedro, que se estava aquecendo, encarou-o e disse: "Também tu estavas com Jesus, o nazareno".

Ele, porém, o negou, dizendo: "Não sei nem compreendo o que dizes". E saiu para o pórtico da entrada. Nisto cantou o galo.

A criada, vendo-o aí, tornou a dizer aos circunstantes: "Este também é dos tais". Mas ele o negou novamente.

Decorrido pouco tempo, disseram os circunstantes outra vez a Pedro: "Certamente, também tu és do número deles; pois és galileu". Então começou ele a praguejar e a jurar, dizendo: "Não conheço esse homem de que falais". E logo cantou o galo pela segunda vez.

Lembrou-se Pedro do que lhe dissera Jesus: "Antes de o galo cantar duas vezes, três vezes me terás negado". E, abalado, rompeu em pranto.[66-72: Mt 26,69; Lc 22,54; Jo 18,15]

Jesus diante de Pilatos. (15,1-15)

Logo de manhã, os sumos sacerdotes com os anciãos e os escribas, o Sinédrio em peso convocaram uma sessão. Conduziram Jesus preso, e entregaram-no a Pilatos. Perguntou-lhe Pilatos: "És tu o rei dos judeus?" Respondeu-lhe Jesus: "É como dizes".

Passaram então os sumos sacerdotes a levantar contra ele grande número de acusações. Tornou Pilatos a interrogá-lo: "Não respondes coisa alguma? Ouve de quanta coisa te fazem carga". Jesus, porém, nada mais respondeu, de modo que Pilatos se admirava.

Ora, costumava soltar-lhes, por ocasião da festa, um dos presos que eles mesmos pedissem. Estava preso naquele tempo, com mais outros rebeldes, um homem de nome Barrabás, que, num motim, havia cometido um homicídio. Subiu, pois, o povo e começou a pedir o que lhe costumava conceder. Perguntou-lhes Pilatos: "Quereis que vos ponha em liberdade o rei dos judeus?" Pois bem sabia que por inveja lho tinham entregado os sumos sacerdotes. Entretanto, os sumos sacerdotes instigaram o povo para que antes pedisse a libertação de Barrabás. Tornou a perguntar-lhes Pilatos: "Que farei, pois, do que chamais o rei dos judeus?"

Clamaram: "Crucifica-o!"

"Pois que mal fez ele?", perguntou-lhes Pilatos.

Eles, porém, gritavam ainda mais: "Crucifica-o!"

Quis Pilatos fazer a vontade ao povo, pelo que lhe soltou Barrabás e, depois de fazer açôitar a Jesus, o entregou para ser crucificado.[1-15: Mt 27,1; Lc 23,1; Jo 18,28]

Coroação de espinhos. (15,16-19)

Então os soldados levaram Jesus para o pátio, isto é, o pretório, e reuniram todo o destacamento. Lançaram-lhe aos ombros um manto de púrpura, teceram uma coroa de espinhos e lha puseram sobre a cabeça; saudavam-no dizendo: "Salve, rei dos judeus!" Davam-lhe com uma cana na cabeça, cuspiam nele e lhe prestavam homenagem, dobrando o joelho.[16-19: Mt 27,27; Jo 19,1]

Crucifixão. (15,20-28)

Depois de o terem ludibriado, tiraram-lhe o manto de púrpura e lhe vestiram as suas roupas. Em seguida, levaram-no para o crucificarem.

Obrigaram a carregar-lhe a cruz um homem que ia passando, vindo do campo; era Simão de Cirene, pai de Alexandre e Rufo. Conduziram-no ao lugar chamado Gólgota, que quer dizer lugar de caveiras. Aí lhe deram de beber vinho com mirra; ele, porém, não o tomou. Então o crucificaram e repartiram entre si as vestes dele, lançando sortes, a ver o que tocaria a cada um. Foi pelas nove horas que o crucificaram. Um letreiro, com a indicação do seu crime, dizia: "O Rei dos Judeus". Juntamente com ele crucificaram dois malfeitores, um à direita, outro à esquerda, vindo a cumprir-se, assim, a escritura: "Igualaram-no aos malfeitores".

Impropérios. (15,29-32)

Os transeuntes cobriam-no de injúrias, meneavam a cabeça e diziam: "Olá! Tu, que destróis o templo e em três dias o reedificas, salva-te a ti mesmo e desce da cruz". Da mesma forma, mofavam dele os sumos sacerdotes e os escribas, dizendo: "Salvou a outros, e a si mesmo não se pode salvar. Cristo, rei de Israel, desce agora da cruz, para que vejamos e creiamos". Também o injuriavam os que estavam crucificados com ele.[20-32: Mt 27,39; Lc 23,33; Jo 19,17]

Morte de Jesus. (15,33-41)

Pelo meio-dia cobriu-se de trevas todo o país, que duraram até as três horas da tarde. Às três horas soltou Jesus um grande brado, dizendo: "*Elói, Elói, lamá sabactáni?*" — isto é: "Meu Deus, meu Deus, por que me desamparaste?" Alguns dos circunstantes, ouvindo isso, observaram: "Eis que chama por Elias!" Ao que um deles correu a ensopar uma esponja em vinagre, prendeu-a numa cana e deu-lhe de beber, dizendo: "Deixem! Vamos ver se Elias vem tirá-lo". Jesus, porém, deu um grande brado — e expirou.

Rasgou-se, de alto a baixo, o véu do templo.

O comandante que lhe ficava defronte, vendo-o expirar assim, disse: "Em verdade, este homem era Filho de Deus!"

Estavam também aí umas mulheres, a olhar de longe, entre elas Maria Madalena, e Maria, mãe de Tiago Menor e de José, bem como Salomé. Tinham acompanhado Jesus desde a Galiléia, prestando-lhe serviços. Havia ainda aí muitas outras que tinham subido com ele a Jerusalém.[33-41: Mt 27,45; Lc 23,44; Jo 19,25]

Sepultura de Jesus. (15,42-47)

Ao anoitecer — era o dia de preparativos, que é o dia antes do sábado — veio José de Arimatéia, ilustre senador, que também aguardava o reino de Deus; dirigiu-se resolutamente a Pilatos e requereu o corpo de Jesus. Admirou-se Pilatos de que Jesus já tivesse morrido. Chamou o comandante e perguntou-lhe se já estava morto. Depois de cientificado pelo comandante, cedeu o corpo a José. Este comprou um lençol de linho, desceu o corpo da cruz, amortalhou-o no lençol, depositou-o num sepulcro aberto na rocha e volveu uma pedra para a boca do túmulo. Estavam aí Maria Madalena e Maria, mãe de José, a observar onde o colocavam.[42-47: Mt 27,57; Lc 23,50; Jo 19,38]

Ressurreição e ascensão de Jesus

As mulheres ao sepulcro. (16,1-8)

Terminando o sábado, foram Maria Madalena, Maria, mãe de Tiago, e Salomé comprar aromas para irem embalsamá-lo. Chegaram ao sepulcro, na madrugada do primeiro dia da semana, ao despontar do sol. Diziam umas às outras: "Quem nos revolverá a pedra da boca do sepulcro?" Mas, quando levantaram os olhos, viram revolvida a pedra, que era muito grande. Entraram no sepulcro e viram sentado à direita um jovem em alvejantes vestiduras; e encheram-se de terror. Ele, porém, lhes disse: "Não temais! Procurais a Jesus de Nazaré, o crucificado: ressuscitou; não está aqui; eis o lugar onde o tinham colocado. Ide e dizei a seus discípulos e a Pedro que irá adiante de vós para a Galiléia; aí o vereis, conforme vos disse".

Saíram elas e fugiram do sepulcro, porque as acometera espanto e terror; e, de tão aterradas, não disseram nada a ninguém.[1-8: Mt 28,1; Lc 24,1; Jo 20,1]

Jesus aparece aos seus. (16,9-14)

Depois de ressuscitar, na manhã do primeiro dia da semana, apareceu Jesus primeiramente a Maria Madalena, da qual expulsara sete demônios. Foi ela dar parte aos companheiros dele, que estavam chorosos e aflitos. Mas, ao ouvirem que estava vivo e lhe aparecera, não lhe deram crédito.

Mais tarde apareceu Jesus, sob forma diferente, a dois deles quando iam pelo campo. Também estes foram dar notícias aos demais, mas nem a eles deram fé. Por último, apareceu aos onze, quando estavam à mesa, e censurou-lhes a incredulidade e dureza de coração, por não terem dado crédito aos que o tinham visto ressuscitado.

Missão mundial dos apóstolos. (16,15-18)

Em seguida, disse-lhes: "Ide pelo mundo inteiro e proclamai o evangelho a todas as creaturas. Quem tem fé será salvo; mas quem não tem fé será condenado. E estes sinais acompanharão aos que têm fé: em meu nome expulsarão demônios, falarão línguas novas, suspenderão serpentes e, se beberem algo mortífero, não lhes fará mal; porão as mãos sobre os doentes, e eles serão curados".[14-18: Mt 28,16]

Ascensão. (16,19-20)

Depois de lhes haver falado desse modo, foi o Senhor Jesus levado ao céu e tomou lugar à direita de Deus.

Eles, porém, partiram e pregaram o evangelho por toda parte; e o Senhor cooperava com eles, confirmando-lhes a palavra com os sinais que os seguiam.

Notas explicativas

(Ver outras notas explicativas no Evangelho de Mateus)

"Confessavam seus pecados"

João não mergulhava (batizava) crianças, porque não havia ainda a crença em pecado original. Mergulhava pecadores adultos que se confessavam pecadores e estavam dispostos a se converter para uma vida melhor. Não era o mergulho nas águas do Jordão que os libertava dos seus pecados, mas a conversão interior já realizada, e da qual a cerimônia do mergulho era apenas um símbolo exterior.

João diz que só mergulha os pecadores na água, mas que os que se convertessem realmente seriam mergulhados no fogo do Espírito Santo.

A imersão simboliza a morte do pecador, a emersão representa o nascimento do homem espiritual, suposto que ele se tenha convertido interiormente.

Mais tarde, o símbolo material (batismo) foi trocado pelo simbolizado espiritual (conversão). Jesus nunca mergulhou (batizou) ninguém; nem ele nem João sabiam de pecado original, no sentido de certa teologia eclesiástica. Jesus considerava toda criança como estando no Reino dos Céus: "Deixai que venham a mim os pequeninos, porque deles é o Reino dos Céus... Ai de quem levar ao pecado um desses pequeninos que têm fé em mim". "A alma humana é crística por sua natureza" (Tertuliano).

Coletores

Coletores, ou publicanos, eram chamados os judeus que arrendavam as coletorias e alfândegas do Império Romano, e assim colaboravam com o domínio estrangeiro, razão por que eram detestados como pecadores.

Perdoar

Nem no texto grego nem na tradução latina do Evangelho ocorre a palavra "perdoar", mas sim "desligar" ou "demitir". O pecador, quando disposto a converter-se, era considerado como desligado ou liberto dos seus pecados. É o próprio homem que se liberta dos seus pecados; quem se aprisionou pelo ego humano pode e deve libertar-se pelo Eu divino.

Por motivos especiais, conservamos a expressão tradicional "perdoar", mas no sentido acima exposto.

Satanás e seus utensílios e armas

Quando Jesus foi acusado de expulsar os demônios com o auxílio de Satanás (Belzebu), chefe dos demônios, faz ele ver que os demônios são "utensílios e armas" de Satanás; mas que ele, o Cristo, é superior a Satanás, e não aliado dele.

Demônios são entidades da natureza inferior, que podem ser utilizados pelo "dominador deste mundo". A mentalidade humana do ego coletivo domina o mundo e se revela como adversário (Satanás-diabo) de Deus.

O Cristo é o "mais forte".

O anticristo é o "forte".

Os demônios são "utensílios e armas" de Satanás.

Parentesco material — afinidade espiritual

Jesus não dá importância ao parentesco carnal, mas exalta a afinidade espiritual. Dois egos humanos originam a família material, mas o Eu divino crea a família espiritual, a comunhão dos santos. Pouco valor dá Jesus à família que o fez, muito valor dá ele à família que ele fez.

Proclamai a boa mensagem

É costume dizer "pregar" o Evangelho.

Preferimos "proclamar" a "pregar", como está no texto grego do primeiro século.

O arauto, em grego *kéryk*, desempenha a suma missão de *keryssein* proclamando uma mensagem que não é dele, mas daquele que o enviou como porta-voz ou locutor. O *kéryk* é um embaixador que transmite com absoluta fidelidade e certa solenidade a ordem recebida de seu senhor e soberano; não age em seu próprio nome, mas por autoridade daquele que o enviou.

Assim deve agir o verdadeiro discípulo do Cristo, como *Cristóforo*, como Cristo-locutor.

A palavra "pregar" não corresponde plenamente à ordem que o Mestre deu a seus discípulos. "Pregar" pode envolver a conotação subjetiva de agir em nome do próprio pregador, manifestando a sua vontade pessoal, idéia corroborada pela palavra homógrafa "pregar" no sentido de "martelar".

O arauto da boa mensagem deve ser um canal-ego esvaziado, através de cuja vacuidade flui a cristo-plenitude das águas vivas da fonte divina donde emanaram.

O Filho do homem

Oitenta e duas vezes ocorre nos Evangelhos a expressão "o Filho do homem", aplicada exclusivamente a Jesus, o Cristo. João Batista é "o maior entre os filhos de mulher, mas o Filho do homem é maior do que ele".

Filho do homem significa o homem plenamente hominal, 100% ser humano; Jesus, segundo os evangelhos de Mateus e Lucas, não nasceu de uma fecundação material, como os outros homens chamados filhos de mulher, mas por uma fecundação genuinamente hominal.

Lucas tenta insinuar o processo da fecundação hominal, realizado não por contato material entre o homem e a mulher, mas por uma espécie de indução vital. Essa fecundação humana não material não destruiu a virgindade de Maria, confirmando o que o profeta Isaías, seiscentos anos antes, dissera da "virgem grávida".

Em virtude dessa origem 100% hominal do corpo do Filho do homem, é Jesus, o Cristo, considerado uma antecipação da nova humanidade, que Moisés previu no Gênesis, mas que não se realizou ainda, a não ser na pessoa de Jesus.

O fim da encarnação do Verbo, ou Cristo cósmico, consistia em sublimar a natureza humana, realizando o primeiro homem feito à imagem e semelhança de Deus. O Cristo divino redimiu plenamente o Jesus humano. A humanidade coletiva é redimível e pode tornar-se redimida, se se deixar permear totalmente pelo Cristo, como Jesus fez, redimindo a sua humanidade individual. A última palavra de Jesus, na cruz, "está consumado", refere-se a essa obra redentora da natureza humana em Jesus, que pode ser um precedente para a redenção da natureza humana de outros seres humanos.

Paulo de Tarso parece referir-se a essa Cristo-redenção do homem, quando, na epístola aos romanos, fala das dores de parto da natureza em gestação, ansiando pela revelação dos filhos de Deus.

Lucas

Introdução

1. Lucas era, segundo Eusébio, natural da Antioquia, na Síria. Era de origem pagã (Cl 4,11-14), e médico de profissão (Cl 4,14), o que também revelam os seus escritos. Uma lenda, que remonta a Teodoro Leitor, do sexto século, diz que Lucas também era pintor.

A sua carreira médica, bem como o seu estilo grego, que, não raro, se aproxima do classicismo helênico, revela um homem de cultura superior. É incerta a data de sua conversão ao cristianismo; talvez fosse do número daqueles pagãos que, não muito após a morte de Estêvão, foram recebidos na igreja antioquena (At 11,20s). Na qualidade de amigo e colaborador dos apóstolos, acompanhou a Paulo na segunda e terceira excursão missionária (At 16,10-17; 20,5–21,18), fazendo-lhe também companhia nos cárceres de Cesaréia e de Roma (At 24,23; 28,16; Cl 4,14).

Do resto de sua vida falta-nos qualquer notícia certa. Parece ter morrido mártir na província de Acaia, donde as suas relíquias foram transladadas para Constantinopla, em 357, juntamente com as do apóstolo André.

2. A tradição da antiga Igreja dá de modo unânime Lucas como autor do terceiro evangelho. Afirma o fragmento muratoriano* que Lucas compôs um evangelho em nome e no espírito de Paulo. Santo Irineu escreve: "Lucas, companheiro de Paulo, redigiu em livro o evangelho

---

* Elenco dos livros sacros do Novo Testamento que, pelos meados do século II, eram lidos na liturgia da Igreja ocidental.

pregado por aquele". De modo análogo se exprimem Tertuliano, Orígenes e outros.

Que no terceiro evangelho fala um discípulo de Paulo bem o dão a entender tanto a linguagem como também o conteúdo. O autor revela interesse pela medicina e conhece os termos técnicos dos médicos gregos (cf. 4,23.38; 8,43; 10,34; 13,11ss; 22,50).

A vernacuidade do estilo grego e a elegância da dicção fazem adivinhar um heleno cristão de apurada cultura — predicados esses que verificamos precisamente na pessoa de Lucas.

3. Lucas não foi testemunha ocular dos acontecimentos em questão. Tinha, pois, de recorrer a outras fontes. Quais as fontes de que hauriu o material do seu evangelho? Na qualidade de companheiro de Paulo, tinha sobeja ocasião para tirar informações exatas. Além disso, durante a sua permanência em Jerusalém e Cesaréia, podia tratar pessoalmente com "os que desde o princípio foram testemunhas oculares e ministros da palavra" (1,2). Nem lhe faltavam outras fontes fidedignas. A história da infância de Jesus (capítulos 1 e 2) baseia-se, provavelmente, em documentos escritos em língua aramaica, material esse que Lucas não deixou, certamente, inaproveitado. De resto, lá estava a própria mãe de Jesus.

4. Dirige-se este evangelho a um tal de Teófilo, distinto étnico-cristão de Roma. Entretanto, não passa essa dedicatória de uma formalidade honorífica; destinava-se o escrito a um círculo de leitores bem mais vasto, que vinham a ser as cristandades fundadas pelo apóstolo Paulo.

5. O fim deste evangelho consiste de preferência em fornecer a Teófilo e aos demais leitores esclarecimentos históricos sobre a vida de Jesus.

Alia-se a esse objetivo histórico um fim de caráter teológico: pretende o autor demonstrar que Jesus é o Salvador misericordioso que acolhe benignamente todos os homens e, de modo especial, os humildes, os pobres e os pecadores. Amor e misericórdia — são esses os dois traços que dão a este evangelho uma nota característica como a nenhum outro. O evangelho de Lucas é o mais amável e delicioso de quantos livros existem no mundo. Pois é o evangelho, a boa nova daquele Deus que, com entranhas de amor e compaixão, vinha visitar a humanidade pecadora. Com inexcedível delicadeza de sentimento sabe a mão do artista evangélico pintar o homem de Nazaré, o bondoso amigo, o carinhoso médico, o compassivo Salvador.

6. O terceiro Evangelho nasceu antes da destruição de Jerusalém (ano 70), por sinal que não menciona essa catástrofe. Sendo que Lucas rematou os Atos dos Apóstolos no ano 63, deve ter escrito pouco antes o seu "primeiro livro", como chama ao evangelho que publicara.

É provável que o tenha escrito durante a sua primeira estada em Roma, com Paulo.

7. Lucas excede os moldes traçados pelos dois primeiros evangelhos e, diversamente de Marcos, se ocupa com a história da infância de Jesus, principiando pela anunciação e nascimento de João Batista, ponto esse em que também diverge de Mateus. Passa em seguida a descrever a atividade de Jesus na Galiléia, acrescentando o período do seu apostolado na Judéia e na Peréia. No mais, coincide o assunto com o do primeiro e segundo evangelhos.

Prólogo

Prólogo. (1,1-4)

Muitos houve que se deram ao trabalho de organizar a narração dos acontecimentos que entre nós se realizaram, guiando-se pelo que nos transmitiram os que desde o princípio foram testemunhas oculares e ministros da palavra.

Ora, resolvi também eu investigar cuidadosamente os fatos, desde a sua primeira origem, e escrevê-los segundo a ordem, excelentíssimo Teófilo, para que te convenças de quanta confiança é merecedora a doutrina em que foste instruído.

Infância e mocidade de Jesus

Anunciação do nascimento de João Batista. (1,5-25)

Vivia nos dias de Herodes, rei da Judéia, um sacerdote de nome Zacarias, da classe sacerdotal de Abias. Sua mulher era de estirpe de Aarão e chamava-se Isabel. Ambos eram justos aos olhos de Deus e andavam irrepreensíveis em todos os mandamentos e preceitos do Senhor. Mas não tinham filho; porque Isabel era estéril e ambos se achavam em idade avançada.

Ora, em certa ocasião desempenhava Zacarias as funções sacerdotais perante Deus, porque era a vez da sua classe. Segundo o costume do sacerdócio, tocou-lhe por sorte entrar no templo do Senhor para oferecer o incenso. Todo o povo estava da parte de fora e orava, durante o sacrifício de incenso. Apareceu-lhe então à direita do altar de incenso um anjo do Senhor. À vista dele ficou Zacarias aterrado e transido de medo.

Disse-lhe, porém, o anjo: "Não temas, Zacarias; foi ouvida a tua oração. Tua esposa Isabel te dará um filho, a quem porás o nome de João. Encher-te-ás de gozo e regozijo, muitos hão de alegrar-se com o seu nascimento; porque será grande diante do Senhor. Não beberá vinho nem bebida inebriante, e desde o seio de sua mãe será repleto do Espírito Santo; converterá ao Senhor, seu Deus, muitos dos filhos de Israel, e seguirá diante dele no espírito e na virtude de Elias para despertar nos filhos o espírito dos pais e reconduzir os rebeldes aos sentimentos dos justos, a fim de preparar ao Senhor um povo dócil".

Disse Zacarias ao anjo: "Por onde me certificarei disso? Pois eu sou velho e minha mulher avançada em anos".

Respondeu-lhe o anjo: "Eu sou Gabriel, que assisto diante de Deus, e fui enviado para falar-te esta boa nova. Mas, como não deste crédito às minhas palavras, que a seu tempo hão de se cumprir — eis que ficarás mudo e sem poder falar até o dia em que isso se realize".

Entrementes, esperava o povo por Zacarias, admirado da sua longa demora no templo. Quando Zacarias saiu, não pôde proferir palavra; e eles compreenderam que tivera alguma visão no templo. Falou-lhes por acenos e permaneceu mudo. Assim que terminaram os dias do seu ministério, regressou para casa. Depois desses dias concebeu sua mulher, Isabel; retirou-se por espaço de cinco meses e dizia: "Foi o Senhor que isto me concedeu; nestes dias fez cessar benignamente o meu opróbrio diante dos homens".

Anunciação do nascimento de Jesus. (1,26-38)

No sexto mês, foi o anjo Gabriel enviado por Deus a uma cidade da Galiléia, chamada Nazaré, a uma virgem desposada com um varão, por nome José, da casa de Davi. O nome da virgem era Maria. Entrou o anjo onde ela estava e disse: "Eu te saúdo, cheia de graça; o Senhor é contigo".

A essas palavras assustou-se ela e refletiu o que significaria essa saudação.

Disse-lhe o anjo: "Não temas, Maria; pois achaste graça diante de Deus. Eis que conceberás no útero e darás à luz um filho, a quem porás o nome de Jesus. Será grande e chamado Filho do Altíssimo; Deus, o Senhor, lhe dará o trono de seu pai Davi; reinará eternamente sobre a casa de Jacó, e o seu reino não terá fim".

Tornou Maria ao anjo: "Como se fará isso, pois que não conheço varão?"

Volveu-lhe o anjo: "Um sopro sagrado virá sobre ti e a potência do Altíssimo te fará sombra. Por isso, o que nascerá será chamado santo, Filho de Deus. Também tua parenta Isabel concebeu um filho em sua velhice e já está no sexto mês, ela, que passa por estéril, porque a Deus nada é impossível".

Disse então Maria: "Eis a serva do Senhor; faça-se em mim segundo a tua palavra".

E o anjo deixou-a.

Visitação de Maria a Isabel. (1,39-56)

Naqueles dias, pôs-se Maria a caminho e dirigiu-se com presteza às montanhas, em demanda de uma cidade de Judá. Entrou em casa de Zacarias e saudou a Isabel. E, assim que Isabel ouviu a saudação de Maria, exultou-lhe o menino no seio; e Isabel, repleta do Espírito Santo, exclamou em altas vozes: "Bendita és tu entre as mulheres, e bendito é o fruto do teu seio. Em que mereci eu que viesse visitar-me a mãe do meu Senhor? Pois, logo que a tua saudação me soou ao ouvido, exultou de prazer o menino nas minhas entranhas. Bem-aventurada quem acreditou que se cumprirá o que lhe foi dito pelo Senhor!"

Disse então Maria: "Minha alma glorifica ao Senhor, e meu espírito rejubila em Deus, meu Salvador, porque lançou olhar benigno à sua humilde serva. Eis que desde agora me chamarão bem-aventurada todas as gerações. Grandes coisas me fez o poderoso -- santo é o seu nome. Vai de geração em geração a sua misericórdia sobre os que o temem. Manifestou o poder do seu braço. Aniquilou os soberbos na imaginação do seu coração. Derribou do trono os poderosos e exaltou os humildes. Saciou de bens os famintos e despediu vazios os ricos. Acolheu a Israel, seu servo, lembrado da sua misericórdia para com Abraão e seus descendentes para sempre, conforme prometera a nossos pais".

Ficou Maria uns três meses com Isabel; depois regressou para casa.

Nascimento de João Batista. (1,57-80)

Chegou o tempo em que Isabel devia dar à luz; e deu à luz um filho. Ouviram os vizinhos e parentes que o Senhor lhe fizera grande misericórdia, e congratularam-se com ela. No oitavo dia vieram para circuncidar o menino, e quiseram pôr-lhe o nome de seu pai, Zacarias.

"De modo nenhum", replicou a mãe, "o seu nome será João."

Ao que lhe observaram: "Mas não há ninguém em tua parentela que tenha esse nome". Perguntaram então por acenos ao pai do menino como queria que se chamasse. Pediu ele uma tabuinha e escreveu as palavras: "João é seu nome".

Pasmaram todos. No mesmo instante desimpediu-se-lhe a boca e soltou-se-lhe a língua, e falava, bendizendo a Deus. Então se encheram de temor todos os vizinhos, e por todas as montanhas da Judéia se divulgaram estes fatos. E todos os que deles tiveram notícia ponderavam-nos consigo mesmos, dizendo: "Que será deste menino? Porque a mão do Senhor estava com ele". Seu pai, Zacarias, ficou repleto do Espírito Santo e rompeu nestas palavras proféticas:

"Bendito seja o Senhor, Deus de Israel, porque visitou e redimiu o seu povo. Suscitou-nos um Salvador poderoso na casa de seu servo Davi; salvação dos nossos inimigos e das mãos de todos os que nos odeiam, assim como desde séculos prometera por boca dos santos profetas; para fazer misericórdia aos nossos pais e recordar-se da sua santa aliança, do juramento que fez a nosso pai Abraão: para conceder-nos que, libertados de mãos inimigas, o servíssemos sem temor, em santidade e justiça, todos os dias da nossa vida. E tu, menino, serás chamado profeta do Altíssimo; irás ante a face do Senhor para preparar-lhe o caminho, e fazer conhecer ao seu povo a salvação pela remissão dos pecados, graças à entranhável misericórdia de nosso Deus; pois que das alturas nos visitou o sol nascente; a fim de alumiar aos que jazem nas trevas sombrias da morte, e dirigir os nossos passos ao caminho da paz".

O menino crescia e fortalecia-se no espírito. Vivia no deserto até o dia em que havia de manifestar-se a Israel.

Nascimento de Jesus. (2,1-7)

Naqueles dias saiu um edito de César Augusto para recensear todo o país. Foi este o primeiro recenseamento. Efetuou-se debaixo de Quirínio, governador da Síria. Foram todos para se inscrever, cada um à sua cidade pátria.

Também José partiu de Nazaré, cidade da Galiléia, para a Judéia, à cidade de Davi chamada Belém — pois era da casa e estirpe de Davi —, a fim de se fazer alistar com Maria, sua esposa, que estava grávida.

Quando aí se achavam, chegou o tempo em que ela devia dar à luz; e deu à luz seu Filho primogênito; envolveu-o em faixas e reclinou-o em uma manjedoura; porque não havia lugar para eles na estalagem.

Os pastores ao presépio. (2,8-20)

Havia naquela mesma região uns pastores que passavam a noite em claro, guardando os seus rebanhos. De súbito, apareceu diante deles um anjo do Senhor e a glória de Deus cercou-os de claridade. Tiveram grande medo.

O anjo, porém, lhes disse: "Não temais; eis que vos anuncio uma grande alegria, que caberá a todo o povo; é que vos nasceu hoje na cidade de Davi o Salvador, que é o Cristo e Senhor. E isto vos servirá de sinal: encontrareis um menino envolto em faixas e deitado em uma manjedoura". E logo associou-se ao anjo uma grande multidão da milícia celeste, que louvava a Deus, dizendo: "Glória a Deus nas alturas, e na terra paz aos homens de sua benevolência".

Depois que os anjos se retiraram para o céu, disseram entre si os pastores: "Vamos até Belém e vejamos o que aconteceu, o que acaba de anunciar-nos o Senhor".

Foram a toda pressa e acharam Maria, José e o menino deitado numa manjedoura. À vista disso contaram o que lhes fora dito acerca desse menino; e todos os que ouviam admiravam-se do que lhes diziam os pastores. Maria, porém, conservava todas estas coisas, meditando-as no seu coração. Voltaram os pastores, louvando e glorificando a Deus por tudo o que acabavam de ouvir e de ver, assim como lhes fora dito.

Circuncisão e apresentação de Jesus. (2,21-38)

Completados os oito dias em que se devia circuncidar o menino, puseram-lhe o nome de Jesus, como o chamara o anjo antes de concebido no seio materno.

Terminados os dias da purificação prescritos pela lei de Moisés, levaram o menino a Jerusalém para apresentá-lo ao Senhor — conforme está escrito na lei do Senhor: "Todo primogênito masculino seja consagrado ao Senhor" — e oferecer o sacrifício ordenado na lei do Senhor: um par de rolas, ou dois pombinhos.

Vivia então em Jerusalém um homem por nome Simeão, que era justo e temente a Deus e esperava a consolação de Israel; e o Espírito Santo estava nele. Revelara-lhe o Espírito Santo que não veria a morte sem primeiro contemplar o Ungido do Senhor. Impelido pelo Espírito veio ao templo, quando os pais trouxeram o menino para nele cumprir os dispositivos da lei. Simeão tomou-o nos braços e glorificou a Deus, dizendo:

"Agora, Senhor, despede em paz o teu servo, segundo a tua palavra, porque os meus olhos contemplaram o teu Salvador, que suscitaste ante a face de todos os povos: para os gentios uma luz iluminadora, para o teu povo Israel uma glória".

Pasmaram o pai e a mãe das coisas que se diziam do menino. Bendisse-os Simeão, e dirigiu a Maria, sua mãe, estas palavras: "Eis que este é designado para ruína e para ressurreição de muitos em Israel, e para ser alvo de contradição — e tua alma será transpassada de uma espada —, para que se manifestem os pensamentos de muitos corações".

Havia também uma profetisa chamada Ana, filha de Fanuel, da tribo de Aser. Era de idade avançada e vivera sete anos com seu marido, depois da sua virgindade; viúva, contava oitenta e quatro anos. Não saía do templo, servindo a Deus com jejuns e orações, dia e noite. Compareceu também na mesma ocasião, glorificou a Deus e falou dele a todos os que esperavam a redenção de Jerusalém.

Regresso para Nazaré. (2,39-40)

Depois de cumprirem tudo conforme a lei do Senhor, regressaram para a Galiléia, à sua cidade, Nazaré. O menino foi crescendo e robustecendo-se, cheio de sabedoria, e pousava sobre ele a complacência de Deus.

O menino Jesus no templo. (2,41-52)

Iam seus pais todos os anos a Jerusalém para a festa da Páscoa. Quando Jesus completou doze anos, subiram, segundo costumavam por ocasião da festa. Terminados os dias, regressaram. O menino Jesus, porém, ficou em Jerusalém, sem que seus pais o soubessem. Julgando que viesse com os companheiros de viagem, andaram caminho de um dia, e procuravam-no entre os parentes e conhecidos. Mas, como não o encontrassem, voltaram a Jerusalém, em busca dele. Depois de três dias, o acharam no templo, sentado entre os doutores, a escutá-los e fazer-lhes perguntas. Todos os que o ouviam pasmavam da sua compreensão e das respostas que dava. Vendo-o, admiraram-se, e sua mãe lhe disse: "Filho, por que nos fizeste isto? Eis que teu pai e eu andávamos à tua procura cheios de aflição".

Respondeu-lhes ele: "Por que me procuráveis? Não sabíeis que tenho de estar naquilo que é de meu Pai?" Eles, porém, não atinaram com o sentido dessas palavras.

Então desceu com eles e foi a Nazaré; e era-lhes submisso. Sua mãe conservava tudo isto em seu coração.

Jesus crescia em sabedoria, idade e graça diante de Deus e dos homens.

Preliminares da vida pública

Aparecimento de João Batista. (3,1-6)

Era no décimo quinto ano do reinado do imperador Tibério. Pôncio

Pilatos era governador da Judéia; Herodes, tetrarca da Galiléia; seu irmão Filipe, tetrarca da Ituréia e da província de Traconítides; Lisânias, tetrarca de Abilene, Anás e Caifás eram sumos sacerdotes. Foi então que a palavra de Deus veio a João, filho de Zacarias, no deserto. E pôs-se ele a andar por todas as terras do Jordão, a pregar o mergulho de conversão para libertação dos pecados — conforme está escrito no livro das palavras do profeta Isaías:

"Uma voz de quem clama no deserto: 'Preparai o caminho do Senhor; endireitai as suas veredas; encher-se-á todo vale e abater-se-ão todos os montes e outeiros; tornar-se-á reto o que é tortuoso, e o que é escabroso se fará caminho plano; e todo homem verá a salvação de Deus'".

Pregação de Batista. (3,7-14)

Assim falava João às turbas que afluíam para se fazer mergulhar por ele: "Raça de víboras! Quem vos disse que escaparíeis ao juízo da ira que vos ameaça? Produzi frutos de sincera conversão, e não digais: 'Temos por pai a Abraão'. Pois eu vos digo que destas pedras pode Deus suscitar filhos a Abraão. O machado já está à raiz das árvores: toda árvore que não produzir fruto bom será cortada e lançada ao fogo".

Ao que lhe perguntaram as turbas: "Que nos cumpre, pois, fazer?" Respondeu-lhes ele: "Quem possui duas vestes dê uma a quem não tem; e quem tem de comer faça o mesmo".

Apresentaram-se-lhe também coletores para que os mergulhasse e perguntaram-lhe: "Mestre, que devemos fazer? Respondeu-lhes: "Não exijais mais do que vos foi ordenado".

Vieram também soldados a interrogá-lo: "E nós, que faremos?" Disse-lhes: "Não useis de violência nem de fraude para com ninguém, e contentai-vos com o vosso soldo".

Testemunho do Batista. (3,15-20)

O povo estava em grande expectativa. Todos pensavam de si para si que talvez João fosse o Cristo. Ao que João declarou a todos: "Eu vos mergulho na água; mas virá outro mais poderoso do que eu; eu nem sou digno de lhe desatar as correias do calçado. Ele é que vos mergulhará no Espírito Santo e no fogo. Traz a pá na mão e há de limpar a sua eira, recolhendo o trigo em seu celeiro e queimando a palha num fogo inextinguível".

Ainda muitas outras exortações dirigia ele ao povo, anunciando-lhe a boa nova.[1-18: Mt 3,1; Mc 1,1; Jo 1.23]

O tetrarca Herodes, que fora por ele repreendido por causa de Heródíades, mulher de seu irmão, como também por todas as outras maldades, acrescentou a tudo aquilo mais esta, de lançar João ao cárcere.[19-20: Mt 14,1; Mc 6,14]

Mergulho de Jesus. (3,21-22)

Quando todo o povo se fazia mergulhar, foi também Jesus receber o mergulho. Enquanto orava, abriu-se o céu, e o Espírito Santo desceu sobre ele em forma corpórea como uma pomba, e uma voz veio do céu: "Tu és meu Filho amado, em ti pus a minha complacência".[21-22: Mt 3,13; Mc 1,9; Jo 1,29]

Ascendentes de Jesus. (3,23-38)

Quando Jesus apareceu em público tinha cerca de trinta anos. Era considerado filho de José, o qual descende de Heli, de Matat, de Levi, de Hesli, de Nagé, de Maat, de Matatias, de Semei, de José, de Judá, de Joanan, de Resa, de Zorobabel, de Salatiel, de Neri, de Melqui, de Adi, de Cosan, de Elmadam, de Her, de Jesus, de Eliezer, de Jorim, de Matat, de Levi, de Simeão, de Judá, de José, de Jonan, de Eliaquim, de Meléia, de Mená, de Matatá, de Natan, de Davi, de Jessé, de Obed, de Booz, de Salmon, de Naasson, de Ami-nadab, de Admin, de Arni, de Esron, de Farés, de Judá, de Jacó, de Isaac, de Abraão, de Taré, de Nacor, de Sarug, de Ragau, de Faleg, de Heber, de Salé, de Cainan, de Arfaxad, de Sem, de Noé, de Lamec, de Matusalém, de Henoc, de Jared, de Malaleel, de Cainan, de Enós, de Set, de Adão, de Deus.[23-28: Mt 1,1]

Tentação de Jesus. (4,1-13)

Cheio de um espírito santo voltou Jesus do Jordão, e foi levado pelo Espírito ao deserto. Aí permaneceu quarenta dias e foi tentado pelo adversário. Não comeu nada naqueles dias; e, passados eles, teve fome.

Disse-lhe então o adversário: "Se és filho de Deus, manda que esta pedra se converta em pão".

Respondeu-lhe Jesus: "Está escrito: nem só de pão vive o homem".

Ao que o adversário o conduziu, mostrou-lhe de relance todos os reinos do mundo, e disse-lhe: "Dar-te-ei estes domínios todos a esta glória — pois que a mim me foram entregues, e eu os dou a quem quero —, tudo isto será teu, se me adorares".

Tornou-lhe Jesus: "Está escrito: 'Adorarás ao Senhor, teu Deus, e só a ele darás culto'".

Levou-o ainda a Jerusalém, colocou-o sobre o pináculo do templo e disse-lhe: "Se és filho de Deus, lança-te daqui abaixo, porque está escrito: 'Recomendou-te a seus anjos que te protejam e te levem nas mãos, para que não pises com o pé em alguma pedra'".

Replicou-lhe Jesus: "Também foi dito: 'Não tentarás ao Senhor, teu Deus'".

Passadas todas essas tentações, o adversário retirou-se dele até um tempo oportuno.[1-13: Mt 4,1; Mc 1,12]

Atividade pública de Jesus na Galiléia

Até a eleição dos apóstolos

Nas sinagogas da Galiléia. (4,14-15)

No poder do Espírito, voltou Jesus para a Galiléia, e sua fama correu por toda a redondeza. Ensinava nas sinagogas do lugar, e era glorificado por todos.

Em Nazaré. (4,16-30)

Chegou também a Nazaré, onde se criara. Como de costume, entrou na sinagoga, em dia de sábado, e levantou-se para ler. Entregaram-lhe o livro do profeta Isaías. Desenrolou o volume e deu com a passagem que diz:

"Repousa sobre mim o Espírito do Senhor; ungiu-me para anunciar a boa nova aos pobres; enviou-me para pregar a liberdade aos cativos, dar aos cegos a luz dos olhos, levar aos oprimidos a liberdade; para apregoar o ano salutar do Senhor".

Enrolou o volume, entregou-o ao ministro e sentou-se. Todos da sinagoga tinham os olhos fitos nele. E começou por dizer-lhes: "Hoje se cumpriu a passagem da Escritura que acabais de ouvir".

Todos o aplaudiram, pasmados da graça das palavras que lhe brotavam dos lábios, e diziam: "Não é este o filho de José?"

Disse-lhes Jesus: "Sem dúvida, me lembrareis o provérbio: 'Médico, cura-te a ti mesmo; faze também aqui, em tua pátria, tudo o que fizeste em Cafarnaum, ao que ouvimos'". E prosseguiu: "Em verdade vos digo que nenhum profeta é estimado em sua pátria. Digo-vos em verdade que muitas viúvas havia em Israel, no templo de Elias, quando o céu estava fechado por três anos e seis meses, e reinava grande fome em todo o país. Mas a nenhuma delas foi enviado Elias, senão a uma viúva de Sarepta, no território de Sidon. Havia, outrossim, muitos leprosos em Israel, no tempo do profeta Eliseu; e, contudo, nenhum deles ficou limpo, mas, sim, Naaman, o Sírio".

A essas palavras, todos os da sinagoga se encheram de ira. Levantaram-se, correram-no da cidade e levaram-no à beira do monte em que estava situada a sua cidade, para despenhá-lo. Jesus, porém, passou pelo meio deles e seguiu o seu caminho.[16-30: Mt 13,53; Mc 6,1]

Cura de um possesso. (4,31-37)

Desceu a Cafarnaum, cidade da Galiléia, e aí ensinava aos sábados. Pasmavam da sua doutrina, porque a sua palavra era poderosa.

Havia na sinagoga um homem possesso de um espírito impuro. Pôs-se a gritar: "Fora! Que temos nós contigo, Jesus de Nazaré? Vieste para nos perder? Sei quem és: o Santo de Deus!"

Jesus ordenou-lhe: "Cala-te e sai dele!" Ao que o espírito o arrojou ao meio, e saiu dele, sem lhe fazer mal.

Todos se encheram de estupefação e diziam uns aos outros: "Que palavra, essa! Manda com grande autoridade aos espíritos impuros, e eles saem!"

E sua fama correu por todas as regiões circunvizinhas.[31-37: Mt 4,13; Mc 1,21]

Em casa de Pedro. (4,38-41)

Da sinagoga dirigiu-se Jesus à casa de Simão. Estava a sogra de Simão doente com febre muito alta. Pediram-lhe para socorrê-la. Jesus inclinou-se sobre ela e deu ordem à febre: e a febre deixou-a. Imediatamente se levantou ela e o serviu.

Ao pôr-do-sol, todos lhe levaram os seus enfermos atacados de diversas moléstias. Jesus punha as mãos sobre cada um deles e curava-os. Muitos havia de que saíam demônios, bradando: "Tu és o Filho de Deus!" Ele, porém, os ameaçava e não lhes permitia dissessem que sabiam ser ele o Cristo.[38-41: Mt 8,14; Mc 1,29]

Nos arredores de Cafarnaum. (4,42-44)

Ao romper do dia saiu e se retirou a um lugar solitário. As turbas, porém, foram à procura dele, e encontraram-no. Queriam detê-lo e impedir que seguisse adiante. Jesus, porém, lhes disse: "Também às outras cidades tenho de anunciar o evangelho do reino de Deus; porque a isto é que fui enviado".

E foi pregando nas sinagogas da terra judaica.[42-44: Mc 1,35]

Sermão de dentro do barco. (5,1-3)

Estava Jesus às margens do lago de Genesaré, enquanto o povo se apinhava em torno dele, para ouvir a palavra de Deus. Viu então dois barcos à praia; os pescadores tinham saltado em terra e limpavam as suas redes. Entrou em um dos barcos, que pertencia a Simão, e pediu-lhe que o afastasse um pouco da terra. Sentou-se e ensinou ao povo de dentro do barco.

A pesca abundante. (5,4-11)

Depois de acabar de falar, disse a Simão: "Faze-te ao largo e lançai as vossas redes para a pesca".

"Mestre," replicou-lhe Simão, "trabalhamos a noite toda e nada apanhamos. Mas sob tua palavra lançarei as redes". Feito isso, apanharam tão grande multidão de peixes que as redes se lhes iam rompendo. Fizeram por isso sinal aos companheiros do outro barco para que viessem ajudá-los. Acudiram eles, e encheram ambos os barcos a ponto de se irem quase a pique.

À vista disso, lançou-se Simão Pedro de joelhos aos pés de Jesus, dizendo: "Retira-te de mim, Senhor, porque sou um homem pecador". É que estavam aterrados, ele e todos os seus companheiros, por causa da pesca que acabavam de fazer. O mesmo se deu com Tiago e João, filhos de Zebedeu, que eram companheiros de Simão.

Disse Jesus a Simão: "Não temas; daqui por diante serás pescador de homens".

Atracaram os barcos à praia, abandonaram tudo e seguiram-no.[1-11: Mt 4,18; Mc 1,16]

Cura de um leproso. (5,12-16)

Estava Jesus em certa cidade onde havia um homem todo coberto de lepra. Assim que ele viu a Jesus, lançou-se-lhe aos pés, de rosto em terra, suplicando: "Senhor, se quiseres, podes tornar-me limpo".

Estendeu Jesus a mão, tocou-o e disse: "Quero, sê limpo". No mesmo instante desapareceu a lepra. Ordenou-lhe Jesus: "Não o digas a ninguém; mas vai mostrar-te ao sacerdote e oferece pela tua purificação o sacrifício prescrito por Moisés, para que lhes sirva de testemunho".

Divulgava-se cada vez mais a notícia dele; afluíam grandes multidões para ouvi-lo e serem curadas das suas enfermidades. Jesus, porém, se retirou a um lugar solitário para orar.[12-16: Mt 8,1; Mc 1,40]

Cura de um paralítico. (5,17-26)

Certo dia, estava Jesus ensinando. Achavam-se sentados ali também uns fariseus e doutores da lei, vindos de todas as povoações da Galiléia, da Judéia e de Jerusalém. E a virtude do Senhor o impeliu para curar.

Uns homens trouxeram um paralítico deitado num leito. Procuravam introduzi-lo na casa e colocá-lo diante dele; mas, não achando por onde entrar, por causa das multidões, subiram ao telhado e arriaram-no pelas telhas, juntamente com o leito, bem defronte a Jesus. À vista da fé que eles tinham, disse Jesus: "Homem, os teus pecados te são perdoados". Então os escribas e fariseus pensaram lá consigo: "Quem é esse que profere blasfêmias? Quem pode perdoar pecados senão Deus somente?"

Jesus, porém, conhecia os pensamentos deles, e disse-lhes: "Que estais a pensar em vossos corações? Que é mais fácil dizer: os teus pecados te são perdoados? Ou dizer: levanta-te e anda? Ora, haveis de ver que o Filho do homem tem o poder de perdoar pecados sobre a terra". E disse ao paralítico: "Eu te ordeno: levanta-te, carrega com o teu leito e vai para casa".

Levantou-se imediatamente, à vista deles, pegou no leito em que estivera deitado, e foi-se para casa, glorificando a Deus. Encheram-se todos de pasmo, e louvaram a Deus, dizendo, aterrados: "Vimos hoje coisas estupendas".[17-26: Mt 9,1; Mc 2,1]

Vocação de Levi. (5,27-32)

Saindo daí, viu um coletor, de nome Levi, sentado na coletoria. "Segue-me!", disse-lhe Jesus. Levantou-se ele, deixou tudo e o seguiu.

Preparou-lhe Levi um grande banquete em sua casa. Numerosos coletores e outros estavam à mesa com eles. Murmuraram disso os fariseus e escribas e disseram aos discípulos de Jesus: "Por que é que comeis e bebeis em companhia de coletores e pecadores?"

Respondeu-lhes Jesus: "Não precisam de médico os que estão de saúde; mas, sim, os doentes. Não vim para chamar à conversão os justos, porém os pecadores".[27-32: Mt 9,9; Mc 2,13]

A questão do jejum. (5,33-39)

Disseram-lhe eles: "Os discípulos de João, como também os fariseus, jejuam com freqüência e fazem oração, ao passo que os teus comem e bebem".

Replicou-lhes Jesus: "Podeis, acaso, obrigar ao jejum os convidados ao casamento, enquanto está com eles o esposo? Mas lá virão dias em que lhes será tirado o esposo; nesses dias, sim, hão de jejuar".

Propôs-lhes uma parábola dizendo: "Ninguém arranca um remendo de um vestido novo para cosê-lo em um vestido velho; do contrário, o novo fica com um rasgão e ao velho não lhe assenta bem o remendo do novo.

Ninguém deita vinho novo em odres velhos; do contrário, o vinho novo rompe os odres e vaza o vinho, e perdem-se os odres. Não, o vinho novo deita-se em odres novos.

Ninguém, depois de beber vinho velho, deseja logo vinho novo; porque diz: o velho é melhor". [33-39: Mt 9,14; Mc 2,18]

Colhendo espigas no sábado. (6,1-5)

Num sábado ia Jesus passando pelas searas. Os seus discípulos arrancavam espigas, trituravam-nas entre as mãos e comiam-nas. Observaram então alguns fariseus: "Por que fazeis o que é proibido em dia de sábado?"

Respondeu-lhes Jesus: "Não lestes o que fez Davi, quando ele e seus companheiros estavam com fome? Como entrou na casa de Deus, tomou os pães de proposição, que só os sacerdotes podem comer, comeu-os e deu aos seus companheiros?" E acrescentou: "O Filho do homem é senhor também do sábado". [1-5: Mt 12,1; Mc 2,23]

Cura em dia de sábado. (6,6-11)

Em outro sábado entrou na sinagoga e pôs-se a ensinar. Havia ali um homem com a mão direita atrofiada. Os escribas e fariseus observaram-no, a ver se curava em dia de sábado, para acharem motivo de acusação. Jesus, porém, lhes conhecia os pensamentos e disse ao homem com a mão atrofiada: "Levanta-te e passa para o meio!" Levantou-se ele e colocou-se ao meio. Interpelou-os Jesus: "Pergunto-vos se é permitido fazer bem ou mal em dia de sábado? Salvar uma vida ou deixá-la perecer?" Cravou o olhar em todos que estavam à roda, e disse ao homem: "Estende a mão". Estendeu-a — e estava restabelecida a mão.

Fora de si de furor, deliberaram uns com os outros o que fariam a Jesus. [6-11: Mt 12,9; Mc 3,1]

Eleição dos apóstolos e atividade ulterior

Eleição dos apóstolos. (6,12-16)

Naqueles dias, subiu Jesus a um monte para orar. E passou a noite toda em oração com Deus. Ao romper do dia convocou os seus discípulos e escolheu doze entre eles, a quem pôs o nome de apóstolos: Simão, ao qual deu o cognome de Pedro, e seu irmão André; Tiago e João; Filipe e Bartolomeu; Mateus e Tomé; Tiago, filho de Alfeu; Simão, apelidado o Zelador; Judas, irmão de Tiago; e Judas Iscariotes, que veio a ser o seu traidor.[12-16: Mt 10,1; Mc 3,13]

Sermão da montanha. (6,17-19)

Desceu com eles e parou em uma esplanada. Grande número de seus discípulos e enorme multidão de povo de toda a Judéia, de Jerusalém e das regiões marítimas de Tiro e Sidon tinham afluído para ouvi-lo e serem curados das suas enfermidades. Foram curados os que estavam vexados de espíritos impuros. Todo o povo procurava tocá-lo, porque saía dele uma virtude que curava a todos.

Bem-aventurança e ais. (6,20-26)

Pousou os olhos em seus discípulos e disse: "Bem-aventurados, os que sois pobres — vosso é o reino de Deus. Bem-aventurados, os que agora sofreis fome — sereis saciados. Bem-aventurados, os que agora chorais — haveis de rir. Bem-aventurados sois vós, quando os homens vos odiarem, vos rejeitarem, vos injuriarem e roubarem o bom nome por causa do Filho do homem. Folgai nesse dia e exultai; porque eis que é grande a vossa recompensa no céu. Pois, dessa mesma forma, os seus pais trataram os profetas.

Mas ai de vós, que sois ricos — já tendes a vossa consolação. Ai de vós, que estais fartos — sofrereis fome. Ai de vós, que agora rides — haveis de andar com luto e chorar. Ai de vós, quando toda a gente vos lisonjear — pois isso mesmo fizeram seus pais aos falsos profetas.[20-26: Mt 5,3]

Amor aos inimigos. (6,27-36)

A vós, porém, ouvintes meus, vos digo: amai vossos inimigos; fazei bem aos que vos odeiam; abençoai aos que vos amaldiçoam e orai pelos que vos caluniam. Se alguém te ferir numa face, apresenta-lhe também a outra; e, se alguém te roubar a capa, cede-lhe também a túnica. Dá a quem te pede. Se alguém levar o que é teu, não o reclames. O que quereis que os homens vos façam, fazei-o também a eles. Se só amardes aos que vos amam, que prêmios mereceis? Também os pecadores têm amor àqueles de quem são amados. Se só fizerdes bem aos que vos fazem bem, que prêmios mereceis? O mesmo fazem os pecadores. Se emprestardes só àqueles de quem esperais receber algo, que prêmio mereceis? Também os pecadores emprestam uns aos outros para tornar a receber outro tanto. Amai antes vossos inimigos; fazei bem e emprestai sem esperar retribuição. Então será grande a vossa recompensa e sereis filhos do Altíssimo, porque também ele é benigno para com os ingratos e os maus. Sede, portanto, misericordiosos, assim como vosso Pai é misericordioso.[27-36: Mt 5,39]

Cuidado com os juízos temerários. (6,37-45)

Não julgueis, e não sereis julgados. Não condeneis, e não sereis condenados. Perdoai, e sereis perdoados. Dai, e dar-se-vós-á; derramar-vos-ão no seio uma boa medida, cheia, recalcada e acogulada; porque, com a medida com que medirdes, medir-vos-ão."

Propôs-lhes também uma parábola: "Poderá, acaso, um cego conduzir outro cego? Não virão ambos a cair num barranco? Não está o discípulo acima do mestre; todo aquele que aprender com perfeição iguala-se a seu mestre. Por que vês o argueiro no olho de teu irmão, e não enxergas a trave em teu próprio olho? Ou como podes dizer a teu irmão: 'Meu irmão, deixa-me tirar o argueiro de teu olho', e não enxergas a trave em teu próprio olho? Hipócrita! Tira primeiro a trave do teu olho, e depois verás como tirar o argueiro do olho de teu irmão.[37-42: Mt 7,1]

Nenhuma árvore boa produz frutos maus, e nenhuma árvore má produz frutos bons. Cada árvore se conhece pelo seu fruto peculiar; pois não se colhem figos dos abrolhos, nem se apanham uvas dos espinheiros. O homem bom tira coisa boa do bom tesouro do seu coração, ao passo que o homem mau tira coisa má do mau tesouro; porque da abundância do coração é que a boca fala.[43-45: Mt 7,16; 12,33]

Parábola do edifício. (6,46-49)

Por que é que me chamais: 'Senhor, Senhor!' e não fazeis o que digo? Mostrar-vos-ei com quem se parece aquele que vem a mim, ouve as minhas palavras e as realiza; parece-se com um homem que foi edificar uma casa: cavou bem fundo e assentou os alicerces sobre rocha. Vieram as enchentes, e as águas deram de rijo contra essa casa; mas não conseguiram abalá-la, porque estava construída sobre rocha. Quem, pelo contrário, ouve as minhas palavras, mas não as realiza, esse assemelha-se a um homem que edificou a sua casa sobre a terra e sem alicerces; logo ao primeiro embate das águas desabou, e foi grande a ruína dessa casa".[46-49: Mt 7,24]

O centurião. (7,1-10)

Depois de terminar as suas palavras ao povo atento, dirigiu-se Jesus a Cafarnaum. Lá estava, mortalmente enfermo, o servo de um centurião muito querido dele. Quando teve notícia de Jesus, mandou-lhe pedir, por intermédio de anciãos judeus, que viesse e lhe curasse o servo. Foram eles ter com Jesus e rogaram-lhe encarecidamente: "Ele bem merece que lhe prestes esse favor; porque quer bem ao nosso povo e edificou-nos a sinagoga".

Foi Jesus com eles. Quando já não vinha longe da casa, mandou-lhe o centurião dizer por uns amigos: "Não te incomodes, Senhor; pois eu não sou digno de que entres sob o meu teto; por essa razão também não me julguei digno de vir à tua presença. Mas, fala ao Verbo, e será curado meu servo. Também eu, embora sujeito a outrem, digo a um dos soldados que tenho às minhas ordens: 'vai acolá!' e ele vai; e a outro: 'vem cá!' e ele vem; e a meu servo: 'faze isto!' e ele o faz".

Ouvindo isso, Jesus admirou-se dele e, voltando-se para os que o acompanhavam, disse: "Digo-vos que nem em Israel encontrei tão grande fé".

De volta para casa, os mensageiros encontraram de saúde o servo que estivera doente.[1-10: Mt 8,5]

O jovem de Naim. (7,11-17)

Seguiu viagem e chegou a uma cidade por nome Naim. Iam com ele seus discípulos e numeroso povo. Ao aproximar-se da porta da cidade, levavam para fora um defunto, filho único de sua mãe, que era viúva; muita gente da cidade vinha com ela. Vendo-a, o Senhor teve pena dela, e disse-lhe: "Não chores". Aproximou-se e tocou no féretro, e os que o levavam pararam. Disse Jesus: "Moço, eu te digo, levanta-te!" Sentou-se o que estivera morto e começou a falar. E Jesus restituiu-o à sua mãe.

Aterraram-se todos e glorificaram a Deus, dizendo: "Apareceu entre nós um grande profeta, e Deus visitou seu povo".

Correu a notícia disso por toda a Judéia e arredores.

Mensagem de João. (7,18-23)

De tudo isso teve João notícia por meio de seus discípulos. Chamou João dois dos seus discípulos e enviou-os ao Senhor com esta pergunta: "És tu aquele que há de vir, ou devemos esperar por outro?"

Foram os homens ter com Jesus e disseram: "João Batista envianos a ti e manda perguntar: és tu aquele que há de vir, ou devemos esperar por outro?"

Nessa mesma hora estava Jesus curando muita gente de enfermidades, moléstias e espíritos malignos, e restituindo a vista a numerosos cegos. Pelo que lhes deu esta resposta: "Ide e contai a João o que acabais de ver e de ouvir: os cegos vêem, os coxos andam, os leprosos tornam-se limpos, os surdos ouvem, os mortos ressuscitam, e aos pobres é anunciada a boa nova.

Feliz de quem em mim não encontra tropeço!"

Elogio de João. (7,24-30)

Depois da partida dos mensageiros de João, começou Jesus a falar às turbas a respeito de João, dizendo: "Por que saístes ao deserto? Para ver um caniço agitado pelo vento? Por que saístes? Para ver um homem em roupas delicadas? Não, os que vestem roupas delicadas e vivem com luxo se encontram nos palácios dos reis. Por que saístes, pois? Para ver um profeta? Sim, digo-vos eu, e mais que profeta; porque é este de quem está escrito: 'Eis que envio a preceder-te o meu arauto a fim de preparar o caminho diante de ti'. Declaro-vos que entre os filhos de mulher não há maior do que João; e, no entanto, o menor do reino de Deus é maior do que ele".

Toda a gente que o ouvia, como também os coletores, reconheceram a justiça de Deus e receberam o mergulho de João; ao passo que os fariseus e doutores da lei desprezaram os desígnios de Deus, e não se fizeram mergulhar por ele.[18-30: Mt 11,2]

Caprichos pueris. (7,31-35)

"Com que hei de comparar esta raça de gente? Com que se parecem eles? Parecem-se com crianças sentadas na praça, a gritarem umas às outras:

'A flauta vos temos tocado — e não bailastes.

Cânticos tristes tangemos — e não chorastes'.

Veio João Batista, que não comia pão nem bebia vinho — e dizeis: 'Está possesso do demônio'. Veio o Filho do homem, que come e bebe — e dizeis: 'Eis aí um comilão e beberrão e amigo de coletores e pecadores'. A sabedoria, porém, é reconhecida verdadeira por todos os seus filhos."[31-35: Mt 11,16]

A pecadora. (7,36-50)

Certo fariseu pediu a Jesus que fosse comer em sua casa. Dirigiu-se, pois, à casa do fariseu e reclinou-se à mesa.

Ora, vivia na cidade uma mulher pecadora. Sabendo que ele estava à mesa em casa do fariseu, veio com um vaso de alabastro cheio de ungüento, e colocou-se, chorando, por detrás de seus pés. Começou a banhar-lhe os pés com suas lágrimas e enxugou-os com os cabelos da sua cabeça. Beijou-lhe os pés e ungiu-os com o ungüento.

À vista disso, pensou de si para si o fariseu que o convidara: "Se esse homem fosse profeta, bem saberia quem é essa mulher que o toca, e de que qualidade — pois é uma pecadora".

"Simão", disse-lhe Jesus, "tenho a dizer-te uma coisa".

"Fala, Mestre", tornou aquele.

"Certo credor tinha dois devedores. Um devia-lhe quinhentos denários, o outro cinqüenta. Mas, não tendo eles com que pagar, perdoou-lhes a dívida a um e a outro. Quem deles lhe terá maior amor?"

Respondeu Simão: "Aquele, julgo, a quem mais perdoou".

"Julgaste bem", disse-lhe Jesus. Em seguida, voltando-se para a mulher, disse a Simão: "Vês esta mulher? Entrei em tua casa, e não me deste água para os pés; ela, porém, banhou-me os pés com suas lágrimas e enxugou-os com os seus cabelos. Não me deste o beijo; ela, porém, não cessou de beijar-me os pés, desde que entrei. Não me ungiste a cabeça com óleo; ela, porém, ungiu-me os pés com ungüento. Pelo que te digo que lhe são perdoados os seus pecados, porque muito amou; ao passo que a quem menos é perdoado, pouco ama". E disse a ela: "Os teus pecados te são perdoados".

Ao que os seus companheiros de mesa pensaram de si para si: "Quem é este que até perdoa pecados?"

Ele, porém, disse à mulher: "A tua fé te salvou; vai-te em paz".

Em seguimento de Jesus. (8,1-3)

Depois disto, pôs-se Jesus a andar de cidade em cidade, de aldeia em aldeia, pregando e anunciando a boa nova do reino de Deus. Acompanhavam-no os doze, bem como algumas mulheres libertadas de espíritos malignos e enfermidades: Maria, cognominada Madalena, da qual tinham saído sete demônios; Joana, esposa de Cusa, procurador de Herodes; Susana e muitas outras, que o serviam com os seus haveres.

Parábola do semeador. (8,4-8)

Ora, como tivesse afluído numerosa multidão de povo, e todas as cidades afluíssem a ele, passou Jesus a propor a seguinte parábola:

"Saiu um semeador a semear o seu grão. E, ao lançar a semente, parte caiu à beira do caminho, e foi pisada aos pés e comeram-na as aves do céu. Outra caiu ao meio dos espinhos, e os espinhos cresceram juntamente com ela e sufocaram-na. Outra ainda caiu em bom terreno, nasceu e deu fruto a cem por um". Dito isso, exclamou: "Quem tem ouvidos para ouvir ouça!"

Explicação da parábola. (8,9-15)
Perguntaram-lhe então os discípulos o que significava essa parábola. Respondeu ele: "A vós é dado compreender os mistérios do reino de Deus; ao passo que aos outros se fala em parábolas, de maneira que, de olhos abertos, não vêem e, de ouvidos abertos, não compreendem. Ora, o sentido da parábola é este: a semente é a palavra de Deus. Está à beira do caminho nos que a ouvem; mas logo vem o adversário e tira-lhes a palavra do coração para que não tenham fé nem se salvem. Está em solo pedregoso nos que ouvem a palavra e a recebem com alegria; mas não têm raízes, crêem por algum tempo, e no tempo da tentação tornam atrás. Está entre espinhos nos que a ouvem, mas vão sufocá-la por entre os cuidados, as riquezas e os prazeres da vida, e não chegam a dar fruto. Está em terreno bom nos que ouvem a palavra, a guardam em coração dócil e bom e dão fruto com perseverança.[4-15: Mt 13,1; Mc 4,1]

Tarefa dos discípulos. (8,16-18)
Ninguém acende uma luz e a cobre com um vaso, nem a põe debaixo do leito; mas sobre o candelabro, para que os que entram vejam a luz. Porquanto não há nada oculto que não venha a manifestar-se, nem nada secreto que não se torne conhecido e notório. Atentai, pois, no modo de ouvirdes; porque ao que tem dar-se-lhe-á; mas ao que não tem tirar-se-lhe-á ainda aquilo que julga possuir".[16-18: Mt 5,15; Mc 4,21]

A família espiritual de Jesus. (8,19-21)
Vieram procurá-lo sua mãe e seus irmãos; mas não conseguiram chegar a ele por causa do aperto. Alguém lhe trouxe este recado: "Tua mãe e teus irmãos estão aí fora e desejam ver-te". Respondeu-lhes ele: "Minha mãe e meus irmãos são os que ouvem a palavra de Deus e a põem em prática".[19-21: Mt 12,46; Mc 3,31]

A tempestade no lago. (8,22-25)
Certo dia, entrou Jesus num barco, em companhia dos seus discípulos e disse-lhes: "Passemos à outra margem do lago". Partiram.

Durante a travessia Jesus adormeceu. Desabou então uma tormenta sobre o lago de maneira que eles ficaram cobertos das vagas e corriam perigo. Chegaram-se a ele e despertaram-no aos brados: "Mestre! Mestre! Vamos a pique!" Levantou-se Jesus e deu ordem ao vento e às águas revoltas. Acalmaram-se e fez-se uma grande bonança. Disse então aos discípulos: "Que é da vossa fé?"

Aterrados e cheios de admiração, diziam uns aos outros: "Quem é este, que manda aos ventos e às águas, e lhe obedecem?".[22-25: Mt 8,22; Mc 4,35]

O possesso de Gerasa. (8,26-39)

Aproaram para o país dos gerasenos, que fica fronteiro à Galiléia. Mal tinha Jesus saltado em terra, quando lhe veio ao encontro um homem da cidade possesso de demônios. Havia muito tempo que não vestia roupa, nem habitava em casa, mas nos sepulcros. Assim que avistou Jesus, prostrou-se diante dele com este grito estridente: "Que temos nós contigo, Jesus, Filho do Altíssimo? Rogo-te que não me atormentes!" É que Jesus ordenava ao espírito impuro que saísse do homem. Desde largo tempo o tinha em seu poder. Haviam-no já trazido preso, ligado com cadeias e grilhões; mas ele rompia as cadeias e era impelido ao deserto pelo demônio.

"Como é teu nome?", perguntou-lhe Jesus.

"Legião", respondeu ele; porque eram muitos os demônios que nele tinham entrado. Pediram-lhe estes que não os mandasse para o abismo.

Ora, andava pastando perto no momento uma grande manada de porcos. Rogaram-lhe que lhes permitisse entrar neles. Jesus permitiu-lho. Saíram, pois, do homem os demônios e entraram nos porcos; e a manada precipitou-se monte abaixo para dentro do lago, onde se afogou.

Vendo os pastores o que acabava de acontecer, fugiram e contaram o caso na cidade e no campo. Saiu a gente para ver o que tinha acontecido. Foram ter com Jesus e encontraram, sentado a seus pés, vestido e de juízo, o homem do qual tinham saído os demônios. Encheram-se de terror. Os que tinham presenciado o fato foram contar-lhes como o possesso fora curado. Ao que toda a população do país dos gerasenos lhe rogou que se retirasse do meio deles; porque estavam transidos de grande terror.

Embarcou, pois e regressou. O homem de quem tinham saído os demônios solicitou-lhe a permissão de ir com ele; Jesus, porém, o despediu com as palavras: "Volta para casa e conta quanto te fez Deus". Retirou-se ele e foi apregoando em volta da cidade quanto lhe fizera Jesus.[26-39: Mt 8,28; Mc 5,1]

A filha de Jairo. (8,40-56)

À volta foi Jesus recebido com alvoroço pelas massas populares; porque todos estavam à sua espera. Veio então um homem de nome Jairo, chefe da sinagoga; prostrou-se aos pés de Jesus, suplicando-lhe viesse à sua casa; porque sua filha única de uns doze anos estava a morrer.

De caminho para lá apertavam-no as multidões. Achava-se aí uma mulher que, havia doze anos, sofria de um fluxo de sangue; gastara com os médicos toda a sua fortuna, sem encontrar quem a pudesse curar. Chegou-se a ele por detrás e tocou-lhe a borla do manto — e no mesmo instante cessou o fluxo de sangue.

"Quem me tocou?", perguntou Jesus. Negaram todos. Ao que Pedro e seus companheiros observaram: "Mestre, a multidão te atropela e comprime".

Jesus, porém, insistiu: "Alguém me tocou; senti que saiu de mim uma força".

Vendo-se a mulher descoberta, veio, toda trêmula, prostrou-se-lhe aos pés e declarou perante todo o povo por que o tocara e como imediatamente ficara curada. Disse-lhe Jesus: "Minha filha, a tua fé te curou; vai-te em paz".

Ainda não acabara de falar, quando veio alguém da casa do chefe da sinagoga com o recado: "Tua filha acaba de morrer: não incomodes mais o Mestre". Ouvindo Jesus essas palavras, disse-lhe: "Não temas, é só teres fé, e ela será salva".

Chegado à casa, não permitiu que alguém entrasse com ele, afora Pedro, Tiago e João, como também o pai e a mãe da menina. Todos choravam e lamentavam-na. Jesus, porém, disse: "Não choreis! Ela não está morta, dorme apenas". Riram-se dele, porque sabiam que ela estava morta. Então Jesus a tomou pela mão e bradou: "Menina, levanta-te". Nisto voltou-lhe o espírito, e ela se levantou imediatamente. Mandou que lhe dessem de comer. Os pais estavam fora de si de assombro. Jesus, porém, ordenou que a ninguém falassem do ocorrido.[40-56: Mt 9,18; Mc 5,21]

Missão dos apóstolos. (9,1-6)

Convocou Jesus os doze apóstolos e deu-lhes poder e autoridade sobre todos os demônios e a virtude de curar enfermidades. Em seguida, enviou-os a anunciar o reino de Deus e curar os enfermos. Disse-lhes: "Não leveis coisa alguma para o caminho; nem bordão, nem bolsa, nem pão, nem dinheiro, nem tenhais duas túnicas. Quando entrardes em alguma casa, ficai nela até seguirdes viagem. Mas onde não vos receberem, deixai a cidade e sacudi até o pó dos vossos pés em testemunho contra eles".

Puseram-se eles a caminho e foram de povoado em povoado, proclamando a boa nova e curando os enfermos por toda parte.[1-6: Mt 10,1; Mc 6,7]

Inquietação de Herodes. (9,7-9)

Chegou aos ouvidos do tetrarca Herodes a notícia de tudo isso. Inquietou-se ele, porque uns diziam: "João Batista ressurgiu dentre os mortos". Outros: "Apareceu Elias". Outros ainda: "Ressuscitou um dos antigos profetas". Herodes, porém, dizia: "João? Mandei-o degolar. Quem é, pois, esse de quem ouço semelhantes coisas?" E ansiava por vê-lo.[7-9: Mt 14,1; Mc 6,14]

Multiplicação dos pães. (9,10-17)

Regressaram os apóstolos e referiram-lhe tudo o que tinham feito. Ao que Jesus os tomou à parte e retirou-se com eles a uma solidão no território da cidade de Betsaida. As multidões, porém, deram pelo fato e foram-lhe no encalço; ele recebeu-as amigavelmente e falava-lhes do reino de Deus e restituía a saúde a todos que necessitavam de cura.

Ia declinando o dia. Chegaram-se então a ele os doze e disseram: "Despede o povo, para que vá às aldeias e fazendas circunvizinhas em busca de pousada e comida; porque estamos em região inóspita". Ao que Jesus lhes replicou: "Dai-lhes vós de comer".

Responderam eles: "Não temos senão cinco pães e dois peixes; teríamos de comprar, pois, mantimento para todo esse povo". Eram uns cinco mil homens.

Disse ele a seus discípulos: "Mandai que se sentem em ranchos de cinqüenta pessoas".

Foi o que fizeram: mandaram todos sentar-se. Ao que Jesus tomou os cinco pães e os dois peixes, ergueu os olhos ao céu e abençoou-os; em seguida, partiu-os e deu-os aos discípulos para que os servissem ao povo. Comeram todos e ficaram fartos e recolheram ainda doze cestos dos pedaços que sobraram.[10-17: Mt 14,13; Mc 6,30; Jo 6,1]

Confissão de Pedro. (9,18-21)

Certa vez, quando Jesus estava orando a sós e se achavam com ele tão-somente seus discípulos, perguntou-lhes: "Quem diz a gente que eu sou?"

Responderam eles: "Dizem uns que és João Batista; outros, Elias; outros ainda opinam que ressuscitou um dos antigos profetas".

Continuou Jesus: "E vós, quem dizeis que eu sou?"

Respondeu Pedro: "O Ungido de Deus". Jesus, porém, lhes proibiu severamente que o dissessem a pessoa alguma.[18-21: Mt 16,13; Mc 8,27]

Jesus prediz a sua paixão. (9,22)

E acrescentou: "É necessário que o Filho do homem passe por muitos sofrimentos; será rejeitado e morto pelos anciãos, príncipes dos sacerdotes e escribas; mas no terceiro dia ressurgirá".[Mc 8,31]

Em seguimento do Cristo. (9,23-27)

E dizia a todos: "Quem quiser ser meu companheiro, renuncie a si mesmo, carregue a sua cruz, dia por dia, e siga-me. Pois, quem quiser salvar a sua vida perdê-la-á; mas quem perder a sua vida por amor de mim salvá-la-á. Que aproveita ao homem ganhar o mundo inteiro, se se perder a si mesmo e perecer? Porquanto quem se envergonhar de mim e das minhas palavras, desse tal se envergonhará também o Filho do homem, quando vier na sua glória, na glória do Pai e dos santos anjos. Em verdade, vos digo que há entre os presentes alguns que não provarão a morte sem que vejam o reino de Deus".[22-27: Mt 16,27]

Transfiguração de Jesus. (9,28-36)

Uns oito dias depois dessas palavras, tomou Jesus consigo a Pedro, Tiago e João, e subiu ao monte para orar. Enquanto orava, mudou-se-lhe a expressão do semblante, e as suas vestes tornaram-se de resplendente alvura. Vieram falar com ele dois varões: Moisés e Elias. Apresentavam aspecto majestoso e falavam da morte que Jesus ia padecer em Jerusalém.

Pedro e seus companheiros tinham sido dominados pelo sono; ao despertar, viram a glória de Jesus e os dois varões que com ele estavam. Quando estes se iam retirar, disse Pedro a Jesus: "Mestre, como é bom estarmos aqui! Vamos armar três tendas; uma para ti, outra para Moisés, e outra para Elias!"

Não sabia o que dizia.

Estava ainda falando, quando veio uma nuvem e os envolveu. Aterraram-se quando aqueles entraram na nuvem. De dentro da nuvem, porém, ecoou uma voz: "Este é meu filho, meu eleito; ouvi-o!"

Mal soara essa voz, estava Jesus sozinho. Calaram-se eles e naqueles dias não falaram a ninguém dessa visão.[28-36: Mt 17,1; Mc 9,2]

O menino possesso. (9,37-43)

Ao descerem do monte, no dia seguinte, veio-lhe ao encontro grande multidão de gente. Clamou um homem do povo: "Mestre, suplico-te que atendas a meu filho, que é o único que tenho; apodera-se dele um espírito e fá-lo soltar gritos; atira com ele para cá e para lá, fazendo-o espumar; só a custo o larga e deixa-o todo exausto. Pedi a teus discípulos que o expulsassem mas não o puderam".

Respondeu Jesus: "Ó geração sem fé e perversa! Até quando estarei convosco e vos suportarei? Traze cá teu filho".

Enquanto ele vinha chegando, maltratava-o e agitava-o violentamente o demônio. Jesus ameaçou ao espírito impuro, curou o menino e restituiu-o a seu pai.

Pasmaram todos da grandeza de Deus.[37-43: Mt 17,14; Mc 9,14]

Jesus torna a predizer a sua paixão. (9,44-45)

Enquanto todos estavam cheios de admiração sobre tudo quanto Jesus fazia, disse ele a seus discípulos: "Gravai bem nos ouvidos estas palavras: o Filho do homem vai ser entregue às mãos dos homens".

Eles, porém, não atinaram com o sentido dessa palavra; era para eles obscura e incompreensível. Mas tinham medo de interrogá-lo a respeito.[44-45: Mt 17,22; Mc 9,30]

Questão de precedência. (9,46-48)

Passou-lhes pela mente a idéia de quem deles era o maior. Como Jesus lhes conhecesse os pensamentos do coração, tomou um menino, colocou-o ao pé de si e disse-lhes: "Quem acolher este menino em meu nome, a mim me acolhe; mas quem acolhe a mim acolhe aquele que me enviou. Pois quem dentre todos vós for o menor, este é que é grande".[46-48: Mt 18,1; Mc 9,33]

Zelo imprudente. (9,49-50)

Disse-lhe João: "Mestre, vimos um homem que expulsava demônios em teu nome, e lho proibimos, porque não é da nossa companhia".

Respondeu-lhe Jesus: "Não lho proibais; pois quem não é contra vós é por vós". [49-50: Mc 9,38]

Jesus a caminho de Jerusalém

Primeira viagem a Jerusalém

Repulsa da parte dos samaritanos. (9, 51-56)
Quando se aproximavam os dias do seu passamento, encarou Jesus resolutamente a sua ida a Jerusalém, e despachou mensageiros adiante de si. Partiram e chegaram a uma povoação de samaritanos a fim de lhe preparar pousada. Mas não o receberam, porque ia rumo a Jerusalém. A essa notícia observaram os discípulos Tiago e João: "Senhor, queres que mandemos cair fogo do céu para devorá-los?" Jesus, porém, voltando-se, repreendeu-os. E foram em demanda de outra povoação.

Discípulos imperfeitos. (9,57-62)
Quando prosseguiam caminho, disse-lhes alguém: "Seguir-te-ei aonde quer que fores". Respondeu-lhe Jesus: "As raposas têm cavernas e aves do céu têm ninhos; mas o Filho do homem não tem onde reclinar a cabeça".

A outro disse: "Segue-me".

Ao que este pediu: "Permite-me, Senhor, que vá primeiro sepultar a meu pai!"

Tornou-lhe Jesus: "Deixa os mortos sepultar os seus mortos; tu, porém, vai e proclama o reino de Deus".

Ainda outro disse: "Seguir-te-ei, Senhor; mas permite que vá primeiro a casa despedir-me".

Respondeu-lhe Jesus: "Quem empunha o arado e torna a olhar para trás não é idôneo para o reino de Deus". [57-62: Mt 8,19]

Os setenta discípulos. (10,1-12)
Depois disso designou o Senhor mais setenta outros discípulos e mandou-os, dois a dois, adiante de si, a todas as cidades e povoações que ele mesmo ia visitar. Dizia-lhes: "A messe é grande, mas os operários são poucos. Rogai, portanto, ao senhor da seara para que mande operários à sua messe.

Ide, pois! Eis que vos mando como cordeiros ao meio de lobos.

Não leveis alforje, nem bolsa, nem calçado, nem saudeis a pessoa alguma pelo caminho. Toda vez que entrardes em uma casa, dizei primeiro: 'A paz seja com esta casa!' E, se aí houver um filho da paz, repousará sobre ele a vossa paz; se não, tornará a vós. Ficai nessa casa, comendo e bebendo do que eles tenham; porque o operário bem merece o seu sustento. Não andeis de casa em casa. E quando entrardes em uma cidade onde vos recebam, comei o que vos servirem; curai os doentes que aí houver e dizei: 'Chegou a vós o reino de Deus'. Mas, se entrardes numa cidade onde não vos recebam, saí à rua e dizei: 'Sacudimos contra vós até o pó da vossa cidade que se nos pegou aos pés; entretanto, ficai sabendo que chegou o reino de Deus'. Digo-vos que sorte melhor caberá a Sodoma, naquele dia, do que a uma cidade assim.[1-12: Mt 10,7]

As cidades impenitentes. (10,13-16)

Ai de ti, Corozain! Ai de ti, Betsaida! Porque, se em Tiro e Sidon se tivessem realizado as obras poderosas que em vós se realizaram, desde há muito se teriam convertido, em cilício e cinzas. Entretanto, Tiro e Sidon terão sorte mais benigna, no dia do juízo, do que vós.

E tu, Cafarnaum, elevar-te-ás até o céu? Até o inferno serás abismada.

Quem vos ouve, a mim ouve; quem vos despreza, a mim me despreza; mas quem me despreza, despreza aquele que me enviou." [13-16: Mt 11,21]

Regresso dos discípulos. (10,17-20)

Regressaram os setenta discípulos, cheios de alegria, e referiram: "Senhor, até os demônios se nos submetem, em teu nome".

Respondeu-lhes ele: "Vi a Satanás cair do céu como um raio. Eis que vos dei o poder de calcar serpentes e escorpiões, e poder sobre todas as potências inimigas; coisa nenhuma vos fará mal. Entretanto, não seja esta a vossa alegria, que se vos submetam os espíritos; alegrai-vos antes porque os vossos nomes estão escritos nos céus".

Exultação de Jesus. (10,21-24)

Naquela hora exultou Jesus no Espírito Santo e disse: "Glorifico-te, Pai, Senhor do céu e da terra, porque ocultaste estas coisas aos doutos e entendidos, e as revelaste aos pequeninos. Sim, meu Pai, assim foi do teu agrado. Tudo me foi entregue por meu Pai. Ninguém senão o Pai sabe quem é o Filho; e ninguém sabe quem é o Pai senão o Filho e a quem o Filho o quiser revelar".

Em seguida, voltando-se especialmente aos seus discípulos, disse: "Ditosos os olhos que vêem o que vós vedes! Pois vos declaro que muitos profetas e reis desejaram ver o que vós vedes, e não o viram; desejaram ouvir o que vós ouvis, e não o ouviram".[21-24: Mt 11,25]

O bom samaritano. (10,25-37)

E eis que se levantou um doutor da lei para o pôr à prova, com esta pergunta: "Mestre, que hei de fazer para alcançar a vida eterna?"

Respondeu-lhe Jesus: "Que está escrito na lei? Como é que lês?"

Tornou aquele: "Amarás o Senhor, teu Deus, de todo o teu coração, de toda a tua alma, com todas as tuas forças e de toda a tua mente; e a teu próximo como a ti mesmo".

"Respondeste bem", disse-lhe Jesus. "Faze isto e terás a vida."[25-28: Mt 22,34; Mc 12,28]

Ele, porém, quis justificar-se e perguntou a Jesus: "E quem é meu próximo?"

Ao que Jesus tomou a palavra e disse: "Descia um homem de Jerusalém a Jericó, e caiu nas mãos dos ladrões, que o despojaram, cobriram de feridas e, deixando-o meio morto, se foram embora. Casualmente, descia um sacerdote pelo mesmo caminho; viu-o — e passou para o outro lado. Igualmente, chegou ao lugar um levita; viu-o — e passou para o outro lado. Chegou perto dele também um samaritano, que ia de viagem; viu-o — moveu-se à compaixão; aproximou-se, deitou-lhe óleo e vinho nas chagas e ligou-as; em seguida, fê-lo montar no seu jumento, conduziu-o a uma hospedaria e teve cuidado dele. No dia seguinte, tirou dois denários e deu-os ao hospedeiro, dizendo: 'Tem-me cuidado dele, e o que gastares a mais pagar-to-ei na volta'.

Qual desses três se houve como próximo daquele que caíra nas mãos dos ladrões?"

"Aquele que lhe fez misericórdia", respondeu o doutor.

Tornou-lhe Jesus: "Vai e faze tu o mesmo".

Marta e Maria. (10,38-42)

Certa vez, por ocasião de uma jornada, entrou Jesus em uma povoação, e uma mulher, chamada Marta, o hospedou em sua casa. Tinha ela uma irmã, por nome Maria. Esta se sentou aos pés do Senhor a escutar-lhe a palavra. Marta, porém, andava atarefada com muitos serviços. Apresentou-se e disse: "Não te importa, Senhor, que minha irmã me deixe só com o serviço? Dize-lhe, pois, que me ajude".

Respondeu-lhe o Senhor: "Marta, andas inquieta e perturbada com muitas coisas; entretanto, uma só é necessária. Maria escolheu a parte boa, que não lhe será tirada".

O Pai Nosso. (11,1-4)

Uma vez estava Jesus em certo lugar, orando. Ao terminar, disse-lhes um dos seus discípulos: "Senhor, ensina-nos a orar, como também João ensinou a orar aos seus discípulos".

Ao que ele lhes disse: "Quando orardes, dizei: 'Pai, santificado seja o teu nome; venha a nós o teu reino; o pão nosso de cada dia nos dá hoje; perdoa-nos os nossos pecados, porque também nós perdoamos a todos os nossos devedores; e não nos induzas em tentação'".[1-4: Mt 6,9]

Parábola do amigo importuno. (11,5-8)

E prosseguiu: "Alguém de vós tem um amigo. Vai ter com ele, à meia-noite, com o pedido: 'Amigo, empresta-me três pães; porque um amigo meu chegou de viagem à minha casa, e não tenho o que lhe servir'. Mas o de dentro responde: 'Não me incomodes! A porta está fechada e meus filhos estão comigo no quarto; não posso levantar-me para atender-te'.

Digo-vos que, embora não se levante e lhe dê por ser seu amigo, não deixará, contudo, de levantar-se por causa da importunação, e dar-lhe quanto houver mister.

Oração perseverante. (11,9-13)

Pelo que vos digo: pedi, e recebereis; procurai, e achareis; batei, e abrir-se-vos-á. Porque quem pede recebe, quem procura acha, e a quem bate abrir-se-lhe-á.

Quando algum dentre vós pede pão a seu pai, será que este lhe dará uma pedra? Ou, quando lhe pede um peixe, lhe dará em vez do peixe uma serpente?[9-11: Mt 7,7] Ou, quando lhe pede um ovo, lhe dará um escorpião? Se, pois, vós, apesar de maus, sabeis dar coisas boas aos vossos filhos, quanto mais vosso Pai Celeste dará o Espírito Santo aos que lho pedirem".

Injúrias dos fariseus. (11,14-23)

Expulsou Jesus um demônio que era mudo; e, depois de expulso o demônio, falava o mudo, o que encheu de admiração as turbas. Alguns deles, porém, diziam: "É por Belzebu, chefe dos demônios, que ele expulsa os demônios". Outros tentaram pô-lo à prova e pediram-lhe um sinal do céu. Jesus, todavia, conhecedor dos seus pensamentos, lhe disse: "Todo reino desunido em si mesmo será destruído e uma casa cairá sobre a outra. Se, pois, Satanás está em desacordo consigo mesmo, como pode subsistir o seu reino? Dizeis que é por Belzebu que eu expulso os demônios. Ora, se eu expulso os demônios por Belzebu, por quem os expulsam então os vossos filhos? Por isso serão eles vossos juízes. Se, porém, é pelo dedo de Deus que expulso os demônios, claro está que chegou a vós o reino de Deus. Quando um poderoso, bem armado, guarda a sua casa, está em segurança toda a sua propriedade. Mas, se outro, mais poderoso, o atacar e vencer, tirar-lhe-á as armas em que confiava, e repartirá os despojos. Quem não está comigo está contra mim; e quem não recolhe comigo dispersa.[14-23: Mt 12,22; Mc 3,22]

Egresso e regresso dos espíritos impuros. (11,24-26)

Quando o espírito impuro sai do homem, vagueia por lugares sem água em busca de repouso; mas não o acha, pelo que diz: 'Voltarei para minha casa, donde saí'. E, chegando, encontra-a varrida e posta em ordem. Vai então e toma consigo mais sete espíritos, piores que ele e, entrando, se estabelecem nela; e vem o último estado deste homem a ser pior que o primeiro".[24-26: Mt 12,43]

Bem-aventurança de Maria. (11,27-28)

Enquanto ele assim falava, uma mulher levantou a voz do meio do povo e disse-lhe: "Bem-aventurado o ventre que te trouxe e os seios que te amamentaram!" Jesus, porém, replicou: "Antes bem-aventurados os que ouvem a palavra de Deus e a põem em prática".

O sinal de Jonas. (11,29-32)

Como o povo afluísse em massa, disse ele: "Raça perversa que é esta raça! Pede um sinal; mas não lhe será dado outro sinal a não ser o sinal de Jonas. Do mesmo modo que Jonas veio a ser sinal para os ninivitas, assim também o será o Filho do homem para esta raça. A rainha do sul se há de levantar, no dia do juízo, contra os homens desta raça e condená-los; porque ela acudiu das mais longínquas plagas da terra para ouvir a sabedoria de Salomão — e eis que aqui está quem é mais que Salomão. Os habitantes de Nínive se hão de levantar, no dia do juízo, contra esta raça e condená-la; porque eles se converteram com a pregação de Jonas — e eis que aqui está quem é mais que Jonas!

Parábola da luz. (11,33-36)

Ninguém acende uma luz e a põe em lugar oculto, nem debaixo do velador mas, sim, sobre o candelabro, para que todos os que entram lhe vejam o fulgor. Teu olho é a lâmpada do teu corpo. Se teu olho for simples, estará em luz todo o teu corpo; mas, se ele ficar mau, o teu corpo será tenebroso. Cuidado, pois, que não se torne em trevas a luz que em ti está! Se o teu corpo for todo luminoso, sem nenhum ponto escuro, então, sim, estará tudo em plena luz, como quando a luz te ilumina com seus fulgores".[29-36: Mt 12,38; 5,15; 6,22]

Ai de vós, fariseus! (11,37-44)

Ainda estava Jesus falando quando um dos fariseus o convidou a jantar em sua casa. Foi, e sentou-se à mesa. Reparando o fariseu que não se lavava antes da refeição, admirou-se.

Ao que o Senhor lhe disse: "Vós, fariseus, limpais a taça e o prato por fora, ao passo que por dentro estais cheios de rapina e iniqüidade. Insensatos! Acaso quem fez o exterior não fez também o interior? Dai antes de esmola o que está por dentro, e tudo vos será limpo. Mas, ai de vós, fariseus, que pagais o dízimo da hortelã, da arruda e de toda casta de hortaliças, mas não fazeis caso da justiça e do amor de Deus! Uma coisa se deve fazer, e a outra não omitir. Ai de vós, fariseus, que gostais de ocupar lugar de honra nas sinagogas e receber cumprimentos nas praças públicas. Ai de vós, que sois como sepulcros que não aparecem e sobre os quais a gente passa sem o saber!"

Ai de vós, doutores da lei! (11,45-54)

Disse-lhe então um doutor da lei: "Mestre, com estas palavras também nos ofendes a nós".

Ele, porém, respondeu: "Ai de vós também, doutores da lei, que onerais os homens de fardos insuportáveis, quando vós mesmos nem com um dedo tocais nesses fardos! Ai de vós, que levantais mausoléus aos profetas, quando vossos pais foram os que os mataram. Destarte dais testemunho e aprovais o que fizeram vossos pais: mataram-nos eles, e vós lhes levantais monumentos. Foi por isso que disse a sabedoria de Deus: 'Mandar-lhe-eis profetas e apóstolos; e darão morte a uns e perseguirão a outros'. Hão de pedir-se contas a esta raça do sangue de todos os profetas que foi derramado desde a creação do mundo, a começar pelo sangue de Abel, até o sangue de Zacarias, morto entre o altar e o templo. Sim, declaro-vos que disso se pedirão contas a esta geração. Ai de vós, doutores da lei, que tirastes a chave do conhecimento: não entrastes vós mesmos, e impedistes os que queriam entrar'". [37-52: Mt 23,13]

Saindo Jesus daí, começaram os fariseus e doutores da lei a invectivá-lo com veemência, cumulando-o de perguntas. É que lhe armavam ciladas, a ver se apanhavam alguma palavra da sua boca.

Segunda viagem a Jerusalém

Cuidado com o respeito humano. (12,1-3)

Entrementes, tinha-se ajuntado tamanha multidão de povo que se atropelavam uns aos outros. Disse então Jesus, em primeira linha, para os seus discípulos: "Cuidado com o fermento dos fariseus!" — quer dizer, a hipocrisia. "Porque nada há secreto que não se torne manifesto, nem nada oculto que não se venha a saber. O que dissestes às escuras ouvir-se-á em plena luz; e o que segredastes ao ouvido, no interior dos aposentos, apregoar-se-á de cima dos telhados."[1-3: Mt 16,6; 10,26]

Confissão intrépida. (12,4-12)

A vós, meus amigos, advirto. Não temais aqueles que matam o corpo, e nada mais podem fazer. Mostrar-vos-ei a quem é que deveis temer: temei aquele que, depois de matar, pode também lançar ao inferno. Este, sim, temei, digo-vos eu. Não se compram cinco pardais por dez centavos. E, no entanto, nenhum deles está em esquecimento perante Deus. Até os cabelos da vossa cabeça estão todos contados. Não temais, pois; mais valor tendes vós do que numerosos pardais.

Declaro-vos que todo aquele que me confessar diante dos homens, também o Filho do homem o confessará diante dos anjos de Deus. Mas todo aquele que me negar diante dos homens, também será negado diante dos anjos de Deus. Quem proferir uma palavra contra o Filho do homem será perdoado; mas quem injuriar o Espírito Santo não será perdoado.

Quando vos arrastarem às sinagogas e à presença de magistrados e autoridades, não vos dêem cuidados o modo nem as palavras com que responder, nem o que tiverdes de dizer; porque o Espírito Santo vos ensinará na mesma hora o que deveis dizer."[4-12: Mt 10,28; 12,31]

Cuidado com a cobiça! (12,13-21)

Disse-lhe então alguém do povo: "Mestre, dize a meu irmão que divida comigo a herança".

"Homem!", respondeu-lhe ele, "Quem me constituiu juiz ou partidor sobre vós?" E prosseguiu: "Cuidado e cautela com toda cobiça! Ainda que alguém viva em abundância, não é da sua fortuna que depende a sua vida".

E propôs a seguinte parábola: "Um homem rico possuía um campo que lhe produzira fruto abundante. Ao que ele se pôs a pensar consigo mesmo: 'Que farei? Não tenho onde recolher os meus frutos. Isto é que farei', disse: 'vou demolir os meus celeiros e construí-los maiores, para abrigar toda a colheita e todos os meus bens. E, então direi à minha alma: agora, sim, minha alma, tens em depósito grande quantidade de bens para largos anos; descansa, come, bebe, regala-te!' Deus, porém, lhe disse: 'Insensato! Ainda esta noite exigir-te-ão a alma; e as coisas que amontoaste, de quem serão?'

Assim acontece a quem acumula tesouros para si, em vez de enriquecer aos olhos de Deus".

Preocupações. (12,22-31)

E disse aos discípulos: "Pelo que vos digo: não vos dê cuidados a vida, o que haveis de comer, nem o corpo, o que haveis de vestir. Porque mais vale a vida que o alimento, e mais o corpo que o vestuário.

Considerai os corvos; não semeiam, nem ceifam, não têm dispensa nem celeiros — Deus é que lhes dá de comer. Quanto mais não valeis vós do que as aves! Quem de vós pode, com todos os seus cuidados, prolongar a vida por um palmo sequer? Se, portanto, nem sois capazes de coisa tão pequenina, por que vos dais cuidados do mais?

Considerai os lírios, como crescem: não trabalham, nem fiam; e, no entanto, vos digo que nem Salomão, em toda a sua glória, se vestiu jamais como um deles. Se, pois, Deus veste assim a erva que hoje está no campo e amanhã será lançada ao forno, quanto mais a vós, homens de pouca fé!

Não pergunteis, por conseguinte, o que haveis de comer ou de beber, nem vos deis a inquietações. Os mundanos é que andam com todos esses cuidados. Vosso Pai bem sabe que disso haveis mister. Procurai antes o seu reino, e aquilo vos será vosso também".[22-31: Mt 6,25]

Tesouros celestes. (12,32-34)

Não temas, pequenino rebanho! Pois que aprouve ao vosso Pai dar-vos o reino. Vendei os vossos haveres e dai esmola. Tratai de adquirir bolsas que não envelheçam, um tesouro imperecível nos céus, onde os ladrões não penetram e que as traças não corrompem; porque onde está o vosso tesouro aí está também o vosso coração."[32-34: Mt 6,19; 24,24; Mc 13,33]

Parábola dos servos vigilantes. (12,35-48)

Andai com os rins cingidos e lâmpadas acesas nas mãos. Sede como homens que estão à espera de seu senhor, até que volte da festa nupcial, para lhe abrirem logo que chegue e bata. Bem hajam esses servos a quem o senhor encontrar vigiando, à sua chegada! Em verdade vos digo que se há de cingir, fará sentarem-se à mesa, e andará aqui e acolá, a servi-los. Venha à segunda, venha à terceira vigília: se os encontrar assim — bem hajam esses servos!

Isto, porém, notai: se o pai de família soubesse em que hora viria o ladrão, decerto ficaria vigiando e não deixaria arrombar a sua casa. Ficai, pois, alerta também vós; porque o Filho do homem virá numa hora em que não o esperais.

Perguntou-lhe Pedro: "Senhor, é só a nós que referes esta parábola ou a todos?"

Tornou o Senhor: "Quem será o dispenseiro fiel e sábio a quem o senhor constituiu sobre seus fâmulos para, a seu tempo, lhes dar o sustento adequado? Bem haja o servo a que o senhor, à sua chegada, encontrar com esse procedimento! Em verdade, vos digo que lhe confiará a administração de todos os seus bens. Se, pelo contrário, aquele servo disser consigo mesmo: 'Meu senhor não virá tão cedo'; e começar a maltratar os criados e as criadas, a comer e beber e embriagar-se, aparecerá o senhor desse servo num dia em que ele não espera, e numa hora que desconhece, e o punirá, e lhe dará lugar entre os infiéis. O servo que, conhecendo a vontade de seu senhor, não vigiar e se guiar por essa vontade apanhará muitos açoites. Quem, todavia, fizer por ignorância o que mereça castigo receberá poucos açoites. A quem muito foi dado muito se lhe pedirá; e a quem muito confiaram tanto mais lhe hão de exigir.[35-48: Mt 24,43; Mc 13,33]

Divisão dos espíritos. (12,49-53)

Eu vim para lançar fogo à terra — e quisera que já ardesse! Mas tenho de passar ainda por um batismo — e como anseio por que se realize! Pensais que vim trazer a paz à terra? Não, digo-vos eu, mas a separação. Daqui por diante haverá discórdia entre cinco que se acharem na mesma casa; três contra dois, e dois contra três; pai contra filho, e filho contra pai; mãe contra filha e filha contra mãe; sogra contra nora e nora contra sogra". [49-53: Mt 10,34]

Sinais do tempo. (12,54-59)

E disse às turbas: "Quando vedes subir uma nuvem ao poente, logo dizeis: 'Vai chover'. E assim acontece. E quando reparais que há vento sul, dizeis: 'Vamos ter calor'. E assim sucede. Hipócritas! Sabeis compreender os sinais do céu e da terra; e como é que não compreendeis o tempo presente? Por que não atinais, por vós mesmos, o que é justo?

Quando fores com teu adversário à autoridade, trata de livrar-te dele ainda em caminho, para que ele não te arraste ao juiz, o juiz te entregue ao oficial da justiça, e o oficial da justiça te lançe à cadeia. Digo-te que daí não sairás até que houveres pago o último vintém". [54-59: Mt 16,1; 5,25]

Exortação à conversão. (13,1-5)

Chegaram, nesse momento, alguns e lhe falaram dos galileus cujo sangue Pilatos mandara derramar, no ato de sacrificarem.

Observou-lhes Jesus: "Pensais que esses galileus eram pecadores maiores do que todos os demais galileus, por terem sofrido aquilo? De modo nenhum, vos digo eu. Mas, se não vos converterdes, perecereis todos também. Ou cuidais que aqueles dezoito que perecerem no desabamento da torre de Siloé eram mais culpados do que todos os outros habitantes de Jerusalém? De modo nenhum, digo-vos eu. Mas, se não vos converterdes, perecereis também todos vós".

A figueira estéril. (13,6-9)

Passou a propor-lhes a seguinte parábola: "Certo homem tinha plantado uma figueira na sua vinha. Veio procurar-lhe fruto; mas não o achou. Disse então ao viticultor: 'Há três anos que venho procurar fruto nesta figueira, e não encontro. Corta-a; para que ocupa ainda o terreno?'

'Senhor', respondeu-lhe aquele, 'deixa-a ainda este ano. Vou cavar em derredor e deitar estrume; talvez chegue e dar fruto mais tarde; se não, mandarás cortá-la'".

A mulher encurvada. (13,10-17)

Estava Jesus ensinando numa sinagoga em dia de sábado. E eis aí uma mulher que, havia dezoito anos, tinha um espírito de enfermidade; andava encurvada, sem poder aprumar-se de todo. Jesus, vendo-a, chamou-a a si e disse-lhe: "Senhora, estás livre da tua enfermidade". Impôs-lhe as mãos, e logo ela se aprumou, glorificando a Deus.

Indignado de que Jesus curava em dia de sábado, disse o chefe da sinagoga ao povo: "Seis dias há para trabalhar; neles vinde e fazei-vos curar; mas não em dia de sábado".

Replicou-lhe o Senhor: "Hipócritas! Não solta cada um de vós o seu boi ou burro da manjedoura, em dia de sábado, para levá-lo a beber? E esta mulher, filha de Abraão, que Satanás trazia presa já por dezoito anos, não devia ser libertada desse vínculo, em dia de sábado?"

A essas palavras envergonharam-se todos os seus adversários. O povo, porém, alegrava-se de todos os gloriosos feitos que ele realizava.

O grão de mostarda. (13,18-19)

Disse então: "Com que coisa se parece o reino de Deus? A que o compararei? É semelhante a um grão de mostarda, que um homem tomou e semeou em sua horta; cresceu e fez-se uma grande árvore; e vieram as aves do céu aninhar-se nos seus ramos".

O fermento. (13,20-21)

Continuou dizendo: "Com que coisa se parece o reino de Deus? Assemelha-se a um fermento que uma mulher tomou e ocultou em três medidas de farinha, até ficar tudo levedado". [18-21: Mt 13,31; Mc 4,30]

A porta cerrada. (13,22-30)

Assim percorria ele as cidades e aldeias, ensinando, enquanto seguia rumo a Jerusalém. Perguntou-lhe alguém: "Senhor, são poucos os que se salvam?"

Respondeu-lhes ele: "Esforçai-vos por entrar pela porta estreita; porque vos digo que muitos procurarão entrar, e não o conseguirão. Uma vez que o dono da casa se tenha levantado e cerrado a porta, ficareis vós da parte de fora, batendo à porta e clamando: 'Senhor, abre-nos!' Ele, porém, vos responderá: 'Não sei donde sois vós'.

Então direis: 'Mas nós comemos e bebemos contigo, e tu andaste ensinando pelas nossas ruas'. Ele, todavia, responderá: 'Digo-vos, não sei donde sois vós; apartai-vos de mim, todos vós, que trabalhais fora da lei!' Então haverá choro e ranger de dentes, quando virdes no reino de Deus e Abraão, Isaac e Jacó e todos os profetas, e vós expulsos. Virão do oriente e do ocidente, do norte e do sul, e sentar-se-ão à mesa no reino de Deus. E eis que haverá últimos que serão primeiros, e primeiros que serão últimos". [22-30: Mt 7,13; 25,11; 8,11; 19,30]

Jesus e Herodes. (13,31-33)

Na mesma hora chegaram alguns dos fariseus e disseram-lhe: "Sai e retira-te daqui; porque Herodes te quer matar".

Respondeu-lhes Jesus: "Ide e dizei a essa raposa: 'Eis que vou expulsando demônios e fazendo curas, hoje e amanhã; e só no terceiro dia terminarei. Mas hoje, amanhã e depois de amanhã tenho de caminhar; porque não convém que um profeta pereça fora de Jerusalém'.

Queixa sobre Jerusalém. (13,34-35)

Jerusalém, Jerusalém! Que matas os profetas e apedrejas os que te são enviados! Quantas vezes tenho querido reunir os teus filhos, assim, como a galinha recolhe a sua ninhada debaixo das asas; vós, porém, não quisestes. Eis que vos será deixada deserta a casa! Declaro-vos que já não me vereis até que chegue o tempo em que digais: 'Bendito seja o que vem em nome do Senhor!'"[34-35: Mt 23,37]

Cura de um hidrópico. (14,1-6)

Entrando Jesus, num sábado, em casa de um dos mais notáveis fariseus para tomar refeição, estavam eles a observá-lo. Apareceu diante dele um homem hidrópico. Perguntou Jesus aos doutores da lei e aos fariseus: "É lícito curar em dia de sábado ou não?"

Eles, porém, permaneceram calados. Então tomou Jesus o homem, curou-o e mandou-o embora. Em seguida, disse-lhes: "Se a algum de vós cair no poço um jumento ou um boi, não o tirará logo, mesmo em dia de sábado?" Não sabiam que lhe replicar a isso.

O último lugar no festim. (14,7-11)

Reparando como os convidados escolhiam os primeiros lugares, propôs-lhes esta parábola: "Quando fores convidado por alguém a uma festa nupcial, não ocupes o primeiro lugar; porque pode ser que outra pessoa de mais consideração do que tu tenha sido convidada e o dono da casa, que convidou os dois, te diga: 'Cede o lugar a este'; e tu, cheio de vergonha, irás ocupar o último lugar. Não; quando fores convidado, vai tomar o último lugar. Se então vier o teu hospedeiro e te disser: 'Amigo, passa mais para cima' — será isso uma honra para ti, aos olhos de todos os companheiros de mesa. Porque todo o que se exalta será humilhado, e todo o que se humilha será exaltado".

Hóspedes pobres. (14,12-14)
Ao hospedeiro, porém, disse: "Quando deres algum jantar ou banquete, não convides os teus amigos, os teus irmãos, nem teus parentes, nem os vizinhos ricos; para que não te convidem eles, por seu turno, e assim te paguem. Não, quando deres algum banquete, convida os pobres, os aleijados, os coxos e os cegos. Feliz de ti, porque esses não têm com que te retribuir; mas terás a tua retribuição na ressurreição dos justos!"

Parábola do grande banquete. (14,15-24)
Ouvindo isso, um dos convivas disse-lhe: "Feliz de quem se banquetear no reino de Deus!"
Tornou-lhe Jesus: "Um homem preparou um grande banquete e convidou muita gente. Chegada a hora do banquete, enviou seu servo a dizer aos convidados: 'Vinde, está pronto!' Mas todos, um a um, começaram a escusar-se. Disse-lhe o primeiro: 'Comprei uma quinta, e preciso ir vê-la; rogo-te me tenhas por escusado'. Outro disse: 'Comprei cinco juntas de bois, e vou experimentá-los; rogo-te me tenhas por escusado'. Um terceiro disse: 'Casei-me, e por isso não posso ir'.
Voltou o servo e referiu isso a seu senhor. Indignou-se o dono da casa, e ordenou a seu servo: 'Sai depressa pelas ruas e becos da cidade, e conduze-me aqui os pobres, os aleijados, os cegos e os coxos'.
'Senhor', noticiou o servo, 'está cumprida a tua ordem, e ainda há lugar.'
Disse o senhor ao servo: 'Sai pelos caminhos e cercados, e obriga a gente a entrar, para que se encha a minha casa. Pois vos declaro que nenhum daqueles homens que tinham sido convidados provará o meu banquete'".

Renúncia integral. (14,25-35)
Seguiam-no grandes multidões. Voltou-se Jesus e disse-lhes: "Se alguém vier a mim, mas não odiar seu pai e sua mãe, mulher e filhos, irmãos e irmãs, e ainda a si mesmo, não pode ser meu discípulo. Quem não carregar a cruz e me seguir não pode ser meu discípulo.[25-27: Mt 10,37]
Quando algum de vós quer edificar uma torre, não se senta antes

para calcular se dispõe dos meios necessários para a obra? Pois, se lançar os alicerces e não puder terminar a obra, toda a gente que o vir zombará dele, dizendo: 'Esse homem começou uma construção, e não a pôde levar a termo'.

Ou quando um rei quer empreender uma guerra contra outro rei, não se senta antes para deliberar, se com dez mil homens pode sair a campo contra quem vem atacá-lo com vinte mil? No caso contrário, mandará uma embaixada, enquanto o outro ainda está longe, solicitando convênios de paz.

Do mesmo modo, não pode nenhum de vós ser meu discípulo, se não renunciar a tudo quanto possui.

O sal é coisa boa. Mas, se o sal se desvirtuar, com que se há de temperá-lo? Não presta nem para terra nem para estrume; mas é lançado fora. Quem tem ouvidos para ouvir, ouça!".[34-35: Mt 5,13; Mc 9,50]

Parábola da ovelha desgarrada. (15,1-7)

Aproximava-se de Jesus toda espécie de coletores e pecadores para o ouvir. Murmuravam disso os fariseus e escribas, dizendo: "Este homem acolhe os pecadores e come com eles".

Ao que Jesus lhes propôs a seguinte parábola: "Se um de vós possuir cem ovelhas, e perder uma, não deixa as noventa e nove no deserto e vai no encalço da que se perdeu, até a encontrar? E, tendo-a encontrado, põe-na aos ombros, cheio de alegria; e, de volta a casa, reúne os amigos e vizinhos, dizendo-lhes: 'Congratulai-vos comigo, porque achei a minha ovelha que se perdera'.

Digo-vos que, do mesmo modo, haverá maior júbilo no céu por um pecador que se converte do que por noventa e nove justos, que não necessitam de conversão.[4-7: Mt 18,12]

Parábola da dracma perdida. (15,8-10)

Ou, se uma mulher possuir dez dracmas, e perder uma, não acende a candeia, não varre a casa e procura com afinco, até encontrá-la? E, tendo encontrado a dracma, convoca suas amigas e vizinhas, dizendo: 'Congratulai-vos comigo; porque achei a dracma que perdera'.

Do mesmo modo, digo-vos eu, haverá júbilo entre os anjos de Deus por um pecador que se converte".

O filho pródigo. (15,11-32)

Prosseguiu, dizendo: "Um homem tinha dois filhos. Disse o mais novo deles ao pai: 'Pai, dá-me a parte da natureza que me convém'. Ao que ele dividiu entre eles a vida.

Passados poucos dias, o filho mais moço juntou tudo e partiu para uma terra longínqua. Aí esbanjou a sua natureza numa vida dissoluta. Depois de tudo dissipado, sobreveio uma grande fome àquele país; e ele começou a sofrer necessidade. Retirou-se então e pôs-se ao serviço de um dos cidadãos daquela terra. Este o mandou para os seus campos guardar os porcos. Ansiava ele por encher o estômago com as vagens que os porcos comiam, mas ninguém lhas dava.

Então entrou em si e disse: 'Quantos trabalhadores, em casa de meu pai, têm pão em abundância, e eu aqui morro de fome. Levantar-me-ei e irei ter com meu pai, e lhe direi: pai, pequei contra o céu e diante de ti; já não sou digno de ser chamado teu filho; trata-me tão-somente como um dos teus trabalhadores'.

Levantou-se, pois, e foi em busca de seu pai.

O pai avistou-o de longe, e movido de compaixão correu-lhe ao encontro, lançou-se-lhe ao pescoço e beijou-o. Disse-lhe o filho: 'Pai, pequei contra o céu e diante de ti; já não sou digno de ser chamado teu filho'. O pai, porém, ordenou, a seus servos: 'Depressa, trazei a melhor veste e vesti-lha; ponde-lhe um anel no dedo e calçado nos pés. Buscai também o novilho gordo e carneai-o. Comamos e celebremos um festim; porque este meu filho estava morto, e reviveu; andava perdido, e foi achado'.

E começaram a celebrar um festim.

Entrementes, estava o filho mais velho no campo. Quando voltou e se aproximou da casa, ouviu música e bailados. Chamou um dos criados e perguntou-lhe o que era aquilo. Respondeu-lhe ele: 'Chegou teu irmão e teu pai mandou carnear o novilho gordo, porque o recebeu são e salvo'. Indignou-se ele e não quis entrar. Saiu então o pai e procurou persuadi-lo. Ele, porém, respondeu ao pai: 'Há tantos anos que te sirvo e nunca transgredi nenhum mandamento teu; e nunca me deste um cabrito para eu me banquetear com os meus amigos. Mas, logo que chegou esse teu filho, que dissipou os teus bens com meretrizes, lhe mandaste carnear o novilho gordo'.

'Meu filho', tornou-lhe o pai, 'tu estás sempre comigo e tudo o que é meu é teu. Mas não podíamos deixar de celebrar um festim e alegrar-nos; porque este teu irmão estava morto e reviveu; andava perdido e foi achado'".

Parábola do feitor desonesto. (16,1-13)

Continuou Jesus a dizer aos seus discípulos: "Havia um homem rico, que tinha um feitor. Este foi acusado perante ele de lhe defraudar os haveres. Mandou-o, pois, chamar e lhe disse: 'Que é isto que ouço dizer de ti? Dá conta da tua administração, porque já não poderás ser meu feitor'.

Disse então consigo o feitor: 'Que farei, pois que meu amo me tira a administração? Cavar a terra não posso, e de mendigar tenho vergonha. Sei o que vou fazer para que, quando for removido da administração, haja quem me receba em sua casa'.

Mandou, pois, chamar, um após outro, os devedores de seu amo. E perguntou ao primeiro: 'Quanto deves a meu senhor?'

'Quatro mil litros de óleo', respondeu ele.

'Toma os teus papéis', disse-lhe, 'senta-te aí depressa e escreve dois mil'.

Perguntou a outro: 'E tu, quanto deves?'

'Cem sacos de trigo', respondeu ele.

'Toma os teus papéis', disse-lhe, 'e escreve oitenta'.

E o senhor reconheceu que o feitor desonesto procedera com tino. É que os filhos deste mundo são mais atilados, em sua própria geração, do que os filhos da luz.

Também eu vos digo: granjeai-vos amigos com as riquezas da iniqüidade, para que, quando vierdes a falecer, vos recebam nos tabernáculos eternos.

Quem é honesto nas coisas mínimas é honesto também no muito; e quem é desonesto em coisas mínimas é desonesto também no muito. Se não administrardes fielmente as riquezas da iniqüidade quem vos confiará os bens verdadeiros? E, se não administrardes fielmente os bens alheios, quem vos entregará o que é vosso? Nenhum servo pode servir a dois senhores; ou terá ódio a um e amor a outro, ou aderirá a um e não fará caso do outro. Não podeis servir a Deus e às riquezas".

Pseudo-santidade dos fariseus. (16,14-18)

Ouviam tudo isso os fariseus, amigos do dinheiro, e faziam escárnio de Jesus.

Ao que ele lhes disse: "Vós vos dais por justos aos olhos dos homens; mas Deus conhece o vosso coração. O que parece sublime aos homens é abominação perante Deus. A lei e os profetas vigoraram até o tempo de João; desde então é anunciado o evangelho do reino de Deus — e todos entram nele com violência. Entretanto, mais fácil é passarem o céu e a terra do que se abolir um só pontinho da lei. Quem repudiar sua mulher e casar com outra comete adultério; e quem casar com a que foi repudiada pelo marido comete adultério".

O rico gozador e o pobre Lázaro. (16,19-31)

Havia um homem rico que se vestia de púrpura e linho finíssimo e se banqueteava esplendidamente todos os dias. À sua porta jazia um mendigo, de nome Lázaro, todo coberto de chagas. De bom grado se fartara com as migalhas que caíam da mesa do rico. Vinham até os cães e lambiam-lhe as chagas. Faleceu o mendigo, e foi levado pelos anjos ao seio de Abraão. Morreu também o rico, e foi sepultado. No inferno ergueu os olhos, do meio dos tormentos, e avistou ao longe a Abraão, e Lázaro no seio dele. E pôs-se a clamar: 'Pai Abraão, tem piedade de mim e manda a Lázaro para que molhe na água a ponta do dedo e me refrigere a língua; porque sofro grandes tormentos nestas chamas'.

Replicou-lhe Abraão: 'Lembra-te, meu filho, que passaste bem durante a vida, enquanto Lázaro passou mal. Agora é ele consolado aqui, e tu atormentado. Além de tudo isso, medeia entre nós e vós um grande abismo, de maneira que ninguém, querendo, pode passar daqui para vós, nem daí para cá'.

Tornou aquele: 'Rogo-te, pai, que o mandes à minha casa paterna; tenho cinco irmãos; que os previna para que não venham também eles parar neste lugar de tormentos'.

Respondeu-lhe Abraão: 'Eles têm Moisés e os profetas; que os ouçam'.

'Não, pai Abraão', replicou ele, 'mas, se um dos defuntos for ter com eles, hão de converter-se'.

Disse-lhe Abraão: 'Se não dão ouvido a Moisés e aos profetas, tampouco darão fé, se alguém ressuscitar dentre os mortos'".

Exortações aos discípulos. (17,1-6)

Disse Jesus a seus discípulos: "É inevitável que venham incitamentos ao pecado; mas ai do homem por quem vêm! Melhor lhe fora que lhe atassem ao pescoço uma mó e o lançassem ao mar, do que ser ele ocasião de pecado a um desses pequeninos.[1-2: Mt 18,6; Mc 9,42]

Tende cuidado de vós mesmos! Se teu irmão pecar repreende-o; e, se se converter, perdoa-lhe. E, se pecar contra ti sete vezes por dia, e vier ter contigo sete vezes dizendo: 'converti-me' — perdoa-lhe".[3-4: Mt 18,15]

Pediram os apóstolos ao Senhor: "Aumenta-nos a fé".

Respondeu o Senhor: "Se tiverdes fé como um grão de mostarda e disserdes a esta amoreira: 'Desarraiga-te e transplanta-te para o mar' — obedecer-vos-á.[5-6: Mt 17,20; Mc 11,23]

Parábola do servo. (17,7-10)

Quem de vós dirá a seu servo de lavoura e rebanho, quando volta do campo: 'Vem cá depressa e senta-te à mesa?' Não lhe dirá antes: 'Prepara-me o jantar, cinge-te, e serve-me enquanto como e bebo; depois tu comerás e beberás?.' Será que fica devendo obrigações ao servo, porque este lhe cumpriu as ordens? Assim também vós, depois de cumprirdes tudo o que vos for mandado, dizei: 'Somos servos inúteis, fizemos apenas o que era da nossa obrigação'".

Terceira viagem a Jerusalém

Os dez leprosos. (17,11-19)

De caminho para Jerusalém, passou Jesus entre a Samaria e a Galiléia. Ao entrar em certa aldeia, saíram-lhe ao encontro dez leprosos. Pararam ao longe e bradaram: "Jesus, Mestre, tem piedade de nós!"

Ao vê-los, disse-lhes Jesus: "Ide e mostrai-vos aos sacerdotes". E aconteceu que, pelo caminho, ficaram limpos. Mas só um deles, vendo-se limpo, voltou atrás, louvando a Deus em altas vozes. Veio prostrar-se de face em terra, aos pés de Jesus, agradecendo-lhe. Era samaritano.

Perguntou Jesus: "Não foram dez os que ficaram limpos? E os nove, onde estão? Não houve quem voltasse e desse glória a Deus, senão só este estrangeiro?" E disse-lhe: "Levanta-te e vai; a tua fé te salvou".

O advento do reino de Deus. (17,20-37)

Perguntaram os fariseus quando viria o reino de Deus. Respondeu-lhes: "O reino de Deus não vem com aparato exterior; não se pode dizer: 'Ei-lo aqui ou acolá!' O reino de Deus está dentro de vós".

Em seguida, disse a seus discípulos: "Dias virão em que desejareis ver um só dos dias do Filho do homem, e não o vereis. Dir-vos-ão: 'Ei-lo aqui! Ei-lo acolá!' Não vades lá, nem os sigais. Porque, do mesmo modo que o relâmpago brilha de uma extremidade do céu até a outra, assim será também com o Filho do homem em seu dia. Mas importa que ele primeiro sofra muito e seja rejeitado por esta geração.

Como aconteceu nos dias de Noé, assim será também nos dias do Filho do homem: comiam e bebiam, casavam e davam em casamento, até o dia em que Noé entrou na arca; veio o dilúvio e perdeu-os todos. Da mesma forma aconteceu nos dias de Ló: comiam e bebiam, compravam e vendiam, plantavam e edificavam. Mas, no dia em que Ló saiu de Sodoma, caiu fogo e enxofre do céu e morreram todos. Bem assim há de ser no dia em que aparecer o Filho do homem.[22-30: Mt 24,23; Mc 13,15] Quem, nesse dia, se achar no telhado e tiver em casa os seus utensílios, não desça para buscá-los. Do mesmo modo, quem se achar no campo não volte atrás. Lembrai-vos da mulher de Ló. Quem procurar salvar sua vida perdê-la-á; mas quem a perder conservá-la-á. Digo-vos que, naquela noite, de dois que estiverem num leito, um será tomado, e o outro deixado; de duas mulheres que estiverem moendo juntas, será tomada uma e deixada a outra".

Perguntaram-lhe: "Onde será isto, Senhor?"

Respondeu-lhes Jesus: "Onde houver carniça aí se juntam os urubus".

Parábola do juiz iníquo. (18,1-8)

Fez-lhes ver, numa parábola, que importa orar sempre, e não desistir. Disse: "Vivia numa cidade um juiz que não temia a Deus nem respeitava homem algum. Havia na mesma cidade uma viúva. Foi ter com ele e disse-lhe: 'Reivindica os meus direitos contra meu adversário'. Negou-se ele a atendê-la por muito tempo. No fim de contas, porém, disse consigo mesmo: 'Verdade é que não temo a Deus nem respeito homem algum; mas essa viúva tanto me importuna que lhe farei justiça, para que não acabe por meter-me as mãos na cara'".

Prosseguiu o Senhor: "Escutai o que diz o juiz iníquo! E Deus não faria justiça a seus eleitos, quando, dia e noite, clamarem a ele? Deixá-los-ia esperar muito tempo? Digo-vos que bem depressa lhes fará justiça. Entretanto, quando o Filho do homem vier, encontrará fé sobre a terra?"

Parábola do fariseu e do coletor. (18,9-14)

Propôs mais esta parábola a alguns que, cheios de si, se tinham em conta de justos e desprezavam os outros: "Dois homens subiram ao templo para orar. Um era fariseu, e outro coletor. O fariseu, em pé, orava assim consigo mesmo: 'Eu te dou graças, meu Deus, por não ser como os outros homens, como os ladrões, injustos e adúlteros, nem como esse coletor. Eu jejuo duas vezes por semana e pago o dízimo de tudo quanto possuo'.

O coletor, porém, conservava-se a distância e não ousava sequer levantar os olhos ao céu; mas batia no peito, dizendo: 'Ó Deus! Tem piedade de mim, pecador!'

Digo-vos que este voltou para casa justificado, e não o outro. Porque quem se exalta será humilhado; e quem se humilha será exaltado".

Jesus e as crianças. (18,15-17)

Trouxeram-lhe umas criancinhas para que as tocasse. Vendo isso os discípulos repeliam-nas. Jesus, porém, chamou-as a si, dizendo: "Deixai que venham a mim as crianças, e não lho embargueis; porque de tais é o reino de Deus. Em verdade, vos digo: quem não receber o reino de Deus como uma criança não entrará nele".[15-17: Mt 19,13; Mc 10,13]

O jovem rico. (18,18-27)

Um homem de posição dirigiu a Jesus esta pergunta: "Bom Mestre, que devo fazer para alcançar a vida eterna?"

Respondeu-lhe Jesus: "Por que me chamas bom? Ninguém é bom a não ser Deus. Conheces os mandamentos: não cometerás adultério, não matarás, não furtarás, não dirás falso testemunho, honrarás pai e mãe".

Tornou o outro: "Tudo isto tenho observado desde pequeno".

Ouvindo isso, disse-lhe Jesus: "Uma coisa te falta ainda: vende todos os teus bens, dá-os aos pobres, e terás um tesouro nos céus; depois vem e segue-me".

A essas palavras entristeceu-se ele profundamente; porque era muito rico.

Quando Jesus o viu assim, disse: "Como é difícil entrar no reino de Deus os que possuem riquezas! Mais fácil é passar um camelo pelo fundo de uma agulha do que entrar um rico no reino de Deus".

Ao que os ouvintes observaram: "Quem pode então salvar-se?"

Respondeu ele: "O que aos homens é impossível é possível a Deus".[18-27: Mt 19,16; Mc 10,17]

Pobreza voluntária. (18,28-30)

Disse então Pedro: "Eis que nós deixamos os nossos bens e te seguimos".

Tornou-lhes ele: "Em verdade, vos digo: todo aquele que pelo reino de Deus abandonar casa, pais, irmãos, mulher ou filhos, receberá muito mais neste mundo, e no mundo futuro a vida eterna".[28-30: Mt 19,27; Mc 10,28]

Atividade de Jesus na Judéia e em Jerusalém

Partida para Jerusalém

Jesus prediz pela terceira vez a sua paixão e morte. (18,31-34)

Em seguida, chamou à parte os doze e disse-lhes: "Eis que vamos para Jerusalém, e cumprir-se-á tudo quanto os profetas escreveram a respeito do Filho do homem. Vai ser entregue aos pagãos; hão de matá-lo. No terceiro dia, porém, ressurgirá".

Eles, porém, não compreenderam nada disso. Era-lhes obscura essa linguagem, e não atinaram com o sentido das suas palavras.[31-34: Mt 20,17; Mc 10,32]

O cego de Jericó. (18,35-43)

Quando se aproximava de Jericó, achava-se um cego sentado à beira do caminho, pedindo esmola. Ouvindo o tropel da gente que passava, perguntou o que era aquilo. Disseram-lhe que vinha passando Jesus de Nazaré. Ao que ele se pôs a clamar: "Jesus, Filho de Davi, tem piedade de mim!"

Os que vinham à frente repreenderam-no para que se calasse. Ele, porém, clamava cada vez mais: "Filho de Davi, tem piedade de mim!"

Então Jesus parou e mandou que lho trouxessem. Tendo chegado, perguntou-lhe: "Que queres que te faça?"

"Senhor, que eu torne a ver", respondeu ele.

"Torna a ver", disse-lhe Jesus. "A tua fé te curou."

No mesmo instante via, e o foi seguindo, glorificando a Deus. Também todo o povo que isso presenciara louvava a Deus.[35-43: Mt 20,29; Mc 10,46]

Zaqueu. (19,1-10)

Chegou Jesus a Jericó e atravessou a cidade. Havia aí um homem de nome Zaqueu. Era chefe de coletores e rico. Desejava conhecer Jesus de vista; mas não lhe foi possível por causa da multidão; porque era pequeno de estatura. Pelo que correu adiante e subiu a um sicômoro para vê-lo; porque devia passar por aí.

Chegado ao lugar, Jesus levantou os olhos e disse-lhe: "Desce depressa, Zaqueu; porque hoje tenho de ficar em tua casa".

Desceu ele a toda a pressa e recebeu-o com satisfação.

Todos os que isso viram murmuraram, dizendo: "Hospedou-se em casa de um pecador". Zaqueu, porém, apresentou-se ao Senhor e disse: "Eis, Senhor, dou aos pobres metade dos meus bens; e, se defraudei alguém, restituo o quádruplo".

Disse-lhe Jesus: "Hoje entrou a salvação nesta casa; porque também ele é filho de Abraão. Pois o Filho do homem veio para procurar e salvar o que se perdera".

Parábola das dez minas. (19,11-28)

Como estava perto de Jerusalém, a gente pensava que o reino de Deus estivesse prestes a manifestar-se. Pelo que propôs Jesus a seus ouvintes mais uma parábola, dizendo:

"Um homem de nobre linhagem partiu para um país longínquo a fim de obter a dignidade real, e depois regressar. Mandou por isso vir à sua presença os seus dez servos e entregou-lhes dez minas, dizendo-lhes: 'Negociai com isto até que eu volte'.

Os seus concidadãos, porém, odiavam-no, e enviaram-lhe no encalço uma embaixada com esta declaração: 'Não queremos que este seja nosso rei'. Ele, todavia, obteve a dignidade real, e regressou. E mandou chamar os servos a quem entregara o dinheiro, para saber que negócio fizera cada qual.

Veio o primeiro e disse: 'Senhor, a tua mina rendeu mais dez minas'.

'Muito bem, servo bom', respondeu ele, 'porque foste fiel no pouco, serás governador de dez cidades'.

Veio o segundo e disse: 'Senhor, a tua mina rendeu cinco minas'.

Respondeu igualmente a este: 'Terás poder sobre cinco cidades'.

Veio um terceiro e disse: 'Eis aqui, Senhor, a tua mina: guardei-a num lenço; porque tinha medo de ti, que és homem severo; tiras o que não colocaste, e colhes o que não semeaste'. Disse-lhe o senhor: 'Servo mau, por tua própria boca te condenarei. Sabias que sou homem severo, que tiro o que não coloquei, e colho o que não semeei; por que, pois, não colocaste o meu dinheiro no banco, para que, ao voltar, o recebesse eu com juros? Tirai-lhe a mina', ordenou aos circunstantes, 'e entregai-a a quem tem dez minas'.

'Senhor', retrucaram-lhe, 'ele já tem dez minas'.

'Pois eu vos declaro que ao que tem dar-se-lhe-á; mas ao que não tem, tirar-se-lhe-á até aquilo que tem. Quanto a esses meus inimigos que não me quiseram como rei, trazei-mos cá e matai-os na minha presença'".

Dito isso, continuou a subir, rumo a Jerusalém.

Entrada em Jerusalém. (19,29-40)

Quando chegou perto de Betfagé e de Betânia, ao chamado monte das Oliveiras, enviou dois dos seus discípulos com esta ordem: "Ide à aldeia que tendes em frente. À entrada dela encontrareis um jumentinho amarrado, no qual ainda ninguém montou; desatai-o e conduzi-mo aqui. Se alguém vos perguntar por que o soltais, respondei-lhe: 'Porque o Senhor precisa dele'".

Partiram os enviados e encontraram como lhes dissera. Quando iam desatando o jumentinho, perguntaram os donos deste: "Por que soltais o jumentinho?" Responderam: "Porque o Senhor precisa dele". E conduziram-no a Jesus.[29-34: Mt 21,1; Mc 11,1]

Em seguida, lançaram as suas vestes sobre o jumentinho e fizeram Jesus montar nele.

À sua passagem, a gente estendia os seus mantos sobre o caminho. Já vinha chegando à descida do monte das Oliveiras, quando toda a multidão dos seus discípulos, em transportes de alegria, começou a louvar a Deus em altas vozes, por causa de todas as obras poderosas que tinha presenciado. Clamavam: "Bendito seja o rei que vem em nome do Senhor! Paz no céu e glória nas alturas!"

Disseram-lhe então alguns dos fariseus que se achavam no meio da multidão: "Mestre, chama à ordem os teus discípulos".

Respondeu-lhes ele: "Digo-vos que, se eles se calarem, clamarão as pedras".

Queixumes de Jesus. (19,41-44)

Aproximando-se e vendo a cidade, chorou sobre ela, dizendo: "Ah! Se também tu conhecesses, e neste teu dia, o que te poderia trazer a paz! Entretanto, está oculto a teus olhos. Virão dias sobre ti em que teus inimigos te cercarão de trincheiras, te hão de assediar e apertar de todos os lados; derribar-te-ão por terra, a ti e a teus filhos que em ti estão, e não deixarão em ti pedra sobre pedra; porque não reconheceste o tempo da tua visitação".

Purificação do templo. (19,45-48)

Certo dia, quando Jesus estava no templo, começou a expulsar os que aí vendiam, dizendo-lhes: "Está escrito: 'Minha casa é casa de oração'; vós, porém, fizestes dela um covil de ladrões".

Ensinava todos os dias no templo. Os príncipes dos sacerdotes, escribas e chefes do povo procuravam matá-lo; mas não acharam o que fazer-lhe, porque todo o povo estava fascinado das suas palavras. [45-48: Mt 21,12; Mc 11,15]

Discussões no templo

Autoridade de Jesus. (20,1-8)

Em seguida entrou no templo e ao ensinar o povo, no templo, anunciando-lhe a boa nova, chegaram-se a ele os príncipes dos sacerdotes e os escribas em companhia dos anciãos e fizeram-lhe esta pergunta: "Dize-nos: com que autoridade fazes estas coisas? Quem te deu esse direito?"

Respondeu-lhes Jesus: "Também eu vos farei uma pergunta: dizei-me se o mergulho de João era do céu ou dos homens".

Puseram-se eles a discorrer entre si: "Se dissermos que era do céu, replicar-nos-á: por que, pois, não lhes destes fé? Se dissermos que era dos homens, todo o povo nos há de apedrejar; porque está convencido de que João é um profeta". Responderam, pois, que não sabiam de onde era.

Tornou-lhes Jesus: "Pois, então, nem eu vos digo com que autoridade faço isto". [1-8: Mt 21,23; Mc 11,27]

Os lavradores perversos. (20,9-19)

Propôs ao povo a seguinte parábola:

"Um homem plantou uma vinha e arrendou-a a uns lavradores; e ausentou-se do país por muito tempo. Chegado o tempo, mandou aos lavradores um servo para que lhe entregassem o quinhão dos frutos da vinha. Os lavradores, porém, espancaram-no e o despediram de mãos vazias. Enviou mais outro servo; mas espancaram também a este, cobriram-no de afrontas, e despediram-no de mãos vazias. Enviou ainda um terceiro; mas feriram também a este e lançaram-no fora. Disse então o dono da vinha: 'Que farei? Mandarei meu filho querido; a esse não deixarão de respeitar'.

Mas quando os lavradores o avistaram, disseram entre si: 'Este é o herdeiro. Vamos matá-lo, e será nossa a herança'. Lançaram-no, pois, fora da vinha e o mataram.

Ora, que lhes fará o dono da vinha?

Virá e dará cabo daqueles lavradores, e arrendará a sua vinha a outros".

Ouvindo isso disseram eles: "Tal não permita Deus!" Jesus, porém, os fitou e disse: "Que quer, pois, dizer a palavra da escritura: 'A pedra que os arquitetos rejeitaram, essa se tornou pedra angular'? Quem cair sobre esta pedra será espedaçado; e sobre quem ela cair, será esmagado".

Ainda na mesma hora procuraram os escribas e príncipes dos sacerdotes deitar-lhe as mãos; mas temiam o povo. É que tinham reparado que a parábola se referia a eles.[9-19: Mt 21,33; Mc 12,1]

A questão do tributo. (20,20-26)

Não perdiam de vista Jesus, e enviaram espiões que se dessem ares de homens de bem, a ver se o apanhariam em alguma palavra para entregá-lo à autoridade e jurisdição do governador. Disseram-lhe, pois: "Mestre, sabemos que falas e ensinas o que é reto, não fazes acepção de pessoas, mas ensinas na verdade o caminho de Deus. É-nos lícito dar tributo a César, ou não?"

Jesus, porém, percebendo a astúcia deles, respondeu-lhes: "Mostrai-me um denário" De quem é a imagem e a inscrição que leva?" "De César", responderam-lhe. Tornou-lhes ele: "Dai, pois, a César o que é de César, e a Deus o que é de Deus".

Não conseguiram apanhá-lo em palavra alguma diante do povo. E calaram-se, cheios de admiração pela resposta que dera.[20-26: Mt 22,15; Mc 12,13]

A questão da ressurreição. (20,27-40)

Chegaram então alguns dos saduceus — que negam a ressurreição — e lhe propuseram a questão: "Mestre, Moisés nos prescreveu: 'Se morrer o irmão de alguém e deixar mulher sem filhos, case com ela seu irmão e dê descendentes ao irmão'. Ora, havia sete irmãos. Casou-se o primeiro, e morreu sem filhos. Casou o segundo com a mulher; e depois o terceiro. E assim todos os sete. Morreram sem deixar descendentes. Por fim, faleceu também a mulher. A quem pertencerá a mulher, na ressurreição? Pois que todos os sete a tiveram por mulher?"

Respondeu-lhes Jesus: "Os filhos deste mundo casam e dão em casamento; mas os que forem julgados dignos daquele outro mundo e da ressurreição dentre os mortos não casam nem dão em casamento; porque já não podem morrer; são semelhantes aos anjos e aos filhos de Deus, por serem filhos da ressurreição. Mas, que os mortos hajam de ressuscitar, indicou-o igualmente Moisés, a propósito da sarça, quando chama ao Senhor: 'Deus de Abraão, Deus de Isaac e Deus de Jacó'. Ora, Deus não é Deus dos mortos, mas, sim, dos vivos; porque para ele todos são vivos".

Disseram então alguns dos escribas: "Mestre, falaste bem". E não mais ousavam fazer-lhes perguntas.[27-40: Mt 22,23; Mc 12,18]

O filho de Davi. (20,41-44)
Propôs-lhes então esta questão: "Por que dizem que o Cristo é Filho de Davi, quando o próprio Davi diz no livro dos Salmos: 'Diz o Senhor a meu Senhor: senta-te à minha direita, até que eu reduza os teus inimigos a escabelo dos teus pés'? Se, pois, Davi lhe chama Senhor, como é seu filho?".[41-44: Mt 22,41; Mc 12,35]

Cuidado com os escribas. (20,45-47)
Estava ainda todo o povo a escutar, quando Jesus disse aos seus discípulos: "Cuidado com os escribas, que se comprazem em andar por aí em amplas roupagens, querem ser cumprimentados nas praças, e gostam de ocupar os primeiros assentos nas sinagogas e lugar de honra nos banquetes. Devoram os bens das viúvas, sob pretexto de recitarem longas orações. Tanto mais rigoroso será o juízo que os aguarda".[45-47: Mt 23,6; Mc 12,38]

O óbolo da viúva. (21,1-4)
Levantou Jesus os olhos e viu que os ricos lançavam as suas oferendas no cofre. Viu também uma pobre viúva a oferecer duas moedas de cobre. Disse Jesus: "Em verdade, vos digo que esta pobre viúva deu mais que todos; porque todos esses fizeram a Deus oferta do que lhes sobrava, ao passo que ela deu da sua indigência tudo o que tinha para seu sustento".[1-4: Mc 12,41]

Profecia sobre a destruição de Jerusalém e o fim do mundo

Ocasião. (21,5-7)
Falavam alguns do templo, lembrando as belas pedras e os preciosos donativos de que estava ornado. Ao que Jesus observou: "Dias virão em que destas coisas que aí vedes não ficará pedra sobre pedra — será tudo arrasado".

Perguntaram-lhe eles: "Mestre, quando será isto? E por que sinal se conhecerá o princípio desses acontecimentos?".[5-7: Mt 24,1; Mc 13,1]

Grandes tribulações. (21,8-19)
Respondeu ele: "Cuidado que ninguém vos iluda. Muitos virão com

o meu nome, dizendo: 'Sou eu; é chegado o tempo'. Não andeis atrás deles. Quando ouvirdes falar de guerras e revoluções, não vos aterreis; é necessário que primeiro aconteçam essas coisas; mas não virá logo o fim".

E prosseguiu: "Levantar-se-á nação contra nação, e reino contra reino. Haverá grandes terremotos por toda parte, peste e fome; aparecerão no céu fenômenos terríficos e sinais estupendos.

Antes de tudo, porém, vos hão de deitar as mãos; hão de perseguir-vos, entregar-vos às sinagogas e aos cárceres, arrastando-vos à presença de reis e governadores por causa do meu nome. Então é dardes testemunho. Não vos preocupeis, pois, de antemão com a resposta a dar; porque eu vos darei eloqüência e sabedoria a que não poderão contradizer nem resistir todos os vossos adversários. Sereis entregues até pelos próprios pais e irmãos, pelos parentes e amigos, e farão morrer muitos de vós. Por causa de meu nome é que sereis odiados de todos. Entretanto, não se perderá um só fio de cabelo da vossa cabeça. Se perseverardes, salvareis as vossas almas". [8-19: Mt 24,4; Mc 13,5]

Prenúncios da destruição de Jerusalém. (21,20-24)

Quando virdes Jerusalém cercada de exércitos, sabei que está próxima a sua ruína. Fujam então para as montanhas os que estiverem na Judéia; saia quem se achar na cidade; e quem se encontrar no campo não entre na cidade. Esses são os dias da retribuição, em que se há de cumprir tudo o que está nas Escrituras. Ai das mulheres que nesses dias andarem grávidas ou com filhinho ao peito! Porque haverá grande angústia sobre a terra, e o juízo da ira virá sobre este povo. Uns perecerão ao fio da espada, outros serão levados cativos a todas as nações. Jerusalém será calcada pelos gentios, até expirarem os tempos dos pagãos". [20-24: Mt 24,15; Mc 13,14]

Vinda do Cristo. (21,25-28)

Haverá sinais no sol, na lua e nas estrelas. Na terra, reinarão angústia e consternação entre os povos, por causa do confuso bramido das vagas do mar. Desfalecerão os homens de ansiosa expectação das coisas que virão sobre o mundo inteiro; porque serão abaladas as energias do firmamento. Então se verá o Filho do homem vindo sobre uma nuvem com grande poder e majestade. Quando, pois, começarem a suceder essas coisas, erguei-vos e levantai a cabeça; porque se avizinha a vossa redenção." [25-28: Mt 24,29; Mc 13,24]

Parábola da figueira. (21,29-33)
Propôs-lhes uma parábola. "Considerai a figueira e as demais árvores. Quando as virdes brotar, sabei que se aproxima o verão. Da mesma forma, quando virdes suceder isso, sabei que se aproxima o reino de Deus. Em verdade, vos digo que não passará esta geração sem que tudo isso aconteça. Passarão o céu e a terra, mas não passarão as minhas palavras.[29-33: Mt 24,32; Mc 13,28]

Vigilância. (21,34-36)
Guardai-vos, pois, de não carregardes os vossos corações com demasias de comer e beber e com os cuidados terrenos, para que aquele dia não vos colha de improviso. Virá como um laço sobre todos os habitantes da terra. Vigiai, portanto, e orai a todo o tempo, para que possais fugir a tudo quanto há de acontecer e subsistir ante o Filho do homem".[34-36: Mt 24,42; Mc 13,33]

Últimos dias de Jesus. (21,37-38)
De dia ensinava Jesus no templo; de noite, porém, saía e passava no monte chamado das Oliveiras. E todo o povo madrugava para ir ter com ele e ouvi-lo no templo.

Paixão, morte e ressurreição de Jesus

A última ceia

Resolução do Sinédrio. (22,1-2)
Aproximava-se a festa dos pães ázimos, que se chama Páscoa. Procuravam os príncipes dos sacerdotes e escribas ensejo para matar a Jesus. É que temiam o povo.[1-2: Mt 26,1; Mc 14,1]

Plano de Judas. (22,3-6)
Entrou então Satanás em Judas, por sobrenome Iscariotes, um dos doze. Foi tratar com os príncipes dos sacerdotes e as autoridades sobre o modo de lho entregar. Alegraram-se eles e concordaram em lhe oferecer dinheiro. Ele aceitou e foi procurar oportunidade de entregá-lo sem amotinar o povo.[3-6: Mt 26,14; Mc 14,10]

A ceia pascal. (22,7-18)
Chegou o dia dos pães ázimos, em que se devia imolar o cordeiro

pascal. Enviou Jesus a Pedro e João com esta ordem: "Ide e preparai-nos a ceia pascal".

"Onde queres que a preparemos?", perguntaram-lhe.

Respondeu-lhes ele: "Vede, ao entrardes na cidade encontrareis um homem com um cântaro d'água. Segui-o até a casa onde entrar, e dizei ao dono da casa: 'O Mestre manda perguntar-te: onde é a sala em que hei de comer a ceia pascal com os meus discípulos?' E ele vos mostrará uma sala espaçosa, guarnecida de almofadas. Aí fazei os preparativos".

Foram, e encontraram como lhes dissera, e prepararam a ceia pascal.

Chegada a hora, pôs-se ele à mesa com os doze apóstolos. E disse-lhes: "Ansiosamente tenho desejado comer convosco esta ceia pascal, antes que padeça. Pois vos digo que não mais a comerei até que ache o seu cumprimento no reino de Deus". Em seguida tomou um cálice, deu graças e disse: "Tomai e distribuí-o entre vós; porque vos digo que doravante não mais beberei do fruto da videira, até que venha o reino de Deus".[7-18: Mt 26,17; Mc 14,12]

Parábola do pão e do vinho. (22,19-23)

Depois tomou o pão, deu graças, e partiu-o, e deu-lho, dizendo: "Isto é o meu corpo, que é entregue por vós; fazei isto em memória de mim". Da mesma forma, depois da ceia, tomou o cálice e disse: "Este cálice é o novo testamento com o meu sangue, que é derramado por vós.[19-20: Mt 26,26; Mc 14,22]

Mas sei que a mão do meu traidor está comigo sobre a mesa. O Filho do homem vai, segundo está decretado; mas ai do homem por quem for entregue!" Ao que eles começaram a perguntar entre si quem deles seria que tal coisa havia de fazer.[21-23: Mt 26,21; Mc 14,18; Jo 13,21]

Questão da Precedência. (22,24-30)

Suscitou-se também entre eles uma questão sobre quem deles seria o maior.

Disse-lhes Jesus: "Os reis dos gentios são dominadores deles, e os seus poderosos se intitulam benfeitores. Entre vós, porém, não há de ser assim. Quem dentre vós for o maior faça-se como o mais pequenino; e quem for chefe seja como servo. Pois, quem é o maior, quem está sentado à mesa ou quem serve? Não é quem está sentado à mesa? Ora, eu estou no meio de vós como um servo. Vós permanecestes comigo nas minhas tribulações. Pelo que vos disponho o reino, assim como meu pai mo dispôs a mim. Comereis e bebereis à minha mesa, no meu reino, e vos sentareis em tronos e julgareis as doze tribos de Israel".

Oração por Pedro. (22,31-34)

E prosseguiu o Senhor: "Simão, Simão! Eis que Satanás pediu para vos joeirar como trigo. Eu, porém, roguei por ti para que não desfaleça a tua fé; e tu, quando convertido, confirma teus irmãos".

"Senhor", respondeu-lhe Pedro, "estou pronto a ir contigo para o cárcere e para a morte".

Tornou-lhe Jesus: "Digo-te, Pedro, que hoje, antes que o galo cante, três vezes negarás conhecer-me".

Com ou sem espada? (22,35-38)

Disse-lhes mais: "Quando vos enviei sem bolsa, sem alforje, sem calçado, faltou-vos alguma coisa?"

"Nada", responderam eles.

"Agora, porém", prosseguiu Jesus, "quem tiver uma bolsa leve-a consigo. Do mesmo modo, quem tiver um alforje; mas, quem não tiver, venda o seu manto e compre uma espada. Porque vos digo que agora se cumprirá em mim a palavra da escritura: 'Foi contado entre os malfeitores'. Vai se cumprir tudo o que me diz respeito."

"Senhor", exclamaram eles, "eis duas espadas!"

"Basta!", tornou-lhes ele.

Getsêmani e Gólgota

Agonia de Jesus. (22,39-46)

Em seguida, saiu Jesus, como de costume, para o monte das Oliveiras. Acompanharam-no os seus discípulos. Chegado aí, disse-lhes: "Orai para não cairdes em tentação". Arrancou-se deles cerca de um tiro de pedra, pôs-se de joelhos e orou: "Pai, se for da tua vontade, aparta de mim este cálice; contudo, não se faça a minha, mas, sim, a tua vontade". Nisso apareceu-lhe um anjo do céu e confortou-o.

Então entrou em agonia. E orou ainda com maior instância. Tornou-se-lhe o suor como gotas de sangue que corriam por terra. Levantou-se da oração e foi ter com os seus discípulos, mas achou-os adormecidos de tristeza. "Como?", disse-lhes. "Estais dormindo?

Levantai-vos e orai, para não entrardes em tentação". [39-46: Mt 26,36; Mc 14,32; Jo 18,1]

Prisão de Jesus. (22,47-53)

Ainda estava Jesus falando, quando chegou um tropel de gente. À frente ia Judas, um dos doze. Aproximou-se de Jesus e beijou-o. Disse-lhe Jesus: "Judas, com um beijo atraiçoas o Filho do homem?"

Quando os seus companheiros viram o que ia suceder, exclamaram: "Senhor, batemo-los a espada?" E um deles vibrou um golpe contra um servo do príncipe dos sacerdotes e cortou-lhe a orelha direita.

"Deixai! Basta!", disse Jesus, e, tocando a orelha, sarou-a. Em seguida, disse Jesus aos príncipes dos sacerdotes, autoridades do templo e anciãos que avançavam sobre ele: "Como se fora a um ladrão, saístes com espadas e varapaus. Dia a dia estava eu convosco, no templo, e não me deitastes as mãos. Esta, porém, é a vossa hora e o poder das trevas". [47-53: Mt 26,47; Mc 14,43; Jo 18,2]

Negação de Pedro. (22,54-62)

Prenderam Jesus e conduziram-no à casa do príncipe dos sacerdotes. Pedro seguiu-o de longe. Tinham acendido uma fogueira no meio do pátio e sentaram-se à roda. Pedro sentou-se no meio deles. Viu-o uma criada sentado ao fogo, fixou nele um olhar e disse: "Este também estava com ele".

Mas ele o negou, dizendo: "Não senhora, não o conheço".

Daí a pouco, viu-o outro e disse: "Tu também és dos tais".

"Homem, não sou", respondeu Pedro.

Passada quase uma hora, afirmou outro: "Realmente, este também estava com ele, porque é galileu".

"Homem", replicou Pedro, "não sei o que estás a dizer."

E no mesmo ponto, quando ainda estava falando, cantou o galo. Nisto voltou-se o Senhor e pôs os olhos em Pedro. E Pedro lembrou-se da palavra que o Senhor lhe dirigira: "Antes que o galo cante, três vezes me negarás". Saiu e chorou amargamente. [54-62: Mt 26,69; Mc 14,66; Jo 18,15]

Jesus diante do Sinédrio. (22,63-71)

Os homens que traziam preso a Jesus faziam escárnio dele e maltratavam-no. Vendavam-lhe os olhos e diziam: "Adivinha quem foi que te deu?" E muitas outras afrontas lhe faziam.

Ao clarear do dia, reuniram-se os anciãos do povo, os príncipes dos sacerdotes e escribas e mandaram-no comparecer à sua assembléia. Disseram: "Se tu és o Cristo, dize-no-lo".

Tornou-lhes ele: "Se vo-lo disser, não me dareis fé; e, se vos fizer uma pergunta não me respondereis. Doravante, porém, estará o Filho do homem sentado à direita do poder de Deus".

"Logo, tu és o Filho de Deus?", acudiram todos.

"É como dizeis, eu o sou", respondeu ele.

Ao que todos bradaram: "Que necessidade temos ainda de testemunho? Pois que da sua própria boca acabamos de ouvi-lo!".[63-71: Mt 26,57; Mc 14,53; Jo 18,19]

Jesus diante de Pilatos. (23,1-7)

Levantou-se a assembléia em peso e conduziu-o a Pilatos. Começaram a acusá-lo dizendo: "Verificamos que esse homem amotina o nosso povo, proíbe de dar tributo a César e diz que é o Cristo, o Rei".

Interrogou-o Pilatos:"És tu o rei dos judeus?" Respondeu-lhe Jesus: "É como dizes". Ao que Pilatos declarou aos príncipes dos sacerdotes e ao povo: "Não acho crime neste homem".

Eles, porém, insistiram: "Amotina o povo com a sua doutrina, em toda a Judéia, a começar pela Galiléia até aqui".

Ouvindo isso, Pilatos perguntou se o homem era galileu; e, informado de que era da jurisdição de Herodes, remeteu-o a Herodes, que naqueles dias também se achava em Jerusalém.[1-7: Mt 27,2; Mc 15,2; Jo 18,23]

Jesus diante de Herodes. (23,8-12)

Herodes folgou muito de ver a Jesus; porque desde longo tempo desejava vê-lo, por ter ouvido falar muito dele, e esperava vê-lo fazer algum prodígio. Fez-lhe, pois, muitas perguntas; Jesus, porém, não lhe deu resposta.

Estavam presentes os príncipes dos sacerdotes e escribas, acusando-o sem cessar. Herodes com os da sua guarda fez dele ludíbrio, cobrindo-o de uma veste deslumbrante. E reenviou-o a Pilatos. Neste mesmo dia tornaram-se amigos Herodes e Pilatos, quando antes eram inimigos um do outro.

Jesus ou Barrabás. (23,13-25)

Em seguida, convocou Pilatos os príncipes dos sacerdotes, os membros do Sinédrio e o povo, e disse-lhes: "Apresentastes-me este homem como amotinador do povo. Ora, submeti-o a um interrogatório em vossa presença, e não achei fundada nenhuma das acusações que fazeis a este homem. Nem tampouco Herodes, pois que no-lo remeteu. Vede que nada se apurou contra ele que merecesse a morte. Mandá-lo-ei, pois, castigar e pôr em liberdade".

Era obrigado a soltar-lhes um preso por ocasião da festa. A multidão em peso pôs-se a clamar: "Fora com este! Solta-nos Barrabás!" Estava este tal preso por causa de um motim que houvera na cidade, e de um homicídio.

Mais uma vez lhes falou Pilatos, porque queria pôr Jesus em liberdade.

Eles, porém, gritaram: "Crucifica-o! Crucifica-o!"

Perguntou-lhes Pilatos pela terceira vez: "Pois que mal fez ele? Eu não lhe acho crime que mereça a morte. Mandá-lo-ei, pois, castigar e pôr em liberdade".

Mas eles exigiam, com clamores cada vez mais impetuosos, que fosse crucificado — e prevaleceram os seus clamores. Decidiu Pilatos que se lhes fizesse a vontade. Soltou-lhes o homem que estava preso por causa de um motim e de um homicídio, conforme reclamavam; e abandonou Jesus ao arbítrio deles.[17-25: Mt 27,15,15:6; Jo 18,39]

Caminho do Calvário. (23,26-32)

Enquanto o iam conduzindo, angariaram um tal Simão de Cirene, que vinha do campo, e puseram-lhe a cruz às costas para que a levasse no encalço de Jesus. Acompanhava-o grande multidão de povo, entre eles também mulheres, que o panteavam e lamentavam. Voltou-se Jesus para elas e disse: "Filhas de Jerusalém, não choreis por mim; chorai sobre vós e sobre vossos filhos. Eis que chegarão dias em que se dirá: 'Felizes as estéreis, cujas entranhas não geraram e cujos seios não amamentaram!' Então se dirá aos montes: 'Caí sobre nós!' e aos outeiros: 'Cobri-nos!' Pois se tal acontece ao lenho verde, que será do seco?"

Juntamente com ele levaram dois malfeitores para a execução.[26-32: Mt 27,32; Mc 15,20; Jo 19,16]

Crucifixão. (23,33-34)

Chegados ao lugar que se chama Calvário, aí o pregaram na cruz. Igualmente os malfeitores, um à direita, outro à esquerda.

Jesus, porém, orava: "Pai, perdoa-lhes, porque não sabem o que fazem". Em seguida, repartiram as suas vestes, deitando sortes.

Impropérios. (23,35-43)

O povo lá estava a olhar. Escarneciam-no os membros do Sinédrio, dizendo: "Salvou a outros; pois que se salve a si mesmo, se é que é o Ungido de Deus, o Eleito". Também o insultavam os soldados. Chegando-se a ele, ofereceram-lhe vinagre, dizendo: "Se és o rei dos judeus, salva-te a ti mesmo".

Sobre ele estava uma inscrição: "Este é o Rei dos Judeus".

Um dos malfeitores, que estava suspenso na cruz, injuriava-o, dizendo: "Não és tu o Cristo? Pois salva-te a ti e a nós". O outro, porém, o repreendia dizendo: "Nem tu temes a Deus, quando sofres o mesmo suplício? Nós, é verdade, sofremos o que é justo, porque estamos recebendo o castigo merecido das nossas obras; este, porém, não fez mal algum". E dizia: "Jesus, lembra-te de mim quando entrares no teu reino".

Respondeu-lhe ele: "Em verdade te digo, ainda hoje estarás comigo no paraíso".[33-43: Mt 27,33; Mc 15,22; Jo 19,18]

Morte de Jesus. (23,44-49)

Era por volta do meio-dia, quando todo o país se cobriu de trevas, que duraram até as três horas da tarde. Escureceu o sol, e rasgou-se pelo meio o véu do templo. Jesus deu um grande brado, dizendo: "Pai, em tuas mãos entrego o meu espírito!"

Com essas palavras expirou.

Quando o centurião viu o que acontecia, glorificou a Deus, dizendo: "Em verdade, este homem era justo!" E todo o povo que presenciava o espetáculo e via o que se passava batia no peito e voltava para casa. A certa distância estavam todos os seus conhecidos, e as mulheres que desde a Galiléia o haviam seguido, observando essas coisas.[44-49: Mt 27,45; Mc 15,33; Jo 19,28]

Sepultura de Jesus. (23,50-56)

Um dos membros do Sinédrio, por nome José, homem reto e justo, natural de Arimatéia, cidade da Judéia, aguardava o reino de Deus e não aprovara o plano e procedimento deles. Foi ter com Pilatos e requereu o corpo de Jesus. Desceu-o, amortalhou-o num lençol e colocou-o num sepulcro aberto em rocha, no qual ainda ninguém fora depositado.

Era o dia de preparativos, e ia começando o sábado. Assistiram também as mulheres que tinham vindo da Galiléia com Jesus; observaram o túmulo e o sepultamento do corpo dele. Depois regressaram e prepararam aromas e ungüentos. E descansaram no sábado, conforme a lei.[50-56: Mt 27,57; Mc 15,42; Jo 19,38]

Ressurreição e ascensão

As mulheres ao sepulcro. (24,1-12)

No primeiro dia da semana, bem de madrugada, foram elas ao sepulcro, levando os aromas que tinham preparado. Encontraram a pedra revolvida do sepulcro. Entraram. Mas não acharam o corpo do Senhor Jesus. Consternadas pelo fato, eis que viram diante de si dois homens em vestes radiantes. Aterradas, baixaram os olhos.

Aqueles, porém, lhes disseram: "Por que procurais entre os mortos o vivo? Não está aqui; ressuscitou. Lembrai-vos do que vos disse, quando ainda na Galiléia: 'O Filho do homem deve ser entregue às mãos dos pecadores e crucificado; mas ressurgirá ao terceiro dia'".

Então se recordaram elas das suas palavras, voltaram do sepulcro e contaram tudo isso aos onze e a todos os mais. As que levaram esse recado aos apóstolos foram Maria Madalena, Joana, Maria, mãe de Tiago, e outras companheiras delas. A eles, porém, pareceu essa notícia como uma fábula, e não lhes deram fé.

Pedro, todavia, se pôs a caminho e correu ao sepulcro. Debruçando-se, só viu aí colocados os lençóis. E voltou para casa, pasmado do que acontecera.[1-12: Mt 28,1; Mc 16,1; Jo 20,1]

Os discípulos de Emaús. (24,13-35)

No mesmo dia iam dois deles para uma aldeia de nome Emaús, distante de Jerusalém sessenta estádios. Vinham conversando um com o outro sobre tudo o que acabava de acontecer. Enquanto assim falavam e conferenciavam entre si, aproximou-se deles o próprio Jesus e foi com eles. Eles, porém, estavam com os olhos tolhidos, de maneira que não o reconheceram. Perguntou-lhes ele: "Que conversas são estas que entretendes um com o outro, pelo caminho?"

Calaram-se eles, tristes. Um deles, de nome Cléofas, respondeu: "És tu o único forasteiro em Jerusalém que ignora o que aí se passou nestes dias?"

"Que foi?", inquiriu ele.

"Aquilo de Jesus, o Nazareno", responderam-lhe. "Era um profeta, poderoso em obras e palavras, diante de Deus e de todo o povo. Mas os sumos sacerdotes e os nossos magistrados entregaram-no à pena de morte e crucificaram-no. Nós, porém, esperávamos que fosse ele o salvador de Israel. De mais a mais, já é agora o terceiro dia depois que se deu tudo aquilo. Verdade é que algumas das nossas mulheres nos aterraram; tinham ido ao sepulcro, mui de madrugada; mas não acharam o corpo. E voltaram com a notícia de terem visto uns anjos que declararam que ele estava vivo. Ao que alguns dos nossos foram ao sepulcro, e encontraram confirmado o que as mulheres tinham dito; a ele mesmo, porém, não o viram."

Respondeu-lhes ele: "Ó homens sem critério! Quão vagarosos de coração para ter fé em tudo o que os profetas disseram! Não devia então o Cristo padecer aquilo e assim entrar em sua glória?"

E, principiando por Moisés, discorreu por todos os profetas, explicando-lhes o que a respeito dele se diz em todas as Escrituras.

Iam chegando à aldeia que demandavam. Ele fez menção de passar adiante. Eles, porém, insistiram com ele, dizendo: "Fica conosco; já declinou o dia; vai anoitecendo".

Entrou com eles. Enquanto estava com eles à mesa, tomou o pão, benzeu-o, partiu-o e deu-lho. Nisso abriram-se-lhes os olhos e reconheceram-no. Ele, porém, desapareceu dos seus olhos. Diziam um para o outro: "Não se abrasava o coração dentro de nós quando, pelo caminho, nos falava e nos explicava as escrituras?"

Ainda na mesma hora fizeram-se de partida e regressaram a Jerusalém, e encontraram reunidos os onze com seus companheiros, que lhes declararam: "O Senhor ressuscitou realmente e apareceu a Simão". Então referiram eles o que acontecera no caminho e como o tinham reconhecido ao partir do pão.

Jesus aparece aos apóstolos. (24,36-43)

Ainda estavam comentando os fatos quando se apresentou Jesus no meio deles, e disse-lhes: "A paz seja convosco". Tomados de medo e terror, cuidavam ver um espírito.

Jesus, porém, lhes disse: "Por que esse medo? E por que essa dúvida nos vossos corações? Vede as minhas mãos e os meus pés; sou eu mesmo; apalpai e vede; espírito não tem carne e osso como vedes que eu tenho". Com essas palavras mostrou-lhes as mãos e os pés.

Eles, todavia, de tão contentes e admirados, não acabavam ainda de crer. Pelo que Jesus lhes perguntou: "Tendes aqui alguma coisa que se coma?"

Ofereceram-lhe uma posta de peixe assado e um favo de mel. Ele tomou-o e comeu-o à vista deles.[36-43: Jo 20,19]

Palavras de despedida. (24,44-49)

Disse-lhes: "As palavras que vos disse quando ainda estava convosco foram estas: importa que se cumpra tudo o que está escrito a meu respeito, na lei de Moisés, nos profetas e nos salmos".

E passou a abrir-lhes o entendimento para a compreensão das Escrituras, e prosseguiu: "Assim é que está escrito: o Cristo deve sofrer, e ressurgir dentre os mortos ao terceiro dia. Em seu nome se há de pregar a conversão e remissão dos pecados a todos os povos, principiando por Jerusalém. Vós sois testemunhas disto. E eis que eu vos enviarei aquele que meu Pai prometeu. Ficai na cidade até que sejais munidos do poder do alto".

Ascensão. (24,50-53)

Conduziu-os para fora, rumo a Betânia, levantou as mãos e abençoou-os. E, enquanto os abençoava, apartou-se deles. Prostraram-se eles em adoração, e, com grande júbilo, voltaram para Jerusalém. Estavam continuamente no templo, louvando e bendizendo a Deus.[50-53: Mc 16,19]

Notas explicativas

(Ver outras notas explicativas no Evangelho de Mateus)

Anunciação a Maria

Lucas, o médico grego, procura dar explicação mais ampla daquilo que Mateus narrou por alto sobre o processo como o Verbo se fez carne no corpo de Maria, continuando ela a ser virgem.

Ambos os evangelistas admitem que a genealogia de José é a genealogia de Jesus; que José é o pai real, e não apenas legal ou adotivo de Jesus. Mas ambos negam que Maria tenha sido fecundada por José por meio de contato material, como acontece em outros seres humanos, no atual estágio evolutivo da humanidade.

Já o Gênesis havia aludido a uma procriação não-animal do homem, suposto que o homem "evolvesse" e depois se multiplicasse. Essa evolução prévia não se deu com Adão e Eva, mas deu-se com José e Maria.

Já o profeta Isaías (7,14), na Babilônia, havia dito ao rei Acaz que uma nova humanidade começaria quando a virgem fosse concebida, quando houvesse uma fecundação não-material, mas imaterial.

Lucas, o médico, tenta insinuar misteriosamente o processo dessa fecundação imaterial. Fala de um "sopro sagrado" (*pneuma hagion*), que viria sobre Maria. Diz que a "potência do supremo" (*dynamis hypsistou*) a envolveria numa nuvem ou aura, que a fecundaria, não pelos órgãos genitais, mas mediante uma espécie de indução vital.

O *pneuma hagion* nada tem a ver com certa mitologia teológica que identifica essa força cósmica com o tal "Espírito Santo", que teria fecundado Maria. O *pneuma hagion* ou a *dynamis hypsistou* indica uma vibração vital do cosmos que, por intermédio do corpo astral de José, atuou, quando o corpo físico dele estava submerso no sono (*hypnos*) e em estado onírico de sonho (*onar*), e quando sua consciência normal estava em êxtase (*ekstasis*).

Esse mesmo *pneuma* dos *Elohim* já aparece nas primeiras páginas do Gênesis, como diz o texto hebraico, *pneuma* que incubava as águas primevas do caos e dele faz nascer o cosmos.

Quando Jesus fala a Nicodemos do nascimento "de água e espírito" (*hydor kai pneuma*); quando ele fala à Samaritana de uma "água viva" (*hydor zon*), não terá ele feito alusão a esse sopro cósmico que envolveu (*episkiazo*) o corpo de Maria e iniciou a formação do corpo de Jesus? Que significam as palavras misteriosas de Jesus ditas ao rabi Nicodemos: "O sopro sopra onde quer (*pneuma hopou thelei pnei*)?"

O homem adâmico, mesmo João Batista, nasce de uma fecundação carnal, e é chamado "filho de mulher"; mas o homem crístico nasce de uma fecundação cósmica, e é chamado o "Filho do homem", o homem realmente hominal.

O corpo bioplásmico ou vitalizante de José, refinado através de milênios de gerações, envolveu o corpo de Maria, sem contato material, "em sonhos", preludiando a alvorada da humanidade hominal, já prevista por Moisés na Arábia, e vaticinada por Isaías, na Mesopotâmia.

Essa fecundação por indução vital e envolvimento áurico se deu no momento em que o misterioso arauto Gabriel saudou Maria. Na casa de Maria, em Nazaré, está representado, em alto relevo, o momento em que o varão-de-Deus (*Gabriel*) saúda Maria; em vez de um anjo com asas, o artista inspirado esculpiu um jovem sem asas, representando o corpo astral, ou bioplásmico, de José, que, de mãos erguidas, parece dar algo a Maria, enquanto esta, de outro lado, de mãos baixas, parece receber algo.

Gabri é a palavra hebraica para homem ou esposo; *El* é Deus, Gabriel é o esposo divino, o José imaterial, que, na ausência do José físico, realiza a fecundação. Certamente, também Maria se achava, nesse momento, em estado de êxtase, ou *samadhi*, sono cosmoconsciente.

Essa fecundação por indução vital se realizou por envolvimento áurico. Lucas usa para esse envolvimento o verbo *episkiazo*. *Skiá* é a palavra grega para nuvem ou aura, que a Vulgata Latina traduziu por *obumbrare* (cobrir com uma sombra ou aura).

Esse processo de fecundação imaterial ocorreu à revelia da consciência normal de José, "em sonhos", diz o texto, razão por que José não sabia da sua paternidade, até que, novamente, "em sonhos", lhe foi dito: "Recebe Maria como tua mulher".

A idéia de que Maria tenha sido fecundada pelo Espírito Santo, por uma entidade divina, além de ser fisicamente impossível, não passa de um mito, como já lembramos. Se assim fosse, para que então as duas genealogias milenares de Mateus e Lucas?

Essa fecundação por indução vital é própria dos representantes antecipados da nova humanidade.

Os ressurgidos não casam

Os saduceus perguntam a Jesus de quem será, na vida futura, a mulher que se casou sucessivamente com sete homens. Jesus lhes responde que estão em erro, que os que forem julgados dignos de outra vivência e da ressurreição de entre os mortos não casam nem serão dados em casamento, mas serão iguais aos anjos; por serem filhos de Deus e da ressurreição, nem já podem morrer.

Jesus atribui este erro dos saduceus ao fato de ignorarem a Sagrada Escritura e o poder de Deus. A palavra "ressurreição" (em grego *anas-tásis*) não significa o ressurgimento do corpo material, como ensinam certos teólogos, nem a reencarnação dos espíritos, mas a sobrevivência do corpo material em corpo imaterial, talvez astral, ou bioplásmico. Entre os ressurgidos, Jesus enumera Abraão, Isaac e Jacó, que eram sobreviventes em corpo imaterial. Esse corpo imaterial é semelhante aos corpos dos anjos, que habitam os céus, isto é, os espaços do Universo fora dos mundos materiais. O presente corpo material é mortal, como o de qualquer animal, porque foi gerado como este.

"Os que forem julgados dignos da outra vivência [em grego *aion*]" insinua que nem todos se tornam idôneos para essa sobrevivência em corpo imortal. A sobrevivência dos imortais de entre os mortais é resultado da consciência superior.

Tentação de Jesus

Não é provável que este conflito de Jesus com o tentador tenha ocorrido no cenário interno da natureza mental-espiritual de Jesus. Depois de quarenta dias de jejum e meditação, o ego humano de Jesus e o Eu divino do seu Cristo travam um duelo sobre a redenção da humanidade: se a redenção consiste no apego aos reinos do mundo e sua glória, como sugere o ego humano — ou na renúncia voluntária a tudo isso, como insinua o Eu divino. Prevalece o Cristo divino sobre o Jesus humano, sintetizando a vitória nas palavras: "A Deus adorarás e só a ele prestarás culto".

Em outra ocasião disse Jesus a seus discípulos: "O dominador deste mundo, que é o poder das trevas, tem poder sobre vós; sobre mim ele não tem poder, porque eu já venci este mundo".

O adversário (em hebraico, *satan*; em grego, *diábolos*) é, por Jesus, identificado com o ego mental do homem.

Se a tentação tivesse ocorrido no cenário externo, alguém teria visto Jesus colocado pelo adversário no pináculo do templo em Jerusalém. E se o adversário o tivesse levado a um monte muito elevado, devia havê-lo transportado pelo ar algumas centenas de quilômetros para o norte, à Galiléia, uma vez que na Judéia, onde se deu a tentação, não existe nenhum monte elevado.

Quando o Mestre exige de seus discípulos que renunciem a tudo que têm, foi ele o protagonista dessa renúncia total aos reinos do mundo e sua glória, porque o seu reino não é deste mundo.

Jesus na sinagoga de Nazaré

Jesus desenrolou o volume, leu um texto de Isaías e enrolou o volume. Antigamente, se escrevia em grandes rolos de papel (em latim *volumen*), que se desenrolavam e enrolavam sobre uma ou duas hastes de madeira presas ao rolo.

"Vi Satanás cair do céu"

Depois que os discípulos de Jesus expulsaram demônios, perdeu Satanás os seus "utensílios" e suas "armas", como os demônios são chamados por Jesus. Satanás perdeu os seus auxiliares e caiu das alturas do seu poder, como um raio.

Em parte alguma, o Evangelho identifica os demônios com o diabo ou Satanás. Os demônios são entidades invisíveis da natureza inferior (elementais), ao passo que o diabo ou Satanás é creação do mundo mental.

"Teu olho é a luz do teu corpo"

Estas palavras misteriosas de Jesus são freqüentemente mal traduzidas. Jesus não fala dos *olhos*, mas do *olho*; opõe *simples* a *mau*.

Os iniciados orientais falam do "terceiro olho", que, no homem de hoje, está quase totalmente atrofiado. A sede desse "olho de Shiva" ou "olho do Cristo" se acha no meio do cérebro, numa pequena glândula, e sua manifestação externa se localiza na base da testa entre as sobrancelhas. Somente pessoas altamente intuitivas ou místicas sabem utilizar-se dessa terceira visão, que lhes faculta ver realidades imateriais.

O pleno desenvolvimento desse olho simples projetaria uma luz benéfica em todo o corpo humano, dando-lhe extraordinária clarividência e cosmovidência.

O feitor desonesto

Esta parábola tem desapontado muitas pessoas. Parece que Jesus recomenda fazer injustiça com as riquezas da iniqüidade. Entretanto, o que ele recomenda é usar para o bem as mesmas riquezas de que o feitor abusou para o mal. O mal não está nos objetos, que são neutros, mas no sujeito que se serve dos objetos ou para fazer o bem ou para fazer o mal. Abusar é proibido. Recusar é permitido. Usar é recomendado.

O rico gozador e o pobre Lázaro

O pecador que em vida gozava se tornou, após a morte, um pecador sofredor. Não se converteu das suas maldades, depois de morto; apenas pede libertação dos seus males. Mas, segundo as leis eternas, as maldades geram males. Há um abismo intransponível entre os do céu e os do inferno, porque no céu estão os convertidos, e no inferno os não-convertidos. Se o pecador se convertesse, deixaria de haver o abismo de que fala o Evangelho. A morte física não destrói o livre-arbítrio, e quem tem livre-arbítrio pode converter-se, seja em corpo, seja sem corpo, porque o livre-arbítrio não morre com a morte. Por isso, esse abismo não supõe a impossibilidade de conversão, nem um inferno eterno; faz ver que o homem, mesmo em sofrimentos, não se converte necessariamente. Os sofrimentos não fazem o homem melhor nem pior. O que modifica o homem é a atitude em face do sofrimento. No caso do rico avarento, o sofrimento o deixou tão pecador após a morte como o gozo o fizera pecador em vida.

O importante e decisivo é a *metanóia*, a transmentalização, a conversão — e esta não foi realizada pelo pecador sofredor, como não fora realizada pelo pecador gozador. É o caso de repetir com Einstein a grande verdade: "Do mundo dos fatos não conduz nenhum caminho para o mundo dos valores". Gozo e sofrimento são fatos, mas não são valores. Somente a consciência realiza valores ou desvalores. Na existência do rico avarento, os desvalores não se converteram em valores; por isso continua a existir um abismo intransponível.

Minas, talentos, dracmas

Eram moedas gregas que, juntamente com os denários romanos e os ciclos dos judeus, circulavam na Palestina, no tempo de Jesus.

A parábola do pão e do vinho

Na última ceia, fez Jesus ver a seus discípulos que ele, como Jesus físico, devia morrer para que o Cristo metafísico pudesse nascer na alma deles.

E, para concretizar essa verdade, serviu-se de uma comparação tirada da ingestão e assimilação dos alimentos. Para assimilar pão e vinho, é necessário que esses alimentos sejam primeiro destruídos, desintegrados, para que suas energias vivas (calorias) possam ser integradas pelo homem.

Se os discípulos tivessem ingerido e assimilado o espírito do Cristo, não teriam feito logo depois o que fizeram: traição, negação e deserção; mas teriam ficado espiritualizados. Disso sabia Jesus. Do contrário, teria ele estranhado e censurado mais tarde esses supostos neo-comungantes e neo-sacerdotes. Eles só ingeriram os símbolos materiais.

Os símbolos materiais de pão e vinho tiveram o seu simbolizado espiritual na manhã de Pentecostes, quando cento e vinte pessoas comungaram realmente o espírito do Cristo e se tornaram verdadeiramente cristificadas.

O ritual simbólico de pão e vinho devia ser celebrado "em memória" de Jesus, até que o Cristo viesse realmente, como escreve Paulo de Tarso.

O verdadeiro sacerdócio vem de uma experiência espiritual, e não de uma ordenação ritual. Paulo de Tarso, que não assistiu à ultima ceia, insiste em ser verdadeiro sacerdote do Cristo, porque foi por ele iniciado espiritualmente. Os homens e as mulheres presentes na iniciação crística do Pentecostes foram verdadeiros sacerdotes de Deus. O processo ritual é *ex opere operato* — a iniciação espiritual é *ex opere operantis*.

Em nossos dias, Mahatma Gandhi, Albert Schweitzer e outros foram verdadeiros sacerdotes de Deus.

O filho pródigo

Segundo o texto grego, o jovem não pede dinheiro a seu pai, mas o direito de gozar a sua natureza de adolescente. O pai repartiu entre os dois filhos a vida, ficando o mais velho em casa com o pai, e indo o mais novo gozar a sua liberdade sem freio. Depois de percorrer uma vida de ego pecaminoso e sofrer as conseqüências das suas culpas, o jovem entra em si, encontra o seu Eu divino e se realiza espiritualmente. As solenidades que o pai manda celebrar simbolizam a grandeza da auto-realização de um ser humano. O filho mais velho não descobriu o seu ego mental, e por isso não se transmentalizou nem se converteu.

A história do filho pródigo é o drama do autoconhecimento e da auto-realização do homem.

O corpo de Jesus: material, astral

Depois da ressurreição, aparece Jesus, ora em corpo material visível, ora invisível, em corpo imaterial, talvez astral ou bioplásmico. Mesmo antes da morte e ressurreição, tinha ele esse extraordinário poder sobre o seu corpo. Andava sobre as águas sem afundar. Flutuava livremente no espaço. Na transfiguração, o seu corpo se tornou transparente e luminoso como o sol. Esses atributos eram do seu Cristo cósmico, que, por vezes, se comunicavam ao corpo de Jesus humano.

João

Introdução

1. João era filho do pescador Zebedeu e de Salomé, parenta da mãe de Jesus (Mt 27,56; Mc 15,40), irmão mais novo de Tiago Maior. Natural de Betsaida, sobre o lago de Genesaré, exercia, na juventude, a profissão de pescador. A princípio discípulo de João Batista, seguiu ao Mestre juntamente com André (Jo 1,35-40). No colégio apostólico ocupava João o lugar mais saliente depois de Simão Pedro (Lc 8,51; Mt 17,1; 26,37); era o discípulo predileto de Jesus (Jo 13,23; 19,26) e foi pelo Mestre moribundo recomendado a Maria, mãe de Jesus (Jo 19,25-27). Depois da ascensão do Senhor, ficou em Jerusalém até a morte de Maria, pregando o Evangelho na Judéia e na Samaria (At 3,4; 8,14-25); mais tarde, talvez depois da morte de Paulo, vivia em Éfeso, onde formou os seus discípulos, entre eles os bispos Pápias de Hierápolis, Inácio de Antioquia e Policarpo de Esmirna. Sob o reinado de Domiciano foi desterrado para a ilha de Patmos, donde regressou para Éfeso durante o governo de Nerva, vindo a falecer no tempo de Trajano, com cerca de cem anos.

2. É ao apóstolo João que a antiqüíssima tradição atribui a autoria do quarto evangelho. Já o conheciam Inácio de Antioquia († 107), Justino mártir († c. 165) e o fragmento muratoriano (segundo século). Santo Irineu, discípulo de São Policarpo, refere: "Depois destes [isto é, dos três primeiros evangelistas] também João, discípulo do Senhor que reclinou sobre o peito dele, editou um evangelho, quando vivia em Éfeso". Clemente de Alexandria informa-nos que João, atendendo à circunstância de terem os outros evangelistas desenvolvido mais o lado humano da pessoa de Jesus, escreveu um evangelho "espiritual", a pedido de seus amigos.

Concorda com isso a índole interna do quarto evangelho, que não pode deixar de ter por autor um cristão de origem judaica.

É o que se depreende do seu modo de dizer, bem como do muito que se mostra familiarizado com as solenidades e os usos dos judeus (2,6.13; 4,27; 7,2). O autor é oriundo da Palestina, pois conhece por miúdo a topografia do país (1,28; 3,23; 4,6; 5,2) e está perfeitamente a par dos fatos da história (1,29.35; 2,1; 3,2; 18,13). É um contemporâneo do Cristo, testemunha presencial da sua história e pertence ao número dos apóstolos. Conhece os pormenores e as particularidades mais insignificantes (1,39; 4,6; 6,9); pinta tão ao vivo certos acontecimentos como só o pode uma testemunha ocular (1,35-51; 4,11). É o discípulo predileto de Jesus (13,23; 19,26; 21,7. 20.24). Não pode ser Pedro esse discípulo predileto, por isso que em 21,20 vem designado como pessoa diversa daquele; tampouco é Tiago Maior, que já fora morto por Herodes Agripa, no ano 42. Outro apóstolo não entra em questão. Logo, trata-se de João.

3. A autenticidade da perícope 7,53–8,11 (episódio da adúltera) tem sofrido muitas dúvidas e veementes impugnações. O fato é que essa passagem falta nos códices gregos mais antigos, bem como em muitas versões dos primeiros tempos. Contém-na, porém, a Vulgata e algumas outras traduções. Santo Agostinho e Santo Ambrósio atribuem essa omissão a motivos de conveniência tendentes a evitar o perigo de interpretações ambíguas da parte de certos leitores.

4. Segundo a antiga tradição eclesiástica, eram os cristãos da Ásia Menor os primitivos leitores do quarto evangelho. O apóstolo não se apresenta aos seus leitores como estranho, mas fala-lhes como quem de longa data lhes é conhecido, na qualidade de pastor da província da Ásia (cf. 19,35; 20,31). À luz dessa suposição, compreende-se o porquê da refutação de diversos erros que o autor faz, ao menos indiretamente, erros como sejam as doutrinas dos coríntios, dos ebionitas, dos nicolaítas, que pelos fins do primeiro século perturbavam os fiéis da Ásia Menor. São esses os cristãos que o evangelista procura confirmar na fé, fazendo-lhes ver que Jesus é o Messias e o Filho unigênito de Deus, para que por meio dessa fé alcancem a vida eterna. Acha-se esse objetivo nitidamente declarado na passagem 20,21, como também ressumbra de todas as partes do evangelho. Mediante a narração de alguns milagres insignes e pela reprodução de numerosos discursos e discussões de Jesus, pretende o evangelista esboçar uma imagem da glória do Unigênito do Pai, cheio de graça e de verdade (1,14). Procura ao mesmo tempo completar a relação dos sinóticos, razão por que refere, geralmente, fatos que aqueles passaram em silêncio, sobretudo em se tratando da atividade de Jesus na Judéia; ou acontecimentos que lancem nova luz sobre alguma perfeição característica do Messias. Haja vista, mormente, a história da paixão.

5. Consoante a tradição antiga, foi o quarto evangelho escrito depois dos sinóticos. É certo que João demandou a Ásia só depois da morte de Paulo (ano 67); e que, por outro lado, o evangelho supõe um apostolado de maior duração entre os cristãos daquela província, então teremos de buscar a origem deste documento sacro lá pelo ano 90 do primeiro século. Também o tópico 21,20-23 faz entrever que João era homem de avançada idade quando compôs o seu evangelho.

Como lugar de origem indica a tradição a cidade de Éfeso.

6. O evangelho de João difere notavelmente dos três primeiros, quer quanto ao conteúdo, quer quanto à forma. Os sinóticos limitamse a se referir quase exclusivamente às doutrinas e aos milagres que Jesus realizou na Galiléia, ao passo que o evangelho de João, que supõe conhecidos os sinóticos, tem por fim completar esses documentos históricos e descrever de preferência o apostolado de Jesus em Jerusalém.

Além disso, contém o quarto evangelho grande número de discursos que o divino Mestre proferiu diante de seus discípulos e judeus de posição e mais apurada cultura intelectual. São muito sublimes esses discursos, abstratos e de difícil compreensão, versando principalmente sobre a existência externa do Filho de Deus, a sua encarnação e a sua identidade com o Pai — ao passo que os sermões referidos pelos sinóticos se ocupam, de preferência, com o reino messiânico, as condições de entrada nele e os bens que oferece; são exposições populares adaptadas ao alcance de todos, proferidas que foram diante das massas populares.

7. João faz preceder o seu evangelho de uma introdução à história da vida pública de Jesus (1,1-51). Passa, em seguida, a descrever o apostolado público do divino Mestre, que tem por principal cenário a cidade de Jerusalém (2,1–12,50). Segue-se a história da paixão, morte e ressurreição do Cristo (13,1–21,23).

Prólogo

O **Verbo.** (1,1-5)
No princípio era o Verbo, e o Verbo estava com Deus, e o Verbo era Deus. Este estava com Deus, no princípio. Por ele foram feitas todas as coisas; e nada do que foi feito foi feito sem ele.

Nele estava a vida, e a vida era a luz dos homens, e a luz brilha nas trevas, mas as trevas não a prenderam.

Entrada do Verbo no mundo. (1,6-13)
Havia um homem, enviado por Deus, cujo nome era João. Este veio para dar testemunho, testemunho pela luz, para que todos cressem por meio dele. Não era ele a luz, mas veio para dar testemunho pela luz.

Era a luz verdadeira, que ilumina a todo homem que vem ao mundo. Estava ele no mundo; o mundo foi feito por ele; mas o mundo não o conheceu. Veio ao que era seu, mas os seus não o receberam. A todos, porém, que o receberam deu-lhes o poder de se tornarem filhos de Deus — os que têm fé em seu nome, que não nasceram de sangues nem do desejo da carne, nem do desejo do varão; mas de Deus.

O Verbo eterno, doador da graça e da verdade. (1,14-18)
E o Verbo se fez carne e fez habitação em nós. E nós vimos a sua glória, a glória como do Unigênito do Pai, cheio de graça e de verdade.

João deu testemunho dele, clamando: "Este é o de quem eu disse: 'Aquele que vem após mim é maior do que eu; porque era antes de mim'". Da sua plenitude todos nós temos recebido graça sobre graça.

Por Moisés foi dada a lei — por Jesus Cristo veio a graça e a verdade. Nunca ninguém viu a Deus: o Unigênito, que é Deus e está no seio do Pai, este o revelou.

Primeiro testemunho do Batista. (1,19-28)

Foi este o testemunho que João deu, quando os judeus lhe enviaram sacerdotes e levitas de Jerusalém com a pergunta: "Quem és tu?" Confessou sem negar, declarando: "Eu não sou o Cristo".

Perguntaram-lhe eles: "Quem és, pois? És Elias?"

"Não sou", respondeu.

"És o profeta?"

"Não", tornou ele.

Responderam eles: "Quem és, pois, para podermos dar resposta aos que nos enviaram? Que dizes de ti mesmo?"

Tornou ele: "Eu sou a voz que clama no deserto: 'Preparai o caminho do Senhor, conforme disse o profeta Isaías'".

Ora, os embaixadores pertenciam aos fariseus. E continuaram a interrogá-lo: "Por que mergulha, pois, se não és o Cristo, nem Elias, nem o profeta?"

Respondeu-lhes João: "Eu mergulho na água; mas no meio de vós está, desconhecido de vós, aquele que virá após mim. Eu nem sou digno de lhe desatar as correias do calçado". Deu-se isso em Betânia, para além do Jordão, onde João ministrava o mergulho.

Segundo testemunho do Batista. (1,29-34)

No dia seguinte, viu João a Jesus aproximando-se dele, e disse: "Eis o Cordeiro de Deus que tira o pecado do mundo. Este é de quem eu dizia: 'Após mim vem um que é maior que eu; porque existia antes de mim'. Não o conhecia eu; mas para o tornar conhecido em Israel é que vim com o mergulho d'água".

Mais ainda testificou João: "Vi o espírito descer do céu, em forma de pomba, e permanecer sobre ele. Não o conhecia eu; mas quem me mandou mergulhar na água disse-me: 'Sobre quem vires descer e permanecer o espírito, esse é que mergulha no Espírito Santo. Eu o vi: e dou testemunho de que este é o Filho de Deus'".

Vocação de João e André. (1,35-39)

No dia seguinte estava João outra vez com dois dos seus discípulos. Quando viu passar a Jesus, disse: "Eis o Cordeiro de Deus!" Ouvindo os dois discípulos as suas palavras, logo foram em seguimento de Jesus. Voltou-se Jesus e, vendo que o seguiam, perguntou-lhes: "Que procurais?"

Ao que lhe responderam: "Rabi — que quer dizer: Mestre —, onde moras?"

Tornou-lhes ele: "Vinde e vede".

Acompanharam-no e viram onde morava; e ficaram com ele esse dia. Era pelas quatro horas da tarde.

Vocação de Simão Pedro. (1,40-42)

Um dos dois que, às palavras de João, o seguiram era André, irmão de Simão Pedro. Este encontrou primeiro a seu irmão Simão, e disse-lhe: "Encontramos o Messias" — que significa: o Ungido. E conduziu-o a Jesus. Jesus, fixando nele o olhar, disse: "Tu és Simão, filho de João, e serás chamado Cefas" — que quer dizer: pedra.

Vocação de Filipe e Natanael. (1,43-51)

No dia imediato, ia Jesus partir para a Galiléia, quando se lhe deparou Filipe; e disse-lhe: "Segue-me!" Era Filipe natural de Betsaida, pátria de André e de Pedro. Filipe encontrou a Natanael e disse-lhe: "Acabamos de encontrar aquele de quem escreveram Moisés, na lei, e os profetas: Jesus de Nazaré, filho de José".

Respondeu-lhe Natanael: "Poderá sair coisa boa de Nazaré?"

"Vem e vê", disse Filipe.

Vendo Jesus chegar a Natanael, observou a respeito dele: "Eis um israelita de verdade, no qual não há falso".

"Donde é que me conheces?", perguntou Natanael.

Tornou-lhe Jesus: "Antes que Filipe te chamasse, te via eu, debaixo da figueira".

"Mestre!", exclamou Natanael, "tu és o Filho de Deus; tu és o Rei de Israel!"

Respondeu-lhe Jesus: "Crês, porque te disse que te vira debaixo da figueira? Verás coisa maior que isto". E prosseguiu, dizendo: "Em verdade, em verdade vos digo que doravante vereis o céu aberto e os anjos de Deus subirem e descerem sobre o Filho do homem". [35-51: Mt 4,18; Mc 1,15]

Vida pública de Jesus

Primeira estada em Jerusalém

As bodas de Caná. (2,1-11)

Três dias depois, celebravam-se umas bodas em Caná da Galiléia.

Estava presente a mãe de Jesus. Também Jesus e seus discípulos foram convidados às bodas.

Quando chegou a faltar o vinho, disse-lhe a mãe de Jesus: "Não têm vinho".

Respondeu-lhe Jesus: "Senhora, que tem isso comigo e contigo? Ainda não chegou a minha hora".

Disse então a mãe de Jesus aos serventes: "Fazei tudo o que ele vos disser".

Ora, estavam aí seis talhas de pedra, destinadas às purificações usadas pelos judeus, cabendo em cada uma uns trinta litros. Ordenou-lhes Jesus: "Enchei de água as talhas". Encheram-nas até em cima. Então lhes disse: "Tirai agora e levai ao mestre-sala". Levaram-nas. O mestre-sala provou a água feita vinho e não sabia donde era; só o sabiam os serventes que tinham tirado a água. O mestre-sala chamou o esposo e disse-lhe: "Toda a gente serve primeiro o vinho bom e, depois que os convidados beberam bastante, apresenta o que é inferior; tu, porém, reservaste o vinho bom até agora".

Com isso deu Jesus princípio a seus feitos poderosos, em Caná da Galiléia; manifestou a sua glória e os seus discípulos tiveram fé nele.

Purificação do templo. (2,12-22)

Em seguida, desceu a Cafarnaum, em companhia de sua mãe, seus irmãos e seus discípulos.[Mt 12,46] Demoraram-se aí uns poucos dias.

Estava próxima a festa pascal dos judeus; e Jesus subiu a Jerusalém. No templo encontrou gente a vender bois, ovelhas e pombas; e cambistas que lá se tinham estabelecido. Fez um azorrague de cordas e expulsou-os todos do templo, juntamente com as ovelhas e os bois; arrojou ao chão o dinheiro dos cambistas e derribou-lhes as mesas. Aos vendedores de pombas disse: "Tirai daqui essas coisas e não façais da casa de meu Pai casa de mercado". Recordaram-se então os discípulos do que diz a Escritura: "O zelo pela tua casa me devora".

Os judeus, porém, prostestaram, dizendo-lhe: "Com que feito poderoso provas que tens autoridade para fazer isto?"

Respondeu-lhes Jesus: "Destruí este templo, e em três dias o reedificarei".

Disseram os judeus: "Quarenta e seis anos levou a construção deste templo, e tu pretendes reedificá-lo em três dias?" Ele, porém, se referia ao templo de seu corpo. Depois de ressuscitado dentre os mortos, lembraram-se os discípulos do que dissera, e creram na Escritura e nas palavras que Jesus proferira.

Situação em Jerusalém. (2,23-25)

Durante a sua permanência em Jerusalém, por ocasião da festa pascal, muitos creram em seu nome, porque viam as obras poderosas que realizava. Jesus, porém, não se fiava neles; porque os conhecia a todos, nem havia mister que alguém lhe desse esclarecimentos sobre pessoa alguma. Sabia por si mesmo o que vai no íntimo do homem.

Jesus e Nicodemos. (3,1-21)

Havia entre os fariseus um homem, por nome Nicodemos, um dos principais entre os judeus. Foi este ter com Jesus, de noite, e disse-lhe: "Mestre, nós sabemos que vieste de Deus para ensinar; porque ninguém pode fazer essas obras poderosas que tu fazes, a não ser que Deus esteja com ele".

Respondeu-lhe Jesus: "Em verdade, em verdade te digo: quem não nascer de novo não pode ver o reino de Deus".

Tornou-lhe Nicodemos: "Como pode um homem nascer de novo, sendo velho? Poderá, porventura, voltar ao ventre de sua mãe e tornar a nascer?"

Replicou-lhe Jesus: "Em verdade, em verdade te digo: quem não nascer de novo de água e de espírito não pode entrar no reino de Deus. O que nasceu da carne é carne; mas o que nasceu do espírito é espírito. Não te admires de eu te dizer: é necessário nascerdes de novo. O sopro sopra onde quer; bem lhe ouves a voz; mas não sabes donde vem nem para onde vai. O mesmo se dá com todo aquele que nasceu do espírito".

"Como é isto possível?", perguntou Nicodemos.

Respondeu-lhe Jesus: "Tu és mestre em Israel, e ignoras estas coisas? Em verdade, te digo: nós dizemos o que sabemos, e testemunhamos o que vimos — e, no entanto, não aceitais o nosso testemunho. Se nem tendes fé quando vos falo de coisas da terra, como haveis de ter fé quando vos falar do céu? Ninguém subiu ao céu, a não ser aquele que desceu do céu, o Filho do homem. Do mesmo modo que Moisés ergueu às alturas a serpente no deserto, assim deve ser erguido às alturas também o Filho do homem, para que todo o que nele tiver fé tenha vida eterna.

Pois a tal ponto amou Deus o mundo que enviou o seu Filho Unigênito, para que todo o que nele tiver fé não pereça, mas tenha vida eterna. Porquanto Deus não enviou seu Filho ao mundo para julgar o mundo, mas para que o mundo se salve por ele. Quem nele tiver fé não será julgado; mas quem não tiver fé já está julgado, por não ter fé no nome do Filho Unigênito de Deus. Nisto é que está o juízo: a luz veio ao mundo, mas os homens amaram mais as trevas do que a luz, porque as suas obras eram más. Pois quem pratica o mal odeia a luz, e não se chega à luz para que não sejam reveladas as suas obras. Mas quem pratica a verdade chega-se à luz, para que se manifeste que suas obras são feitas em Deus".

Jesus e João Batista. (3,22-36)

Depois disso, chegou Jesus com seus discípulos ao território da Judéia, onde se demorou em companhia deles, ministrando o mergulho. Também João mergulhava ainda em Enon, perto de Salim; porque havia aí muitas águas. Para lá concorria o povo e fazia-se mergulhar. É que João ainda não fora lançado ao cárcere.

Suscitou-se então uma contenda sobre a purificação, entre os discípulos de João e um judeu. Foram ter com João e disseram-lhe: "Mestre, aquele que estava contigo na outra margem do Jordão e a quem deste testemunho — ei-lo a mergulhar, e toda a gente vai ter com ele!"

Respondeu João: "Nenhum homem pode receber coisa alguma que não lhe seja dada do céu. Vós mesmos sois testemunhas do que eu disse: não sou o Cristo, mas fui enviado apenas como precursor. Quem tem a esposa esse é o esposo. O amigo do esposo, que o acompanha, alegra-se intimamente quando ouve a voz do esposo. Pois essa alegria me coube abundante. Convém que ele cresça, e que eu diminua.

Quem vem do alto está acima de todos; quem vem da terra é terreno e de coisas terrenas fala. Quem vem do céu está acima de todos. Testifica o que viu e ouviu; mas não há quem lhe aceite o testemunho. Quem, todavia, lhe aceita o testemunho confirma que Deus é verdadeiro. Porque o enviado de Deus profere as palavras de Deus; pois que Deus lhe prodigaliza sem medidas o espírito. O Pai ama ao Filho e tudo lhe entregou nas mãos. Quem tem fé no Filho tem a vida eterna; quem, pelo contrário, não tem fé no Filho não verá a vida; porém, pesa sobre ele a ira de Deus".

Jesus ao poço de Jacó. (4,1-6)

Quando o Senhor soube que se noticiara aos fariseus que ele, Jesus, granjeava maior número de discípulos e mergulhava mais do que João — embora não fosse Jesus mesmo quem mergulhava, mas os seus discípulos —, deixou a Judéia e voltou para a Galiléia.

Ora, tinha de atravessar a Samaria; e chegou a uma cidade da Samaria, por nome Sicar, vizinha ao prédio que Jacó dera a seu filho José. Achava-se aí o poço de Jacó. Fatigado da jornada, sentou-se Jesus sem mais à beira do poço. Era por volta do meio-dia.

Colóquio com a samaritana. (4,7-26)

Nisto veio uma samaritana para tirar água. Jesus pediu-lhe: "Dá-me de beber", pois os seus discípulos tinham ido à cidade comprar mantimentos.

Respondeu-lhe a samaritana: "Como? Tu, que és judeu, me pedes de beber a mim, que sou samaritana?" É que os judeus não se dão com os samaritanos.

Tornou-lhe Jesus: "Se conhecesses o dom de Deus e aquele que te diz: 'Dá-me de beber' — pedir-lhe-ias que te desse água viva".

"Senhor", replicou-lhe a mulher, "não tens com que tirar e o poço é fundo. Donde tiras tu essa água viva? És, acaso, maior do que nosso pai Jacó, que nos deu este poço, do qual bebeu ele mesmo e beberam seus filhos e rebanhos?"

Volveu-lhe Jesus: "Quem bebe desta água tornará a ter sede; mas quem beber da água que lhe darei não mais terá sede eternamente. A água que eu lhe darei se tornará nele uma fonte que jorra para a vida eterna".

Pediu-lhe a mulher: "Senhor, dá-me essa água para que não tenha mais sede nem precise vir cá tirar água".

Disse-lhe Jesus: "Vai, chama teu marido e volta cá".

"Não tenho marido", respondeu a mulher.

Tornou-lhe Jesus: "Disseste bem: 'Não tenho marido'. Cinco maridos tiveste, e o que agora tens não é teu marido. Nisto falaste verdade".

"Senhor", exclamou a mulher, "vejo que és um profeta. Nossos pais adoraram a Deus sobre esse monte, e vós dizeis que em Jerusalém é o lugar onde se deve adorar a Deus".

Respondeu-lhe Jesus: "Acredita-me, senhora, virá a hora em que nem nesse monte nem em Jerusalém adorareis ao Pai. Vós adorais o que desconheceis; nós adoramos o que conhecemos; porque a salvação vem dos judeus. Mas chegará a hora — e já chegou — em que os verdadeiros adoradores adorarão ao Pai em espírito e verdade. Pois são estes os adoradores que o Pai procura. Deus é espírito, e em espírito e verdade é que o devem adorar os que o adoram".

Tornou a mulher: "Sei que virá o Messias, que é chamado o Cristo; e, quando vier, anunciar-nos-á todas as coisas".

Disse-lhe Jesus: "Sou eu, que estou falando contigo".

Jesus e os discípulos. (4,27-38)

Nesse momento chegaram os seus discípulos e admiraram-se de que estivesse falando com uma mulher. Mas ninguém perguntou: "Que queres dela?" ou: "Que falas com ela?"

A mulher abandonou o seu cântaro, correu à cidade, e disse à gente: "Vinde e vede um homem que me disse tudo o que tenho feito! Não será ele o Cristo?"

Saíram da cidade e foram ter com ele.

Entrementes, insistiam com ele os discípulos: "Come, Mestre". Ele, porém, lhes respondeu: "Eu tenho um manjar que vós não conheceis".

Ao que os discípulos disseram uns aos outros: "Será que alguém lhe trouxe de comer?"

Declarou-lhes Jesus: "O meu manjar é cumprir a vontade daquele que me enviou para levar a termo a sua obra. Porventura, não dizeis: 'Ainda quatro meses, e vem a colheita'? Ora, digo-vos: levantai os olhos e contemplai os campos; já estão lourejando para a colheita. Já o ceifador vai recebendo o salário e colhendo fruto para a vida eterna, para que se alegrem juntamente o semeador e o ceifador. Vem a propósito o ditado: 'Um semeia e outro colhe'. Enviei-vos para colherdes onde não trabalhastes; foram outros os que trabalharam, e vós entrastes no seu trabalho".

Jesus e os samaritanos. (4,39-42)

Muitos samaritanos daquela cidade tiveram fé nele, porque a mulher lhes asseverava: "Disse-me tudo o que tenho feito". Foram, pois, ter com ele os samaritanos e rogaram-lhe que ficasse com eles. E ficou lá dois dias. Em virtude da sua doutrina teve fé nele ainda maior número. E diziam à mulher: "Já não é por causa das tuas falas que temos fé; mas porque nós mesmos o ouvimos e sabemos que este é realmente o Salvador do mundo".

Jesus na Galiléia. (4,43-54)

Passados dois dias, partiu dali a caminho da Galiléia. Jesus mesmo deu testemunho de que um profeta não é estimado em sua pátria. Chegando à Galiléia, receberam-no de boa mente os galileus; porque tinham visto tudo que fizera em Jerusalém, por ocasião da festa; pois também eles haviam comparecido à solenidade.

Chegou, pois, novamente a Caná da Galiléia, onde convertera água em vinho.

Ora, havia em Cafarnaum um funcionário real cujo filho jazia doente. À notícia de que Jesus regressara da Judéia para a Galiléia, foi ter com ele, suplicando-lhe que descesse e lhe curasse o filho; porque estava prestes a morrer.

Respondeu-lhe Jesus: "Vós, quando não vedes sinais e prodígios, não tendes fé".

"Senhor", rogou o funcionário real, "desce antes que meu filho morra".

Tornou-lhe Jesus: "Vai, que teu filho vive".

O homem teve fé na palavra que Jesus lhe dissera e partiu. E, de caminho para casa, vieram-lhe ao encontro os criados com a notícia de que seu filho vivia. Informou-se ele da hora em que começara a melhorar; ao que lhe disseram: "Ontem, à uma hora, a febre o deixou". Reconheceu o pai que era à mesma hora em que Jesus lhe dissera: "Teu filho vive". E teve fé ele com toda a sua casa.

Foi esse o segundo milagre que Jesus fez, depois de voltar da Judéia para a Galiléia.

Segunda estada em Jerusalém

O doente à piscina de Betesda. (5,1-15)

Depois disso, ocorria uma festa dos judeus. Subiu Jesus a Jerusalém. Ora, há em Jerusalém, próximo à porta das ovelhas, uma piscina que em hebraico se chama Betesda. Tem cinco pórticos, nos quais jazia grande número de enfermos: cegos, coxos, tísicos, que esperavam pelo movimento da água. Porque, de tempo a tempo, descia à piscina um anjo e agitava a àgua; e quem primeiro descesse à piscina, para dentro da água agitada, saía curado, fosse qual fosse o seu mal.

Ora, achava-se aí um homem, doente havia trinta e oito anos. Jesus, vendo-o prostrado e sabendo que desde longo tempo sofria, perguntou-lhe: "Queres ser curado?"

"Senhor", respondeu o enfermo, "não tenho homem algum que me desça, quando se agita a água; e, enquanto vou, desce outro antes de mim".

Disse-lhe Jesus: "Levanta-te, toma o teu leito e anda". No mesmo instante, o homem ficou são, tomou o seu leito e pôs-se a andar.

Era, porém, sábado esse dia. Pelo que os judeus disseram ao que fora curado: "É sábado; não te é lícito carregar teu leito".

Respondeu-lhes ele: "Aquele que me curou disse-me: 'Toma teu leito e anda'".

Perguntaram-lhe: "Quem é esse homem que te disse: 'Toma o teu leito e anda?'"

Mas o que fora curado não sabia quem ele era; porque Jesus se retirara, por ser grande a multidão que lá estava. Mais tarde, encontrou-o Jesus no templo, e disse-lhe: "Olha, que foste curado; não tornes a pecar, para que não te aconteça coisa pior". Ao que o homem se foi e comunicou aos judeus que era Jesus que lhe restituíra a saúde.

Cristo e o Pai. (5,16-30)

Por isso os judeus perseguiram a Jesus, porque fizera aquilo em dia de sábado.

Declarou-lhes Jesus: "Meu Pai age até agora — e também eu ajo".

Por essa razão procuravam os judeus ainda com maior empenho matá-lo; porque não somente profanava o sábado, mas também chamava a Deus seu Pai, igualando-se assim a Deus.

Jesus, porém, lhes disse: "Em verdade, em verdade vos digo: o Filho não pode por si mesmo fazer coisa alguma, mas somente o que vê fazer o Pai; porque tudo o que faz o Pai fá-lo do mesmo modo o Filho, porque o Pai ama ao Filho e mostra-lhe tudo o que ele mesmo faz. E maiores obras do que estas lhe há de mostrar, de maneira que haveis de pasmar. Pois, do mesmo modo que o Pai ressuscita os mortos e lhes dá vida, assim também o Filho dá vida a quem ele quer. Também o Pai não julga a ninguém; mas entregou todo o julgamento ao Filho, para que todos honrem ao Filho assim como honraram ao Pai. Quem não honra ao Filho também não honra ao Pai que o enviou.

Em verdade, em verdade vos digo: quem ouve a minha palavra e tem fé naquele que me enviou, esse tem a vida eterna e não incorre no juízo; mas passou da morte para a vida. Em verdade, em verdade vos digo: chegará a hora — e já chegou — em que os mortos ouvirão a voz do Filho de Deus; e os que a ouvirem viverão. Porque, do mesmo modo que o Pai tem a vida em si mesmo, assim concedeu também ao Filho ter a vida em si mesmo. Deu-lhe também o poder de julgar, por ser o Filho do homem. Não vos admireis disto; porque virá a hora em que todos os que estão nos sepulcros ouvirão a voz dele; e ressurgirão para a vida os que praticaram o bem, e ressurgirão para o juízo os que praticaram o mal. Não posso de mim mesmo fazer coisa alguma; julgo segundo o que ouço. É justo meu julgamento, porque não sigo a minha vontade, mas a vontade daquele que me enviou.

Testemunho do Pai em favor de Jesus. (5,31-40)

Se eu desse testemunho de mim mesmo, não seria verdadeiro o meu testemunho. Outro é quem dá testemunho de mim, e sei que é verdadeiro o testemunho que ele dá de mim. Mandastes uma embaixada a João, e ele deu testemunho da verdade. Eu, porém, não preciso de testemunho de homem; mas digo-vos estas coisas para que encontreis salvação. Aquele era o luzeiro que ardia e espargia claridade; vós, porém, quisestes apenas por algum tempo gozar-lhe os fulgores.

Ora, eu tenho um testemunho superior ao de João: as obras que o Pai me incumbiu de levar a efeito — estas mesmas obras que estou fazendo — me são testemunho de que o Pai me enviou. Assim é que o Pai que me enviou deu testemunho de mim. Nunca lhe ouvistes a voz, nem lhe vistes a figura, nem guardais no íntimo a sua palavra, porque não credes naquele que ele enviou.

Esquadrinhais as Escrituras, porque nelas julgais ter a vida eterna. Pois são elas que dão testemunho de mim. Mas não quereis vir a mim para terdes a vida.

Motivo da incredulidade. (5,41-47)

Não aceito honras da parte dos homens; porque sei que vós não tendes no coração o amor de Deus. Eu vim em nome de meu Pai, e não me recebeis; mas venha qualquer outro em seu próprio nome, e logo o recebeis. Como podeis ter fé, vós, que vos glorificais uns aos outros, sem procurardes a glória aos olhos do único Deus? Não penseis que eu vá acusar-vos perante o Pai. Quem vos acusa é Moisés, no qual pondes as vossas esperanças. Pois, se tivésseis fé em Moisés, também teríeis fé em mim; porque foi de mim que ele escreveu. Mas, se não credes no que ele escreveu, como haveis de dar crédito às minhas palavras?"

Multiplicação dos pães. (6,1-15)

Depois disso, passou Jesus para a outra margem do lago da Galiléia, chamado lago de Tiberíades. Seguiu-o grande multidão de povo, porque viam os sinais que fazia aos doentes. Subiu então Jesus ao monte, onde se sentou em companhia dos seus discípulos. Estava próxima a festa pascal dos judeus.

Erguendo os olhos e vendo que numerosa multidão o vinha procurar, disse Jesus a Filipe: "Onde compraremos pão, para que a gente tenha que comer?" Mas isso dizia apenas no intuito de pô-lo à prova; porque bem sabia o que havia de fazer.

Respondeu-lhe Filipe: "Duzentos denários de pão não chegariam para que cada um deles recebesse um bocadinho".

Ao que lhe observou um dos seus discípulos, André, irmão de Simão Pedro: "Está aqui um menino com cinco pães de cevada e dois peixes; mas que é isto para tanta gente?"

Disse Jesus: "Mandai a gente sentar-se". É que havia muita relva no lugar. Sentaram-se, pois, os homens, em número de uns cinco mil. Tomou Jesus os pães, deu graças e mandou-os distribuir a todos que estavam sentados; da mesma forma, os peixes, quanto queriam.

Depois de todos fartos, disse a seus discípulos: "Recolhei as sobras, para que não se percam". Recolheram e encheram doze cestos com os pedaços dos cinco pães de cevada que sobraram aos que tinham comido.[1-13: Mt 14,13; Mc 6,32; Lc 9,10]

Vendo o povo o feito poderoso que Jesus acabava de realizar, exclamou: "Este é realmente o profeta que deve vir ao mundo!"

Reparou Jesus que queriam vir e levá-lo à força para proclamá-lo rei. Pelo que tornou a retirar-se para o monte, ele sozinho.

Jesus caminha sobre as águas. (6,16-21)

Ao anoitecer, desceram os discípulos ao lago, embarcaram e dirigiram-se para a outra margem, rumo a Cafarnaum. Já era escuro, e ainda Jesus não fora ter com eles. Iam as vagas empoladas com forte ventania. Tinham remado uns vinte e cinco a trinta estádios, quando avistaram Jesus a andar sobre as águas e aproximar-se da embarcação. Encheram-se de terror. Jesus, porém, lhes disse: "Sou eu; não temais!"

Queriam recebê-lo no barco — mas logo o barco tocou na praia que demandavam.[16-21: Mt 14,22; Mc 6,45]

Introdução à promessa do pão celeste. (6,22-34)

No dia seguinte, o povo que ficara na outra margem do lago percebeu que lá não ficara senão um único barco e que Jesus não embarcara com seus discípulos, mas que os discípulos tinham partido sozinhos. Entrementes, chegaram de Tiberíades outras embarcações perto do lugar onde o Senhor proferira a ação de graças e onde eles haviam comido o pão. Ora, vendo eles que Jesus e seus discípulos já não estavam lá, embarcaram e foram a Cafarnaum, em busca de Jesus. Deram com ele, na outra margem e perguntaram-lhe: "Mestre, quando foi que chegaste aqui?"

Respondeu-lhes Jesus: "Em verdade, em verdade vos digo: andais à minha procura, não porque vistes sinais, mas porque comestes dos pães e ficastes fartos. Não vos afadigueis por um manjar perecedor, mas, sim, pelo manjar que dura para a vida eterna e que o Filho do homem vos dará; pois a ele é que Deus Pai muniu do seu sigilo".

Perguntaram-lhe: "Que nos cumpre fazer para praticarmos as obras de Deus?"

Respondeu-lhes Jesus: "A obra de Deus está em que tenhais fé naquele que ele enviou".

Replicaram-lhe eles: "Que sinal nos dá para que o vejamos e te demos fé? Qual a tua obra? Nossos pais comeram o maná, no deserto, conforme está escrito: 'Do céu lhes deu pão a comer'".

Respondeu-lhes Jesus: "Em verdade, em verdade vos digo: não foi Moisés que vos deu o pão do céu; meu Pai é que vos dará o verdadeiro pão do céu. Porque o pão de Deus é aquele que desce do céu e dá a vida ao mundo".

Disseram-lhe eles: "Senhor, dá-nos sempre esse pão".

Jesus verdadeiro pão da vida. (6,35-47)

Tornou-lhes Jesus: "Eu sou o pão da vida. Quem vem a mim jamais terá fome; e quem crê em mim jamais terá sede. Bem vos dizia eu que não credes, ainda que me tenhais visto. Tudo quanto o Pai me dá vem a mim; e eu não repelirei a quem vier ter comigo; porque desci do céu, não para cumprir a minha vontade, mas, sim, a vontade daquele que me enviou. É esta a vontade de quem me enviou: que não deixe perecer nada de quanto me confiou; mas que o ressuscite no último dia. Sim, é esta a vontade de meu Pai: que todo o homem que vir o Filho e crer nele tenha a vida eterna, e eu o ressuscite no último dia".

Murmuraram dele os judeus por ter dito: "Eu sou o pão que desceu do céu". Diziam: "Não é este, porventura, Jesus, filho de José, cujo pai e mãe conhecemos? Como diz, pois: 'Eu desci do céu'"?

Tornou-lhes Jesus: "Não murmureis entre vós. Ninguém pode vir a mim, se não o atrair o Pai que me enviou; e eu o ressuscitarei no último dia. Está escrito nos profetas: 'Serão todos ensinados por Deus'. Quem ouve o Pai e lhe aceita a doutrina vem a mim. Não que alguém tenha visto ao Pai; somente quem é de Deus viu ao Pai. Em verdade, em verdade vos digo: quem tem fé tem a vida eterna.

Jesus, o pão celeste. (6,48-58)

Eu sou o pão da vida. Vossos pais comeram o maná, no deserto, porém morreram. Mas o pão que desceu do céu é tal que quem dele come não morre. Eu sou o pão vivo que desceu do céu. Quem comer deste pão viverá eternamente. O pão que eu darei para a vida do mundo é a minha carne".

Disputaram então entre si os judeus, dizendo: "Como pode este dar-nos a comer a sua carne?"

Replicou-lhes Jesus: "Em verdade, em verdade vos digo: se não comerdes a carne do Filho do homem e não beberdes o seu sangue, não tendes a vida em vós. Quem come a minha carne e bebe o meu sangue tem a vida eterna, e eu o ressuscitarei no último dia; porque a minha carne é verdadeiro manjar, e o meu sangue é verdadeira bebida. Quem come a minha carne e bebe o meu sangue fica em mim, e eu nele. Do mesmo modo que o Pai vivo me enviou, e como eu vivo pelo Pai, assim também viverá por mim quem me receber em alimento.

Este é o pão que desceu do céu; não é como o que vossos pais comeram, porém morreram. Quem come este pão viverá eternamente".

Epílogo da promessa do pão celeste. (6,59-71)

Essas palavras disse Jesus ensinando na sinagoga de Cafarnaum.

Muitos dos seus discípulos que o tinham ouvido disseram: "Dura é esta linguagem; quem a pode ouvir?"

Sabia Jesus que disso murmuravam seus discípulos; pelo que lhes disse: "Isto vos é motivo de tropeço? E quando virdes subir o Filho do homem para onde estava antes? O espírito é que vivifica; a carne nada vale. As palavras que acabo de dizer-vos são espírito e são vida. Mas há entre vós alguns que não têm fé".

É que Jesus sabia desde o princípio quem eram os que não tinham fé e quem o havia de entregar.

E prosseguiu: "Por isso é que vos disse que ninguém pode vir a mim, se não lhe for dado pelo Pai".

A partir daí, muitos dos seus discípulos se retiraram e não andavam mais com ele. Perguntou Jesus aos doze: "Quereis também vós retirar-vos?"

"Senhor", respondeu-lhe Simão Pedro, "a quem havíamos de ir? Tu tens palavras de vida eterna; e nós cremos e sabemos que és o Santo de Deus".

Tornou-lhes Jesus: "Não vos escolhi a vós doze? E, no entanto, um de vós é adversário".

Referia-se a Judas, filho de Simão, de Cariot. Este, um dos doze, o havia de entregar.

Jesus vai à festa dos tabernáculos. (7,1-13)

Depois disso, andava Jesus pela Galiléia. Não queria mais andar na Judéia, porque os judeus procuravam matá-lo. Entrementes, se aproximava a festa judaica dos tabernáculos. Disseram-lhe então seus irmãos: "Retira-te daqui e vai para a Judéia, a fim de que também os teus discípulos vejam as obras que fazes: pois ninguém que deseja ser conhecido em público trabalha às ocultas. Se de tais coisas é capaz, mostra-te abertamente ao mundo". É que nem seus irmãos criam nele.

Respondeu-lhes Jesus: "Ainda não chegou o meu tempo. Para vós, sim, sempre é tempo. A vós não vos pode o mundo odiar. A mim, porém, me odeia, porque eu dou testemunho de que as suas obras são más. Subi vós à festa; eu não subo ainda à presente festa, porque ainda não chegou o meu tempo".

Destarte lhes falou, e ficou na Galiléia. Mas, depois que seus irmãos subiram à festa, subiu também ele, não em público, porém despercebido.

Por ocasião da solenidade procuravam-no os judeus, e inquiriram: "Onde está ele?" Muito se falava nele entre o povo. "Ele é bom", diziam uns. "Qual!", tornavam outros, "engana o povo". Mas não havia quem dele ousasse falar às claras, com medo dos judeus.

Jesus por ocasião da festa. (7,14-36)

Já andavam em meio às solenidades, quando Jesus subiu ao templo e pôs-se a ensinar. Admirados, diziam os judeus: "Como ele conhece as letras, sem ter estudado?"

Tornou-lhes Jesus: "O que ensino não é doutrina minha, mas, sim, daquele que me enviou. Quem quiser cumprir a vontade dele reconhecerá se a minha doutrina vem de Deus ou se falo de mim mesmo. Quem fala de si mesmo procura a própria glória, mas quem procura a glória daquele que o enviou fala a verdade, e não há nele falsidade. Não vos deu Moisés a lei? E, no entanto, nenhum de vós cumpre a lei. Por que razão quereis matar-me?"

Respondeu-lhe o povo: "Estás endemoninhado! Quem procura matar-te?"

Replicou-lhes Jesus: "Uma só coisa fiz, e todos estais pasmados. Moisés vos deu a circuncisão — não como sendo de Moisés, mas vinda dos patriarcas — e vós circuncidais também em dia de sábado.

Ora bem: se o homem pode ser circuncidado no sábado, sem violar a lei de Moisés, por que vos indignais de ter eu curado em dia de sábado um homem todo? Não julgueis pelas aparências, mas formai juízo justo".

Observaram então alguns dos de Jerusalém: "Não é este aquele que procuram matar? Ei-lo a falar em público, e não há quem lho proíba? Será que os chefes conheceram de fato que ele é o Cristo? Entretanto, sabemos donde é este, ao passo que, quando vier o Cristo, ninguém saberá donde ele seja".

E Jesus, ensinando no templo, bradou: "Bem me conheceis e sabeis donde sou. Não vim de mim mesmo, mas fui enviado por aquele que é verdadeiro. Vós não o conheceis; eu, porém, o conheço, porque venho dele e foi ele que me enviou".

Então procuravam prendê-lo; mas ninguém lhe deitou as mãos, porque ainda não chegara a hora dele.

Muitos dentre o povo creram nele e diziam: "Quando vier o Cristo, fará sinais maiores do que ele faz?" Ouviram os fariseus que tal coisa dizia dele o povo. Pelo que os príncipes dos sacerdotes e fariseus despacharam servos para o prenderem.

Disse Jesus: "Ainda um pouco de tempo estou convosco; e vou para aquele que me enviou. Haveis de procurar-me, mas não me achareis; porque onde estou, lá não podeis vós chegar".

Disseram os judeus uns aos outros: "Aonde pretende ir, que não o encontraremos? Irá, porventura, para os que se acham dispersos entre os gentios e ensinará aos pagãos? Que quer isto dizer: 'Haveis de procurar-me, e não me encontrareis?' E isto: 'Onde eu estou, lá não podeis vós chegar'"?

Último dia da festa. (7,37-53)

No último dia, na grande solenidade, estava Jesus em pé e clamava: "Quem tiver sede venha a mim e beba! Quem tiver fé em mim, brotar-lhe-ão do interior torrentes de águas vivas, como diz a Escritura". Com isso aludia ao Espírito que haviam de receber os que nele tivessem fé; pois ainda não viera o Espírito Santo, porque Jesus ainda não fora glorificado.

Alguns dentre o povo, ouvindo essas palavras, diziam: "Este é realmente o profeta". Outros afirmavam: "Este é o Cristo". Alguns, porém, ponderavam: "Vem, porventura, o Cristo da Galiléia? Não diz a Escritura que o Cristo vem da família de Davi e da povoação de Belém, donde proveio Davi?" Assim se originou uma dissensão entre o povo por causa dele. Alguns deles queriam prendê-lo; mas ninguém lhe deitou as mãos.

Voltaram os servos para os príncipes dos sacerdotes e fariseus, os quais perguntaram: "Por que não o trouxestes?"

Responderam os servos: "Nunca ninguém falou como este homem".

Replicaram-lhes os fariseus: "Também vós vos deixastes seduzir? Há, porventura, entre os chefes ou fariseus quem creia nele? É só essa plebe, que nada entende da lei — maldita seja!"

Observou então um deles, Nicodemos, o mesmo que outrora o procurara: "Acaso a nossa lei condena um homem antes de ouvir e inquirir o que fez?"

Replicaram-lhe: "És também tu galileu? Examina e verás que da Galiléia não vem profeta".

E com isso voltou cada qual para sua casa.

A adúltera. (8,1-11)

Dirigiu-se Jesus para o monte das Oliveiras. Bem de madrugada, voltou ao templo. Todo o povo afluía a ele. Ele, sentando-se, ensinava-os.

Nisso trouxeram os escribas e fariseus uma mulher apanhada em adultério. Colocaram-na ao meio e disseram-lhe: "Mestre, esta mulher acaba de ser apanhada em adultério. Ora, na lei ordenou-nos Moisés que apedrejássemos semelhantes mulheres. E tu, que dizes?" Com essas palavras queriam pô-lo à prova para terem de que o acusar.

Inclinou-se Jesus e escreveu com o dedo no chão, e, como eles continuassem a insistir com perguntas, ergueu-se e disse-lhes: "Quem de vós for sem pecado lance-lhe a primeira pedra". E, tornando a inclinar-se, escrevia no chão. Eles, porém, ouvindo isso, retiraram-se um após outro, os mais velhos à frente. Ficou ele só com a mulher, que estava no meio. Erguendo-se então Jesus, perguntou-lhe: "Mulher, onde estão eles? Ninguém te condenou?"

"Ninguém, Senhor", respondeu ela.

Disse-lhe Jesus: "Nem eu te condenarei; vai e não tornes a pecar".

Jesus, a luz do mundo. (8,12-20)

Continuou Jesus a falar-lhes, dizendo: "Eu sou a luz do mundo; quem me segue não anda em trevas, mas terá a luz da vida".

Ao que lhe disseram os fariseus: "Dás testemunho de ti mesmo — não é verdadeiro o seu testemunho".

Respondeu-lhes Jesus: "Ainda que eu dê testemunho de mim mesmo, é verdadeiro o meu testemunho; porque sei donde vim e para onde vou, ao passo que vós não sabeis donde venho nem para onde vou. Vós julgais pelas aparências; eu não julgo a ninguém. Mas, ainda que julgasse, seria verdadeiro o meu julgamento; porque não estou só; comigo está o que me enviou. Está escrito na vossa lei que o testemunho de dois homens é válido. Ora, sou eu que dou testemunho de mim, e dá testemunho de mim o Pai que me enviou".

"Onde está teu pai?", inquiriram eles.

Respondeu-lhes Jesus: "Não me conheceis nem a mim, nem a meu Pai. Se me conhecêsseis a mim, também conheceríeis a meu Pai".

Proferiu Jesus essas palavras perto da sala do tesouro, quando ensinava no templo. E ninguém o prendeu, porque ainda não chegara a sua hora.

Castigo da falta de fé. (8,21-30)

Disse-lhes ainda: "Eu partirei. Procurar-me-eis; mas morrereis no vosso pecado. Aonde eu vou vós não podeis ir".

Observaram os judeus: "Será que vai suicidar-se, uma vez que diz: 'Aonde eu vou vós não podeis ir?'"

Disse-lhes ele: "Vós sois cá de baixo, eu sou lá de cima; vós sois deste mundo, eu não sou deste mundo. Disse-vos que morreríeis nos vossos pecados; sim, se não tiverdes fé que sou eu, morrereis nos vossos pecados".

"Pois, quem és tu?", perguntaram-lhe eles.

Respondeu-lhes Jesus: "Por que afinal estou a falar-vos? Muitas coisas teria de dizer-vos ainda e muito que julgar. Mas quem me enviou é verdadeiro, e eu anuncio ao mundo o que dele ouvi".

Não atinaram que lhes falava do Pai. Prosseguiu Jesus: "Quando tiverdes suspendido o Filho do homem, conhecereis que sou eu e nada faço de mim mesmo; mas digo o que o Pai me ensinou. Está comigo aquele que me enviou; não me deixou só, porque faço sempre o que é do seu agrado".

Com essas palavras muitos chegaram a ter fé nele.

Filhos de Abraão. (8,31-47)

Então disse Jesus aos judeus que tinham fé nele: "Se ficardes fiéis à minha palavra, sereis em verdade discípulos meus. Conhecereis a verdade, e a verdade vos libertará".

"Nós somos filhos de Abraão", redargüiram eles, "e nunca fomos escravos de ninguém. Como é que dizes: 'Sereis livres'"?

Tornou-lhes Jesus: "Em verdade, em verdade vos digo: quem comete pecado é escravo do pecado. O escravo não fica sempre na casa; o filho, sim, fica para sempre. Se, pois, o filho vos tornar livres, sereis verdadeiramente livres. Bem sei que sois filhos de Abraão; entretanto, procurais matar-me, porque a minha palavra não encontra eco em vós. Eu vos digo o que vi junto de meu Pai; e vós fazeis o que ouvistes junto de vosso pai".

"Nosso pai é Abraão", volveram eles.

Respondeu-lhes Jesus: "Se é que sois filhos de Abraão, praticai as obras de Abraão. Entretanto, procurais matar-me, a mim, que vos anunciei a verdade que ouvi de Deus. Assim não procedeu Abraão. Praticais as obras de vosso pai".

"Não somos filhos de adultério", replicaram eles. "Temos por pai a Deus somente."

Disse-lhes Jesus: "Se Deus fosse vosso pai, amar-me-íeis, porque saí e vim de Deus; não vim por mim mesmo, mas foi ele que me enviou. Por que não compreendeis o que vos estou dizendo? É porque não podeis ouvir a minha palavra. Vós tendes por pai o diabo, e quereis guiar-vos pelos desejos de vosso pai. Esse era homicida desde o princípio. Não persistiu na verdade, porque não há verdade nele. Quando mente fala do que lhe é próprio; porque é mentiroso e pai da mentira. Mas, quando eu vos falo verdade, não me dais crédito. Quem de vós me argüirá de pecado? Se, pois, falo verdade, por que não tendes fé em mim? Quem é de Deus escuta a palavra de Deus; vós não a escutais porque não sois de Deus".

Jesus, anterior a Abraão. (8,48-59)

Ao que lhe replicaram os judeus: "Não temos nós razão em dizer que és samaritano e estás endemoninhado?"

"Não estou endemoninhado", tornou Jesus. "Honro a meu Pai, ao passo que vós me desonrais. Não procuro a minha glória; há quem a procure, e exerça justiça. Em verdade, em verdade vos digo: quem guardar a minha palavra não verá a morte eternamente."

Exclamaram então os judeus: "Agora sabemos que estás endemoninhado. Abraão morreu, morreram os profetas, e tu dizes: 'Quem guardar a minha palavra não provará a morte eternamente'? És, porventura, maior que nosso pai Abraão, que morreu? E que os profetas, que morreram? Quem pretendes ser?"

Tornou Jesus: "Se eu me glorifico a mim mesmo é vã a minha glória; mas quem me glorifica é meu Pai, que vós chamais vosso Deus, sem o conhecerdes. Eu, porém, o conheço, e se afirmasse não o conhecer seria mentiroso, como vós. Sim, conheço-o e guardo a sua palavra. Vosso pai Abraão exultou por ver o meu dia; viu-o, e alegrou-se".

Ao que lhe disseram os Judeus:"Ainda não tens cinqüenta anos, e viste Abraão?"

Respondeu-lhes Jesus: "Em verdade, em verdade vos digo: antes que Abraão existisse, eu sou".

Nisso pegaram em pedras para lhe atirar. Jesus, porém, ocultou-se e saiu do templo.

O cego de nascença. (9,1-12)

Ao passar, deparou-se-lhe um homem que era cego de nascença. "Mestre", perguntaram-lhe os discípulos, "quem pecou para ele nascer cego: ele ou seus pais?"

Respondeu-lhes Jesus: "Nem ele nem seus pais pecaram; mas é para que nele se manifestem as obras de Deus. Temos de levar a efeito as obras de quem me enviou, enquanto é dia. Vem a noite, quando ninguém mais pode trabalhar. Enquanto estou no mundo, sou a luz do mundo".

Dito isso, cuspiu na terra, fez um lodo com a saliva, untou com o lodo os olhos do cego e disse-lhe: "Vai e lava-te no tanque de Siloé" — que quer dizer "Enviado".

Foi, lavou-se e voltou vendo.

Disseram então os vizinhos e os que outrora o tinham visto mendigar: "Não é este o mesmo que estava sentado a pedir esmolas?"

"Sim, é ele", diziam uns. Outros: "Não é, apenas se parece com ele".

Ao que lhe perguntaram:"Como foi que se te abriram os olhos?"

Respondeu ele: "O homem que se chama Jesus fez um lodo, untou-me os olhos, e disse-me: 'Vai e lava-te no tanque de Siloé'. Fui, lavei-me e vejo".

"Onde está o homem?", perguntaram-lhe.

"Não sei", respondeu.

Exame do prodígio. (9,13-34)

Levaram então aos fariseus o homem que fora cego. Ora, era sábado quando Jesus fizera o lodo e lhe abrira os olhos. E novamente inquiriram dele os fariseus como é que recuperara a vista.

Disse-lhes ele: "Pôs-me um lodo sobre os olhos, lavei-me e vejo".

Observaram então alguns fariseus: "Esse homem não é de Deus, pois não guarda o sábado". Outros porém diziam: "Como pode um pecador fazer semelhantes prodígios?" E havia dissensão entre eles. Pelo que tornaram a interrogar o cego: "E tu, que dizes dele? Pois que te abriu os olhos..."

"É um profeta", respondeu ele.

Então os judeus não acreditaram mais que ele estivera cego e recuperara a vista, enquanto não chamasse os pais do que fora curado. Fizeram-lhe esta pergunta: "É este vosso filho que dizeis ter nascido cego? Como é, pois, que agora vê?"

Responderam os pais: "Sabemos que este é nosso filho e que nasceu cego; mas de que modo agora vê é que não sabemos; tampouco sabemos quem foi que lhe abriu os olhos; interrogai-o a ele mesmo; tem idade para dar informações de si". Assim falaram os pais, com medo dos judeus; porque já tinham os judeus decretado expulsar da sinagoga a quem o confessasse como o Cristo. Por essa razão disseram os pais: "Tem idade: interrogai-o a ele mesmo".

Ao que tornaram a chamar o homem que fora cego e disseram-lhe: "Dá glória a Deus. Nós sabemos que esse homem é pecador".

Tornou-lhes ele: "Se é pecador, não sei; uma coisa, porém, sei: que eu era cego e agora vejo".

Inquiriram eles: "Que foi, pois, que te fez? Como te abriu os olhos?"

"Já vo-lo disse", respondeu-lhes ele. "Não o ouvistes? Por que quereis ouvi-lo mais uma vez? Acaso quereis também ser discípulos dele?"

Ao que o cobriram de injúrias, dizendo: "Discípulo dele sejas tu! Nós somos discípulos de Moisés. Sabemos que Deus falou a Moisés, mas quanto a esse tal, não sabemos donde vem".

"Pois é estranho", tornou o homem, "que não saibais donde ele vem, quando me abriu os olhos. Ora, sabemos que Deus não atende aos pecadores; mas quem teme a Deus e lhe cumpre a vontade, a esse é que atende. Desde que o mundo existe, nunca se ouviu que alguém abrisse os olhos a um cego de nascença. Se este não fosse de Deus, não poderia fazer coisa alguma."

"Nasceste todo em pecados", revidaram-lhe eles, "e pretendes dar-nos lições a nós?"

E expulsaram-no.

Cegueira dos fariseus. (9,35-41)

Soube Jesus que acabavam de expulsá-lo e, encontrando-se com ele, perguntou-lhe: "Tens fé no Filho do homem?"

"Quem é, Senhor", respondeu o outro, "para eu ter fé nele?"

Tornou-lhe Jesus: "Estás a vê-lo; quem fala contigo, este é".

"Tenho fé, Senhor!", exclamou ele, prostrando-se-lhe aos pés.

Disse Jesus: "Para exercer juízo é que vim ao mundo, a fim de que os cegos vejam, e os que vêem se tornem cegos".

Ouviram isso alguns dos fariseus que o cercavam e perguntaram: "Porventura, também nós somos cegos?"

"Se fôsseis cegos", respondeu-lhes Jesus, "não teríeis pecado; mas, como afirmais: 'Nós vemos' — subsiste o vosso pecado.

Jesus, o bom pastor. (10,1-21)

Em verdade, em verdade vos digo: quem não entrar no aprisco das ovelhas pela porta, mas penetrar por outra parte, é ladrão e salteador. Mas quem entrar pela porta, esse é pastor de ovelhas; a ele o porteiro lhe abre, e as ovelhas lhe escutam a voz. Chama pelo nome as suas ovelhas e as conduz para fora. E, depois de fazer sair todas as suas, vai diante delas; e as ovelhas seguem-no, porque lhe conhecem a voz. Mas não seguem o estranho, antes fogem dele, porque não conhecem a voz de estranhos."

Essa parábola propôs-lhes Jesus; eles, porém, não atinaram com o sentido das suas palavras.

Prosseguiu Jesus: "Em verdade, em verdade vos digo! Eu sou a porta para as ovelhas. Todos os que antes de mim vieram são ladrões e salteadores, e as ovelhas não lhes deram ouvido. Eu sou a porta; quem entrar por mim será salvo; entrará e sairá, e encontrará pastagens. O ladrão não vem senão para roubar, matar e perder. Eu vim para que elas tenham a vida e a tenham abundante.

Eu sou o bom pastor. O bom pastor dá a própria vida pelas suas ovelhas. O mercenário, porém, que não é pastor e a quem não pertencem as ovellhas, abandona as ovelhas e foge, quando vê chegar o lobo. E o lobo rouba as ovelhas. O mercenário foge, porque é mercenário, e não se importa com as ovelhas.

Eu sou o bom pastor. Conheço as minhas e as minhas me conhecem, assim como o Pai me conhece e eu conheço ao Pai. Dou a própria vida pelas minhas ovelhas. Tenho ainda outras ovelhas, que não são deste aprisco; também a essas devo conduzi-las; darão ouvido à minha voz e haverá um só rebanho e um só pastor. É por isto que o Pai me ama: porque dou a minha vida para recuperá-la; ninguém ma tira, eu é que a dou de livre vontade. Tenho o poder de dar e o poder de a recuperar. É esse o mandato que recebi de meu Pai".

Por causa dessas palavras se originou novamente uma dissensão entre os judeus. Muitos deles diziam: "Está endemoninhado e perdeu o juízo; por que ainda o escutais?" Outros observavam: "Estas palavras não são de quem está endemoninhado. Pode, acaso, o demônio abrir os olhos aos cegos?"

Quarta estada em Jerusalém

Festa da dedicação do templo. (10,22-39).

Celebrava-se em Jerusalém a festa da dedicação do templo. Era inverno. Passeava Jesus no templo, no pórtico de Salomão. Rodearam-no os judeus e disseram-lhe: "Até quando nos trazes na incerteza? Se és o Cristo, dize-no-lo abertamente".

Respondeu-lhes Jesus: "Bem vo-lo disse, mas não tendes fé. As obras que faço em nome de meu Pai dão testemunho de mim. Vós, porém, não tendes fé, porque não sois do número das minhas ovelhas. As minhas ovelhas prestam ouvido à minha voz; eu as conheço e elas me seguem; dou-lhes a vida eterna, e não se perderão eternamente e ninguém as arrebatará da minha mão. Meu Pai, que mas deu, é mais poderoso que todos e ninguém as pode arrebatar das mãos de meu Pai. Eu e o Pai somos um".

Tornaram os judeus a pegar em pedras para apedrejar. Disse-lhes Jesus: "Muitas boas obras tenho realizado entre vós, pela virtude de meu Pai; por qual dessas obras quereis apedrejar-me?"

Replicaram-lhe os judeus: "Não é por nenhuma boa obra que te apedrejamos, mas, sim, por causa da blasfêmia, porque tu, sendo homem, te fazes Deus".

Tornou-lhes Jesus:"Não está escrito na vossa lei: 'Disse eu: vós sois deuses? Ora, se a Escritura chama deuses àqueles a quem foi dirigida a palavra de Deus — e a Escritura não pode falhar — por que dizeis àquele que o Pai santificou e enviou ao mundo: 'Blasfemas!'? Porque eu vos disse: 'Sou o filho de Deus'? Se não faço as obras de meu Pai, não me deis crédito; mas se as faço, e não quiserdes ter fé em mim, tende fé nas obras para que vejais e conheçais que o Pai está em mim e eu no Pai".

Mais uma vez procuraram prendê-lo; ele, porém, fugiu-lhes das mãos.

Jesus na Peréia. (10,40-42)

Tornou a passar para além do Jordão, ao sítio onde João tinha começado a batizar. E lá ficou. Muitos vinham ter com ele e diziam: "Verdade é que João não fez prodígio; mas tudo o que João disse a seu respeito comprovou-se verdadeiro". E muitos aí tiveram fé nele.

Última vez em Jerusalém

Morte de Lázaro. (11,1-16)

Estava doente um homem chamado Lázaro, de Betânia, povoação de Maria e sua irmã Marta. Maria era a mesma que ungira o Senhor com ungüento e lhe enxugara os pés com os cabelos.

Estava, pois, doente seu irmão Lázaro. Pelo que as irmãs lhe mandaram dizer: "Senhor, eis que está enfermo aquele que amas".

Ouvindo isso, disse Jesus: "Esta enfermidade não é para a morte; mas é pela glória de Deus, para que por ela seja glorificado o Filho de Deus". Ora, amava Jesus a Marta, a sua irmã e a Lázaro. Entretanto, sabendo-o enfermo, deixou-se ficar ainda dois dias no lugar onde estava. Em seguida, disse a seus discípulos: "Voltemos para a Judéia".

"Mestre", disseram-lhe os discípulos, "ainda há pouco queriam os judeus apedrejar-te, e vais lá outra vez?"

Respondeu-lhes Jesus: "Não são doze as horas do dia? Quem caminha de dia não tropeça, porque vê a luz deste mundo; mas quem caminha de noite tropeça, porque lhe falta luz". Assim dizia. E acrescentou: "Nosso amigo Lázaro dorme; mas vou para despertá-lo do sono".

"Senhor", acudiram os discípulos, "se dorme, vai ser curado."

Jesus falara da morte dele; eles, porém, entenderam que se referia ao repouso do sono.

Pelo que Jesus lhes declarou abertamente: "Lázaro morreu; e folgo por causa de vós de não ter estado presente, para que tenhais fé. Mas vamos ter com ele".

Disse então Tomé, cognominado o Gêmeo, aos outros discípulos: "Vamos também nós e morramos com ele!"

Jesus com Maria e Marta. (11,17-37)

Ao chegar, Jesus o encontrou já com quatro dias de sepultura. Betânia ficava perto de Jerusalém, distante uns quinze estádios. Muitos judeus tinham ido visitar Marta e Maria para as consolar da morte de seu irmão. Assim que Marta soube da chegada de Jesus, saiu-lhe ao encontro, enquanto Maria estava sentada em casa.

"Senhor", disse Marta a Jesus, "se estiveras aqui, não teria morrido meu irmão. Mas também agora sei que Deus te concederá tudo que lhe pedires".

Respondeu-lhe Jesus: "Teu irmão ressurgirá".

"Bem sei", tornou Marta, "que ressurgirá na ressurreição do último dia".

Disse-lhe Jesus: "Eu sou a ressurreição e a vida; quem tem fé em mim viverá, ainda que tenha morrido; e todo aquele que em vida tem fé em mim não morrerá eternamente. Tens fé nisto?"

"Sim, Senhor", respondeu-lhe ela, "eu tenho fé em que tu és o Cristo, o Filho de Deus, que devia vir ao mundo". Dito isso, retirou-se e foi chamar sua irmã Maria, dizendo-lhe baixinho: "Está aí o Mestre e chama-te".

Ouvindo isso, levantou-se Maria com presteza e foi ter com ele; pois Jesus ainda não entrara na povoação, mas achava-se no ponto em que Marta lhe saíra ao encontro. Quando os judeus que com ela estavam em casa a consolá-la viram que Maria se levantava pressurosa e saía, cuidaram que fosse ao sepulcro chorar, e seguiram-na. Assim que Maria chegou aonde estava Jesus e o viu, prostrou-se-lhe aos pés, dizendo: "Senhor, se estiveras aqui, não teria morrido meu irmão".

Vendo-a Jesus em prantos, e em pranto também os judeus que a acompanhavam, sentiu-se profundamente comovido e abalado, e perguntou: "Onde o pusestes?"

"Vem, Senhor, e vê", disseram-lhe.

E Jesus chorou.

Diseram então os judeus: "Vede como o amava". Alguns, porém, observaram: "Não podia ele, que abriu os olhos ao cego de nascença, impedir que este homem morresse?"

Ressurreição de Lázaro. (11,38-44)

Tornou Jesus a comover-se profundamente e foi ao sepulcro. Era uma caverna com uma pedra sobreposta.

"Tirai a pedra", ordenou Jesus.

"Senhor", disse-lhe Marta, irmã do defunto, "já cheira mal; está com quatro dias..."

Tornou-lhe Jesus: "Não te disse eu que verás a glória de Deus, se tiveres fé?"

Tiraram, pois, a pedra. Jesus levantou os olhos ao céu e disse: "Pai, graças te dou, porque me atendeste; bem sabia eu que sempre me atendes, mas por causa do povo em derredor é que o disse, para que tenham fé que tu me enviaste".

Dito isso, bradou: “Lázaro, vem para fora!”

Saiu o que estivera morto, trazendo os pés e as mãos ligados com ataduras, e o rosto envolto num sudário. Ordenou-lhes Jesus: “Desenleai-o e deixai-o andar”.

O Sinédrio decreta a morte de Jesus. (11,45-53)

Muitos judeus que tinham ido visitar Maria e presenciado o que Jesus fizera creram nele. Alguns deles, porém, foram ter com os fariseus e lhes contaram o que Jesus acabava de fazer, pelo que os pontífices e os fariseus convocaram o conselho e disseram: “Que faremos, pois que esse homem faz tantos prodígios? Se o deixarmos nesse andar, acabarão todos por ter fé nele; e então virão os romanos e nos tirarão a nossa terra e a gente”.

Um deles, porém, Caifás, que era pontífice naquele ano, disse-lhes: “Vós não sabeis nada, nem considerais que é melhor para vós morrer um homem pelo povo do que perecer a nação toda”. Isso não disse ele de si mesmo, mas, antes, na qualidade de pontífice daquele ano, profetizou que Jesus havia de morrer pelo povo; e não somente pelo povo, mas também para congregar os filhos de Deus que andavam dispersos.

A partir desse dia, estavam resolvidos a matá-lo.

Jesus em Efraim. (11,54-57)

Por essa razão já não aparecia Jesus em público entre os judeus; mas retirou-se daí para uma região vizinha ao deserto, a uma cidade por nome Efraim. Lá ficou com seus discípulos.

Aproximava-se a páscoa dos judeus. Muita gente do campo subia a Jerusalém, antes da festa pascal, para se santificar. Andavam à procura de Jesus e, reunidos no templo, diziam uns aos outros: “Que pensais? Não comparecerá à festa?” É que os pontífices e os fariseus tinham dado ordem de que qualquer pessoa que soubesse do paradeiro dele o denunciasse para que o pudessem prender.

Jesus ungido em Betânia. (12,1-8)

Seis dias antes da páscoa, veio Jesus a Betânia, onde residia Lázaro, que Jesus ressuscitara dentre os mortos. Aí lhe ofereceram um banquete. Marta servia, enquanto Lázaro fazia parte dos convivas. Tomou Maria uma libra do precioso ungüento de nardo genuíno, ungiu com ele os pés de Jesus e enxugou-os com os seus cabelos. Encheu-se toda a casa com o perfume do ungüento.

Observou então um dos discípulos, Judas Iscariotes, que havia de entregá-lo: "Por que não se vendeu este ungüento por trezentos denários para distribuí-los aos pobres?" Isso dizia ele, não porque lhe interessassem os pobres, mas porque era ladrão e, de posse da bolsa, furtava o que entrava.

Replicou Jesus: "Deixai-a! Que ela guarde o ungüento para o dia de minha sepultura. Pobres sempre os tendes convosco; a mim, porém, nem sempre me tendes". [1-8: Mt 26,6; Mc 14,3]

Entrada solene em Jerusalém. (12,9-19)

Crescido número de judeus chegou a saber da presença dele. E afluíram, não somente por causa de Jesus, mas também para ver a Lázaro, a quem ressuscitara entre os mortos, pelo que os príncipes dos sacerdotes assentaram matar também a Lázaro, porque muitos dos judeus iam embora por causa dele e criam em Jesus.

No dia seguinte, as multidões populares vindas para a festa souberam que Jesus entraria em Jerusalém. Empunharam ramos de palmeira e saíram-lhe ao encontro, clamando: "Hosana! Bendito seja o que vem em nome do Senhor, o rei de Israel!"

Encontrou Jesus um jumentinho e montou nele, conforme está escrito: "Não temas, filha de Sião; eis que vem o teu rei montado em um jumentinho".

A princípio, não atinaram os discípulos com o sentido disso; mas, quando Jesus foi glorificado, recordaram-se de que dele foram escritas essas coisas e que eles mesmos tinham contribuído para o seu cumprimento.

Disso dava testemunho o povo que se tinha achado presente quando ele chamara do sepulcro a Lázaro e o ressuscitara dentre os mortos. Por esta razão foi o povo ao encontro dele, por ter conhecimento do prodígio que realizara.

Os fariseus, porém, diziam uns aos outros: "Estais vendo que nada aproveitais? Lá vai todo o mundo atrás dele!". [12-19: Mt 21,1; Mc 11,1; Jo 19,29]

Jesus e os pagãos. (12,20-36)

Entre os que tinham subido a Jerusalém para adorar, no dia da festa, encontravam-se também alguns gregos. Dirigiram-se a Filipe, natural de Betsaida, na Galiléia, e lhe fizeram este pedido: "Senhor, quiséramos ver a Jesus". Filipe foi e falou com André; ao que Filipe e André informaram a Jesus.

Respondeu-lhes Jesus: "É chegada a hora em que o Filho do homem vai ser glorificado. Em verdade, em verdade vos digo: se o grão de trigo não cair em terra e morrer, fica a sós consigo; mas, se morrer, produzirá muito fruto. Quem ama a sua vida perdê-la-á; mas quem neste mundo despreza a sua vida salvá-la-á para a vida eterna. Quem quiser servir-me siga-me; onde eu estiver, aí estará também meu servidor. Quem me serve será glorificado por meu Pai. Agora está minha alma abalada. Que direi? Pai, salva-me desta hora? Mas foi precisamente para isto que me sobreveio esta hora. Pai, glorifica o teu nome".

Ecoou então uma voz no céu: "Tenho-o glorificado e tornarei a glorificá-lo".

O povo que estava presente e ouvira isso, dizia: "Foi um trovão". Outros afirmavam: "Um anjo lhe falou".

Jesus, porém, disse: "Não foi por causa de mim que esta voz se fez ouvir, mas, sim, por causa de vós. Agora é que o mundo entrará em juízo; agora será lançado fora o príncipe deste mundo. E eu, quando for suspenso acima da terra, atrairei todos a mim".

Com essas palavras designava ele de que morte havia de morrer.

Replicou-lhe o povo: "Nós temos ouvido na lei que o Cristo permanece eternamente; como é, pois, que tu dizes: 'Importa que o Filho do homem seja suspenso?' Que Filho do homem é esse?"

Tornou-lhes Jesus: "Ainda um pouco de tempo estará convosco a luz; andai na luz, enquanto a tendes, para que não vos envolvam as trevas. Quem anda em trevas não sabe para onde vai. Enquanto tendes a luz tende fé na luz, para que sejais filhos da luz".

Dito isso, retirou-se Jesus e ocultou-se deles.

Incredulidade dos judeus. (12,37-43)

Apesar de ter realizado tantos prodígios a seus olhos, não tiveram fé nele. Destarte devia cumprir-se a palavra do profeta Isaías: "Senhor, quem dá crédito à nossa mensagem? E a quem se revelou o braço do Senhor?"

Por isso é que não podiam ter fé; porque Isaías também disse: "Cegou-lhes os olhos e endureceu-lhes o coração, de modo que não vêem com os olhos nem compreendem com o coração, nem se convertem, nem eu lhes dou saúde".

Isso dizia Isaías, quando lhe contemplava a glória e falava dele.

Contudo, também entre os chefes havia muitos que tinham fé nele, embora não o confessassem em público, por causa dos fariseus, para não serem expulsos da sinagoga. É que tinham em maior conta a glória perante os homens do que a glória aos olhos de Deus.

Missão divina de Jesus. (12,44-50)

Exclamou Jesus: "Quem tem fé em mim não tem fé em mim, mas, sim, naquele que me enviou; e quem vê a mim vê aquele que me enviou. Eu vim ao mundo como a luz, para que ninguém que tiver fé em mim fique nas trevas. Quem ouve as minhas palavras, mas não as observa, a esse não julgo eu, porque não vim para julgar o mundo, senão para salvar o mundo. Quem me despreza e não aceita as minhas palavras, tem quem julgue: a palavra que anunciei, essa é que há de julgá-lo no último dia; porque eu não falei de mim mesmo, mas o Pai que me enviou ordenou-me o que devo dizer e o que devo anunciar. E eu sei que o seu mandamento é a vida eterna. As coisas, pois, que digo, digo-as assim como o Pai me ordenou".

Paixão, morte e ressurreição de Jesus

A última ceia

O lava-pés. (13,1-11)

Era na véspera da festa pascal. Sabia Jesus que era chegada a hora de passar deste mundo para o Pai e, como amava aos seus que estavam no mundo, até o extremo os amou.

Fizeram a ceia. Já o adversário insinuara no coração de Judas Iscariotes, filho de Simão, que o entregasse. Conquanto Jesus soubesse que o Pai lhe entregara tudo nas mãos, e que de Deus saíra e para Deus tornaria, levantou-se da ceia, depôs o manto, tomou uma toalha e cingiu-se com ela; depois deitou água numa bacia e principiou a lavar os pés aos discípulos, enxugando-os com a toalha com que estava cingido.

Veio a Simão Pedro. Este, porém, lhe disse: "Senhor, tu me lavas os pés?"

Respondeu-lhe Jesus: "O que eu faço, ainda agora não o compreendes; mais tarde, porém, o compreenderás".

Tornou-lhe Pedro: "Não me lavarás os pés eternamente".

Disse-lhe Jesus: "Se não te lavar, não terás parte comigo".

Respondeu Pedro: "Senhor, não somente os pés, mas também as mãos e a cabeça".

Replicou-lhe Jesus: "Quem tomou banho não precisa senão lavar os pés, e todo ele está limpo. Vós também estais limpos, mas nem todos".

É que conhecia o seu traidor; por isso disse: "Nem todos estais limpos".

Exemplo aos discípulos. (13,12-20)

Depois de lhes lavar os pés, retomou o seu manto, tornou a reclinar-se à mesa, e disse: "Compreendeis o que vos acabo de fazer? Vós me chamais Mestre e Senhor, e dizei bem, porque eu o sou. Se, pois, eu, Senhor e Mestre, vos lavei os pés, deveis também vós lavar-vos os pés uns aos outros. Dei-vos exemplo, para que também vós façais como eu vos fiz. Em verdade, em verdade vos digo: não está o servo acima do seu senhor, nem o enviado acima de quem o enviou. Felizes de vós se isto compreenderdes e o puserdes em prática.

Não digo isto de todos vós; sei a quem escolhi. Entretanto, força é que se cumpra a Escritura: 'Quem come o pão comigo levantou contra mim o calcanhar'. Já agora, antes de sucedido, vo-lo digo, para que, quando suceder, creiais que isto se refere a mim. Em verdade, em verdade vos digo: quem recebe a um enviado meu, a mim é que me recebe; e quem recebe a mim, recebe àquele que me enviou".

Retirada do traidor. (13,21-30)

Dito isso, abalou-se Jesus em espírito, e protestou: "Em verdade vos digo: um de vós me há de entregar".

Entreolharam-se os discípulos, sem saber a quem se referia. Ora, um dos seus discípulos, a quem Jesus amava, achava-se reclinado ao peito de Jesus. A este fez Simão Pedro sinal e disse-lhe: "Pergunta de quem é que fala". Inclinou-se aquele ao peito de Jesus e inquiriu: "Quem é, Senhor?"

Respondeu Jesus: "A quem eu der o bocado embebido, esse é". E, embebendo o bocado, deu-o a Judas Iscariotes, filho de Simão. E, logo depois do bocado, entrou nele Satanás. Jesus ainda lhe disse: "O que estás para fazer, faze-o já".

Entretanto, nenhum dos companheiros de mesa percebeu por que lhe dizia isso. Sendo que Judas guardava a bolsa, cuidaram alguns que Jesus lhe dissera: "Vai comprar as coisas que havemos mister para a festa"; ou que desse alguma coisa aos pobres. Logo que Judas tomou o bocado, saiu. Era noite.[21-30: Mt 26,21; Mc 14,18; Lc 22,21]

Glorificação de Jesus. (13,31-32)

Depois da saída dele, disse Jesus: "Agora é glorificado o Filho do homem, e Deus é glorificado nele. Se Deus for glorificado nele, Deus também o glorificará em si mesmo, e glorificá-lo-á em breve.

O novo mandamento. (13,33-35)

Filhinhos, ainda um pouco de tempo estou convosco. Procurar-me-eis; mas o que disse aos judeus, também a vós o digo agora: aonde eu vou, aí vós não podeis ir.

Um novo mandamento vos dou: amai-vos uns aos outros. Amai-vos mutuamente assim como eu vos tenho amado. Nisto conhecerão todos que sois discípulos meus: em que vos ameis uns aos outros".

Perguntas de Simão Pedro. (13,36-38)

Perguntou-lhe Simão Pedro: "Aonde vais, Senhor?"

Respondeu Jesus:"Aonde eu vou não me podes seguir agora; mais tarde, porém, me seguirás".

"Senhor", tornou-lhe Pedro, "Por que não posso seguir-te agora? Dou a minha vida por ti!" Tornou-lhe Jesus: "Darás a tua vida por mim? Em verdade te digo: antes que o galo cante, negar-me-ás três vezes.[36-38: Mt 26,33; Mc 14,29; Lc 22,31]

Palavras de despedida

Perspectivas celestes. (14,1-11)

Não se perturbe o vosso coração. Tende fé em Deus, e tende fé em mim. Em casa de meu Pai há muitas moradas. Se assim não fosse, eu não vo-lo teria dito. Pois eu vou para vos preparar um lugar. Depois de partir e preparar-vos um lugar, voltarei e vos levarei comigo, para que vós estejais onde eu estou. Aonde vou? — conheceis o caminho".

"Senhor", disse-lhe Tomé, "não sabemos aonde vais; e como podemos conhecer o caminho?"

Respondeu-lhe Jesus: "Eu sou o caminho, a verdade e a vida; ninguém vai ao Pai senão por mim. Se me conhecêsseis a mim, também conheceríeis a meu Pai. Doravante o conhecereis, pois que o vistes".

"Senhor", acudiu Filipe, "mostra-nos o Pai, e isso nos basta."

Tornou-lhe Jesus: "Há tanto tempo que estou convosco, e ainda não me conheces, Filipe? Quem me viu a mim, viu também o Pai. Como é, pois, que dizes: 'Mostra-nos o Pai?' Não crês então que eu estou no Pai, e que o Pai está em mim? As palavras que vos digo não digo de mim mesmo; e as obras, quem as faz é o Pai, que permanece em mim. Crede que estou no Pai e que o Pai está em mim; crede ao menos em atenção às obras.

Promessa do Espírito Santo. (14,12-17)

Em verdade vos digo: quem tem fé em mim fará as obras que eu faço, e fará obras maiores que estas; porque eu vou para o Pai. Tudo quanto pedirdes em meu nome, eu o farei, para que o Pai seja glorificado no Filho. Se me pedirdes em meu nome eu o farei.

Se me amais, guardai os meus mandamentos. Então rogarei ao Pai, e ele vos dará outro Consolador, para que permaneça convosco eternamente: o Espírito da verdade, que o mundo não pode receber, porque não o vê nem o conhece; vós, porém, o conheceis, porque habita convosco e permanecerá em vós.

União com Cristo. (14,18-24)

Não vos deixarei órfãos; tornarei a vós. Ainda um pouco de tempo, e o mundo já não me verá. Vós, porém, me vereis, porque eu vivo, e também vós vivereis. Naquele dia, sim, compreendereis que estou em meu Pai, que vós estais em mim e eu em vós. Quem tem os meus mandamentos e os guarda, esse é que me ama. Mas quem me ama será amado por meu Pai, e também eu o amarei e me manifestarei a ele".

Perguntou-lhe então Judas, não o Iscariotes: "Como é isto, Senhor, que pretendes manifestar-te só a nós, e não ao mundo?"

Respondeu-lhe Jesus: "Quem me ama guardará a minha palavra; meu Pai o amará, e viremos a ele e faremos nele habitação. Quem não me ama não guarda as minhas palavras. E a palavra que acabais de ouvir não é minha, mas, sim, do Pai que me enviou.

A paz do Cristo. (14,25-31)

Isto vos disse enquanto estou convosco; mas o consolador, o Espírito Santo, que o Pai enviará em meu nome, vos ensinará todas as coisas, e vos recordará tudo quanto vos tenho dito.

Deixo-vos a paz, dou-vos a minha paz; não vo-la dou assim como a dá o mundo. Não se perturbe nem se atemorize o vosso coração. Ouvistes que vos disse: 'Vou e torno a vós'. Se me amásseis, folgaríeis de que vou ter com o Pai; porque o Pai é maior que eu. Disse-vo-lo agora, antes de acontecer, para que depois de acontecido creiais. Já não falarei muito convosco, porque vem o príncipe deste mundo.

Sobre mim não tem poder algum; mas há de o mundo conhecer que amo o Pai e que procedo assim como o Pai me ordenou.

Levantai-vos! Vamos!

A videira e seus ramos. (15,1-11)

Eu sou a videira verdadeira, e meu Pai é o jardineiro. Corta todo ramo que em mim estiver sem produzir fruto; mas todo o que der fruto limpa-o para que produza fruto ainda mais abundante. Vós já estais limpos em virtude da palavra que vos falei. Permanecei em mim, e eu permanecerei em vós. Do mesmo modo que o ramo não pode produzir fruto de si mesmo, se não ficar na videira, assim nem vós, se não ficardes em mim. Eu sou a videira, vós sois os ramos. Quem fica em mim e no qual eu fico produz muito fruto; porque sem mim nada podeis fazer. Quem não ficar em mim será lançado fora como o ramo e secará; recolhe-se e deita-se ao fogo para queimar.

Se ficardes em mim e se minhas palavras ficarem em vós, pedi o que quiserdes e alcançá-lo-eis. Nisto é glorificado meu Pai: em que deis muito fruto e vos torneis discípulos meus.

Como meu Pai me amou, assim vos tenho eu amado. Permanecei no meu amor. Se guardardes os meus mandamentos, permanecereis no meu amor, assim como eu também permaneço no amor de meu Pai, guardando-lhe os mandamentos. Disse-vos isto para que minha alegria esteja em vós e seja perfeita a vossa alegria.

O preceito do amor. (15,12-17)

Este é o meu mandamento: amai-vos uns aos outros assim como eu vos tenho amado. Ninguém tem maior amor do que aquele que dá a própria vida por seus amigos. Vós sois meus amigos, se fizerdes o que vos mando. Já não vos chamo servos, porque o servo não sabe o que faz seu senhor; amigos é que vos chamei, porque vos dei a conhecer tudo quanto ouvi de meu Pai. Não fostes vós que me escolhestes, mas eu é que vos escolhi e vos encarreguei de irdes e produzirdes fruto, para que seja duradouro o vosso fruto. Então o Pai vos concederá tudo o que pedirdes em meu nome. O meu mandamento é este: amai-vos uns aos outros.

O ódio do mundo. (15,18-27; 16,1-4)

Se o mundo vos odeia, sabei que, primeiro que a vós, me odiou a mim. Se fôsseis do mundo, amaria o mundo o que era seu; mas como não sois do mundo — antes eu vos escolhi do mundo —, por isso é que o mundo vos odeia.

Lembrai-vos da palavra que vos disse: não está o servo acima do seu senhor. Se me perseguiram a mim, também vos perseguirão a vós; e, se guardarem minha palavra, guardarão também a vossa. Ora, tudo isto vos farão por causa do meu nome, porque não conhecem aquele que me enviou. Se eu não viera e lhes falara, não teriam culpa; agora, porém, não têm desculpa para o seu pecado. Quem me odeia a mim odeia também a meu Pai. Se eu não tivesse feito, no meio deles, obras que nenhum outro fez, estariam sem culpa; agora, porém, viram-nas e contudo me odeiam, a mim e a meu Pai. Entretanto, convinha se cumprisse a palavra que está escrita em sua lei: 'Odiaram-me sem motivo'.

Quando vier o Consolador, que eu vos enviarei do Pai — o Espírito da verdade que do Pai procede —, dará testemunho de mim; e também vós dareis testemunho, porque desde o princípio estais comigo.

Disse-vos estas coisas para que não sofrais decepção. Expulsar-vos-ão das sinagogas, e chegará a hora em que todo homem que vos matar julgará prestar um serviço a Deus. Isto farão porque não conhecem nem ao Pai nem a mim. Digo-vos estas coisas para que, quando chegar a hora, vos lembreis de que vo-las predisse. Não vo-las disse desde o princípio porque estava convosco.

Consolação do Espírito Santo. (16,5-15)

Agora vou ter com aquele que me enviou; e nenhum de vós me pergunta: 'Aonde vais?' — de tão pesaroso que trazeis o coração pelo que vos disse. Entretanto, digo-vos a verdade: é-vos conveniente que eu vá; porque, se não for, não virá a vós o Consolador; mas, se for, vo-lo enviarei. E, quando vier, fará saber ao mundo que há pecado, justiça e juízo — pecado, porque não tem fé em mim; justiça, porque vou ter com o Pai, e já não me vereis; juízo, porque o príncipe deste mundo já está julgado.

Muitas coisas tenho ainda que vos dizer; mas não as podeis suportar. Quando, porém, vier aquele, o Espírito da verdade, iniciar-vos-á em toda a verdade. Pois não falará de si próprio; mas dirá o que ouve, e anunciar-vos-á o que está por vir. Glorificar-me-á, porque tomará do que é meu e vo-lo anunciará. Tudo o que o Pai tem é meu. Por isso é que vos disse: tomará do que é meu e vo-lo anunciará.

Tornaremos a nos ver. (16,16-24)

Ainda um pouco de tempo, e já não me vereis; e mais um pouco de tempo, e tornareis a ver-me".

Perguntaram entre si alguns dos discípulos: "Que quer dizer com estas palavras: 'Ainda um pouco de tempo, e já não me vereis; e mais um pouco de tempo, e tornareis a ver-me'? E isto: 'Vou para junto do Pai'? Diziam pois: "Que quer dizer com estas palavras: 'Ainda um pouco de tempo?' Não compreendemos o que diz".

Reparou Jesus que queriam interrogá-lo, e disse-lhes: "Estais a perguntar uns aos outros por que é que vos disse: 'Ainda um pouco de tempo, e já não me vereis; e mais um pouco de tempo, e tornareis a ver-me'? Em verdade, em verdade vos digo que haveis de chorar e gemer, ao passo que o mundo estará alegre; andareis tristes, sim, mas a vossa tristeza se converterá em alegria. Quando a mulher está para dar à luz se entristece, porque chegou a sua hora; mas, depois de dar à luz um filho, já não se lembra das angústias, pela satisfação que sente de ter nascido ao mundo um homem. Assim também vós andais aflitos agora, mas tornarei a ver-vos e alegrar-se-á o vosso coração, e já ninguém vos tirará a vossa alegria. Naquele dia já não perguntareis coisa alguma.

Em verdade vos digo: se pedirdes alguma coisa ao Pai em meu nome, vo-la dará. Até agora nada pedistes em meu nome. Pedi e recebereis — e será completa a vossa alegria.

Conclusão das palavras de despedida. (16,25-33)

Disse-vos isto em parábolas; tempo virá em que não vos falarei mais em parábolas, mas vos falarei abertamente de meu Pai. Naquele dia, sim, pedireis em meu nome, e digo-vos que já não terei de rogar ao Pai por vós. Porque o Pai mesmo vos ama, porque me amastes e crestes que saí de Deus. Sim, saí do Pai e vim ao mundo. Deixo agora o mundo e torno para junto do Pai".

Observaram então os discípulos: "Eis que agora falas claro e não te serves mais de parábolas. Agora sabemos que sabes tudo e não necessitas das perguntas de ninguém. Por isso cremos que saíste de Deus".

Respondeu-lhes Jesus: "Agora credes? Eis que vem a hora — e já chegou — em que vos espalhareis, cada qual para sua parte, deixando-me só. Mas eu não estou só, porque comigo está o Pai. Disse-vos isto para que tenhais a paz em mim. No mundo passareis tribulações; mas tende confiança; eu venci o mundo".

Oração por si mesmo. (17,1-5)

Depois dessas palavras, levantou Jesus os olhos ao céu e disse: "Pai, é chegada a hora. Glorifica teu filho, para que teu filho te glorifique. Deste-lhe poder sobre todos os homens, a fim de que dê a vida eterna a todos os que lhe confiaste. A vida eterna, porém, é esta: conhecerem-te a ti, o único Deus verdadeiro, e a Jesus Cristo, que enviaste. Glorifiquei-te sobre a terra. Levei a termo a obra que me deste a fazer. Glorifica-me, pois, agora contigo, Pai, com aquela glória que eu tinha em ti, antes que houvesse mundo.

Oração pelos apóstolos. (17,6-19)

Tenho manifestado o teu nome aos homens que do mundo me deste. Eram teus, tu mos confiaste, e guardaram a tua palavra. Agora sabem eles que vem de ti tudo quanto me deste, porque lhes dei as palavras que tu me deras, e aceitaram-nas e em verdade conheceram que saí de ti, e creram que tu me enviaste.

Por eles é que rogo. Não rogo pelo mundo, mas pelos que me deste; porque são teus. Tudo o que é meu é teu, e tudo o que é teu é meu. Neles é que sou glorificado. Já não fico no mundo — eles, porém, ficam no mundo —, porque vou ter contigo. Pai santo, guarda-os em teu nome, o qual me deste para que sejam um, assim como nós. Enquanto estava com eles, guardei-os em teu nome, o qual me deste; tenho-os amparado, e nenhum deles se perdeu, a não ser o filho da perdição, para que se cumprisse a Escritura. Agora, porém, vou para ti. Digo isto para que eles, no mundo, tenham em si a plenitude do meu gozo. Dei-lhes a tua palavra; mas o mundo lhes teve ódio, porque eles não são do mundo, assim como também eu não sou do mundo. Não rogo que os tires do mundo, mas que os guardes do mal. Eles não são do mundo, assim como também eu não sou do mundo. Santifica-os para a verdade. A tua palavra é a verdade. Assim como tu me enviaste ao mundo, também eu os enviei ao mundo. Por eles é que me santifico, para que sejam santificados na verdade.

Oração pela Igreja. (17,20-26)

Mas não rogo somente por eles, senão também pelos que por sua palavra chegarem a crer em mim, para que sejam todos um. Assim como tu, Pai, estás em mim e eu em ti, assim também eles sejam um em nós, para que o mundo creia que me enviaste. Dei-lhes a glória que me deste, para que sejam um, assim como também nós somos um: eu neles e tu em mim. Assim sejam também eles perfeitamente um, para que o mundo conheça que me enviaste e os amaste, assim como amaste a mim. Pai, quero que os que me deste estejam onde eu estou, para contemplarem a minha glória que me deste; pois que me amaste antes da criação do mundo.

Pai justo, o mundo não te compreendeu; eu, porém, te compreendi, e também estes compreenderam que me enviaste. Manifestei-lhes o teu nome, e continuarei a manifestá-lo, para que o amor com que me tens amado esteja neles, e eu neles".

Do Getsêmani ao Gólgota

Prisão de Jesus. (18,1-11)

Depois dessas palavras saiu Jesus com seus discípulos para além do ribeiro de Cedron. Havia aí um horto, onde entrou, acompanhado dos seus discípulos. Também Judas, o seu traidor, conhecia o lugar; porque muitas vezes lá fora Jesus com seus discípulos. Tomou Judas um destacamento de soldados e servos da parte dos pontífices e fariseus, e dirigiu-se para lá com lanternas, archotes e armas.

Jesus, sabendo tudo o que estava para acontecer-lhe, adiantou-se e perguntou-lhes: "A quem procurais?"

"A Jesus de Nazaré", responderam-lhe.

Disse-lhes Jesus: "Sou eu".

Também Judas, o traidor, estava com eles. Assim que Jesus lhes disse: "Sou eu", recuaram e caíram por terra.

Tornou a perguntar-lhes: "A quem procurais?"

"A Jesus de Nazaré", responderam.

"Já vos disse", replicou Jesus, "que sou eu. Se, pois, me procurais a mim, deixai ir esses". Devia assim cumprir-se a palavra que proferira: "Não perdi nenhum dos que me deste".

Simão Pedro puxou da espada que trazia consigo e vibrou-a contra o servo do pontífice, e cortou-lhe a orelha direita. O servo chamava-se Malco.

Disse Jesus a Pedro: "Mete a espada na bainha. Não hei de beber o cálice que meu Pai me ofereceu?"

Diante de Anás. (18,12-23)

Então o destacamento, o tribuno e os guardas dos judeus prenderam a Jesus e ligaram-no. Conduziram-no primeiramente à presença de Anás. Era sogro de Caifás, pontífice naquele ano. Fora Caifás quem aconselhara aos judeus que convinha morresse um homem pelo povo.[1-14: Mt 26,36; Mc 14,32; Lc 22,39]

Simão Pedro e mais outro discípulo seguiram a Jesus. Era este discípulo conhecido do pontífice, e entrou com Jesus no pátio do pontífice, enquanto Pedro ficou de fora, à porta. Saiu então o outro discípulo, conhecido do pontífice, falou com a porteira e fez entrar a Pedro. Ao que a criada porteira perguntou a Pedro: "Não és também tu um dos discípulos desse homem?"

"Não sou", respondeu ele. Estavam os criados e guardas a aquecer-se a uma fogueira, porque fazia frio. Também Pedro estava com eles, aquecendo-se.[15-18: Mt 26,69; Mc 14,66; Lc 22,54]

O pontífice interrogou a Jesus sobre os seus discípulos e sobre a sua doutrina. Respondeu-lhe Jesus: "Tenho falado em público a todo o mundo. Tenho ensinado sempre nas sinagogas e no templo, aonde concorrem todos os judeus, e não falei coisa alguma às ocultas. Por que me interrogas a mim? Interroga os que ouviram o que lhes disse. Eles bem sabem o que disse".

A essas palavras, um dos servos assistentes deu uma bofetada em Jesus, dizendo: "É assim que respondes ao pontífice?"

Tornou-lhe Jesus: "Se falei mal, dá prova do mal; mas, se falei bem, por que me feres?"

Diante de Caifás. (18,24-27)

Anás remeteu-o ligado ao pontífice Caifás.

Simão Pedro ainda lá estava aquecendo-se. Perguntaram-lhe: "Não és também tu dos discípulos dele?" Negou ele, dizendo: "Não sou".

Um dos servos do pontífice, parente daquele a quem Pedro cortara a orelha, observou: "Pois não te vi com ele no horto?"

Pedro tornou a negar. E logo cantou o galo.[25-27: Mt 26,69; Mc 14,66; Lc 22,56]

Jesus entregue a Pilatos. (18,28-32)

Da presença de Caifás conduziram Jesus para o pretório. Era de manhã cedo. Eles mesmos não entraram no pretório para não se contaminarem e poderem comer o cordeiro pascal. Pelo que Pilatos saiu a ter com eles e perguntou: "Que acusação apresentais contra este homem?"

Responderam-lhe: "Se ele não fosse um malfeitor, não to entregaríamos".

Disse-lhes Pilatos: "Tomai-o vós e julgai-o segundo a vossa lei".

Replicaram-lhe os judeus: "Não nos é permitido matar alguém". Devia assim cumprir-se a palavra com que Jesus indicara o gênero da morte que ia ter.

Primeiro interrogatório. (18,33-40)

Tornou Pilatos a entrar no pretório, chamou a Jesus e perguntou-lhe: "És tu o rei dos judeus?"

Respondeu Jesus: "É de ti mesmo que perguntas isto, ou foram os outros que to disseram de mim?"

Replicou Pilatos: "Sou eu, porventura, judeu? O teu povo e os pontífices entregaram-te às minhas mãos. Que fizeste?"

Respondeu Jesus: "O meu reino não é deste mundo. Se deste mundo fosse o meu reino, os meus servos, certamente, pelejariam para que eu não fosse entregue aos judeus; porém, o meu reino não é daqui".

Inquiriu Pilatos: "Logo, tu és rei?"

Tornou Jesus: "É como dizes, eu sou rei. Para isso nasci, e por isto vim ao mundo: para dar testemunho à verdade. Todo homem que é da verdade dá ouvidos à minha voz".

Disse-lhe Pilatos: "Que coisa é a verdade?" E, dito isso, voltou a ter com os judeus e declarou-lhes: "Eu não encontro nele crime. É, porém, costume vosso que pelo tempo da páscoa vos solte um prisioneiro. Quereis que vos solte o rei dos judeus?"

Gritaram eles: "Não, este não, mas Barrabás!"

Ora, Barrabás era um ladrão.

Jesus apresentado ao povo. (19,1-7)

Mandou Pilatos levar Jesus e açoitá-lo.

Teceram os soldados uma coroa de espinhos e puseram-lha sobre a cabeça e vestiram-lhe um manto de púrpura. Chegavam-se a ele, dizendo: "Salve, rei dos judeus!" E davam-lhe bofetadas.

Tornou Pilatos a sair e disse-lhes: "Eis que vo-lo apresento, para que saibais que não encontro nele crime".

Saiu, pois, Jesus trazendo a coroa de espinhos e o manto de púrpura. Disse-lhes Pilatos: "Eis o homem".

Mas, logo que os pontífices e os seus servos o viram, clamaram: "Crucifica-o! Crucifica-o!"

Disse-lhes Pilatos: "Tomai-o vós e crucificai-o. Eu não encontro nele crime".

Bradaram os judeus: "Nós temos uma lei e segundo a lei deve morrer, porque se fez Filho de Deus".

Segundo interrogatório. (19,8-11)

Ouvindo Pilatos essa palavra, temeu ainda mais. Tornou a entrar no pretório e perguntou a Jesus: "Donde és tu?" Jesus, porém, não lhe deu resposta. Disse-lhe Pilatos: "Não me respondes? Não sabes que tenho poder de crucificar-te, e poder de pôr-te em liberdade?"

Respondeu-lhe Jesus: "Não terias poder algum sobre mim, se não te fosse dado do alto. Por isso, quem me entregou a ti tem maior pecado".

A sentença. (19,12-16)

A partir daí, procurava Pilatos soltá-lo. Os judeus, porém, clamaram: "Se soltares a esse, não és amigo de César; porque todo aquele que se faz rei é adversário de César".

Quando Pilatos ouviu essas palavras, mandou conduzir Jesus para fora e sentou-se no tribunal, no lugar chamado Litóstrotos — em hebraico: Gábata. Era o dia dos preparativos da páscoa, por volta do meio-dia. Disse então aos judeus: "Eis o vosso rei!" Eles, porém, clamaram: "Fora, fora com ele, crucifica-o!"

Volveu-lhes Pilatos: "Pois hei de crucificar o vosso rei?"

Responderam os pontífices: "Não temos outro rei senão César!"[18-28: 19,15; Mt 27,2; Mc 15,1; Lc 23,1]

Ao que lhes entregou Jesus para ser crucificado.

Crucifixão. (19,17-22)

Tomaram, pois, a Jesus. Carregava ele mesmo a sua cruz para um lugar que se chama Calvário — em hebraico: Gólgota. Aí o crucificaram, e com ele outros dois, um de cada lado. A Jesus, porém, no meio.

Mandara também Pilatos compor um letreiro e colocou-o sobre a cruz. Dizia: JESUS NAZARENO, REI DOS JUDEUS. Muitos dos judeus leram esse letreiro, porque o lugar onde Jesus foi crucificado ficava perto da cidade. Estava escrito em hebraico, latim e grego. Disseram os pontífices dos judeus a Pilatos: "Não escrevas: 'Rei dos judeus'; mas que ele disse: 'Eu sou rei dos judeus'".

Replicou Pilatos: "O que escrevi escrito está".

Distribuição das vestiduras. (19,23-24)

Depois de crucificarem a Jesus, os soldados lançaram mão das suas vestiduras e fizeram delas quatro partes, uma para cada soldado; além disso, a túnica. A túnica, porém, era sem costura, toda tecida de alto a baixo. Pelo que disseram entre si: "Não a cortemos, mas lancemos sortes, a ver a quem toca". Cumpriu-se assim o que diz a Escritura: "Repartem entre si as minhas vestiduras, e lançam sortes sobre minha túnica".

Foi o que fizeram os soldados.

Última vontade. (19,25-27)

Junto à cruz de Jesus estavam sua mãe, a irmã de sua mãe, Maria, mulher de Cleofas, e Maria Madalena. Vendo Jesus sua mãe e ao lado dela o discípulo a quem amava, disse à sua mãe: "Senhora, eis teu filho". Depois disse ao discípulo: "Eis tua mãe". Desde essa hora o discípulo a levou em sua companhia.

Morte de Jesus. (19,28-30)

Sabia Jesus que agora estava tudo consumado. Pelo que, para dar cumprimento à Escritura, disse: "Tenho sede". Havia ali um vaso cheio de vinagre. Ensoparam no vinagre uma esponja e, prendendo-a em uma cana de hissope, chegaram-lha à boca. Jesus provou o vinagre e disse: "Está consumado". E, inclinando a cabeça, entregou o espírito.[16-30: Mt 27,31; Mc 15,20; Lc 23,26]

Traspasse do lado de Jesus. (19,31-37)

Era dia de preparativos. Para que os corpos não ficassem na cruz durante o sábado — porque era de grande solenidade aquele sábado — foram os judeus pedir a Pilatos que se lhes quebrassem as pernas e tirassem daí.

Vieram, pois, os soldados e quebraram as pernas a um e a outro que tinham sido crucificados com ele. Chegando, porém, a Jesus e verificando que já estava morto, não lhe quebraram as pernas; mas um dos soldados abriu-lhe o lado com uma lança, e imediatamente saiu sangue e água.

Quem isso presenciou dá testemunho do fato, e o seu testemunho é verídico. Ele sabe que diz a verdade para que também vós creiais. E isso aconteceu para que se cumprisse a Escritura: "Não se lhe há de quebrar osso algum"; diz em outro lugar a Escritura: "Contemplarão aquele que traspassaram".

Sepultura de Jesus. (19,38-42)

Em seguida, José de Arimatéia — que era discípulo de Jesus, porém às ocultas, com medo dos judeus — foi requerer permissão a Pilatos para tirar o corpo de Jesus. Pilatos permitiu-o. Foi, pois, e tirou o corpo de Jesus. Apareceu também Nicodemos — que outrora visitara a Jesus, de noite — e trouxe uma mistura de mirra e aloés, pesando quase cem libras. Tomaram o corpo de Jesus e envolveram-no em lençóis de linho, juntamente com os aromas, segundo a maneira de sepultar usada entre os judeus. Havia no lugar onde Jesus foi crucificado um horto, e nesse horto um sepulcro novo, no qual ninguém fora sepultado. Aí depositaram o corpo de Jesus, por ser dia de preparativos dos judeus; porque o sepulcro se achava a pouca distância.[38-42: Mt 27,57; Mc 15,42; Lc 23,50]

Ressurreição e aparições de Jesus

Pedro e João ao sepulcro. (20,1-10)

Na madrugada do primeiro dia da semana, ainda noite, dirigiu-se Maria Madalena ao sepulcro, e viu que a pedra estava revolvida do sepulcro. Foi às pressas ter com Simão Pedro e o outro discípulo a quem Jesus amava, e disse-lhes: "Tiraram o Senhor do sepulcro, e não sabemos onde o puseram".

Ao que Pedro e o outro discípulo saíram e foram ao sepulcro. Corriam os dois à porfia, mas aquele outro discípulo corria mais depressa que Pedro, e chegou primeiro ao sepulcro. Inclinando-se, viu os lençóis aí colocados; mas não entrou. Veio em seguida Simão Pedro, entrou no sepulcro e viu os lençóis aí colocados, como também o sudário que estivera sobre a cabeça de Jesus; não estava com outros lençóis, mas dobrado num lugar à parte. Nisso entrou também o discípulo que chegara primeiro ao sepulcro; viu, e teve fé. É que ainda não tinham compreendido a Escritura, segundo a qual devia ele ressuscitar dentre os mortos.

Voltaram os discípulos para casa.[1-10: Mt 28,1; Mc 16,1; Lc 24,1]

Jesus aparece a Maria Madalena. (20,11-18)

Estava Maria ao pé do sepulcro, do lado de fora, a chorar. E, enquanto chorava, inclinou-se e olhou para dentro do sepulcro — e viu dois anjos em alvejantes vestes, sentados onde estivera o corpo de Jesus, um à cabeceira e outro aos pés. Disseram-lhe: "Por que choras, senhora?"

Respondeu ela: "É que tiraram o meu Senhor, e não sei onde o puseram". A essas palavras voltou-se e viu, em pé, a Jesus, mas não sabia que era Jesus.

"Senhora", disse-lhe Jesus, "por que choras? A quem procuras?"

Ela, cuidando que fosse o jardineiro, disse-lhe: "Senhor, se tu o tiraste, dize-me onde o puseste; e eu o levarei".

Disse-lhe Jesus: "Maria".

Voltou-se ela e disse-lhe em hebraico: "*Raboni*!" — que quer dizer: Mestre.

Tornou-lhe Jesus: "Não me segures, porque ainda não subi para meu Pai; mas vai ter com meus irmãos e dize-lhes que subirei para meu Pai e vosso Pai, para meu Deus e vosso Deus".

Foi Maria Madalena e noticiou aos discípulos: "Vi o Senhor e ele me disse isto".[14-18: Mc 16,9]

Jesus aparece aos apóstolos. (20,19-23)

Pela tarde daquele dia, estavam os discípulos reunidos, de portas fechadas, com medo dos judeus. Apareceu Jesus no meio deles e disse-lhes: "A paz seja convosco". Dito isso, mostrou-lhes as mãos e o lado. Alegraram-se os discípulos de verem o Senhor. Disse-lhes Jesus pela segunda vez: "A paz seja convosco. Assim como meu Pai me enviou, também eu vos envio". Depois dessas palavras, soprou sobre eles, dizendo: "Recebei o Espírito Santo; a quem vós perdoardes os pecados, são-lhes perdoados; a quem vós os retiverdes, são-lhes retidos".[19-23: Mc 16,14; Lc 24,36]

Jesus aparece a Tomé. (20,24-29).

Ora, Tomé, um dos doze, chamado o Gêmeo, não estava com eles quando veio Jesus. Disseram-lhe, pois, os outros discípulos: "Vimos o Senhor". Ele, porém, lhes respondeu: "Se não lhe vir nas mãos a marca dos cravos, se não meter o dedo no lugar dos cravos, e não lhe introduzir as mãos no lado, não acreditarei".

Passados oito dias, achavam-se os discípulos outra vez portas adentro, e Tomé com eles. Entrou Jesus, de portas fechadas, colocou-se no meio deles e disse: "A paz seja convosco". Depois disse a Tomé: "Chega aqui teu dedo e vê minhas mãos; vem com tua mão e mete-a em meu lado; e não sejas descrente, mas crente".

"Meu Senhor e meu Deus!", disse-lhe Tomé.

Disse-lhe Jesus: "Tens fé, porque me viste; bem-aventurados os que não viram e contudo têm fé".

Conclusão. (20,30-31)

Ainda muitos outros milagres fez Jesus aos olhos dos seus discípulos, que não se acham escritos neste livro. Estes, porém, foram escritos para que vós creiais que Jesus é o Cristo, o Filho de Deus, e para que, mediante a fé, tenhais a vida em seu nome.

Aparição de Jesus à margem do lago de Tiberíades. (21,1-14)

Mais tarde, tornou Jesus a manifestar-se aos discípulos à margem do lago de Tiberíades. Foi do seguinte modo que apareceu: achavam-se reunidos Simão Pedro, Tomé, cognominado o Gêmeo, Natanael, natural de Caná da Galiléia, os filhos de Zebedeu, mais outros dois dos seus discípulos. Disse-lhes Simão Pedro: "Vou pescar".

Responderam-lhe os outros: "Vamos também nós contigo". Saíram, pois, e embarcaram. Mas não apanharam coisa alguma naquela noite.

Ao romper do dia estava Jesus na praia. Os discípulos, porém, não sabiam que era Jesus. Disse-lhes Jesus: "Filhos, não tendes nada que comer?"

"Nada", reponderam-lhe.

Disse-lhes ele: "Lançai a rede à direita do barco, e apanhareis alguma coisa".

Lançaram, pois, a rede, e já não a podiam tirar para fora, de tantos que eram os peixes. Observou então a Pedro o discípulo a quem Jesus amava: "É o Senhor!" Assim que Pedro ouviu que era o Senhor, cobriu-se com o manto — pois estava nu — e lançou-se no mar. Os outros discípulos foram seguindo no barco, arrastando a rede com os peixes; não estavam distantes da terra senão uns duzentos côvados. Saltaram em terra, e viram um braseiro com um peixe em cima, e pão. Disse-lhes Jesus: "Trazei dos peixes que acabais de apanhar".

Entrou Simão Pedro no barco e puxou à terra a rede repleta de cento e cinqüenta e três grandes peixes; e, apesar de serem tantos, não se rompeu a rede.

"Vinde almoçar", disse-lhes Jesus. Nenhum dos discípulos ousou perguntar-lhe quem era, porque sabiam que era o Senhor. Tomou Jesus o pão e serviu-lho, e igualmente o peixe.

Foi esta a terceira vez que Jesus apareceu aos discípulos, depois de ressuscitado dentre os mortos.

O primado de Pedro. (21,15-17)

Terminado o almoço, perguntou Jesus a Simão Pedro: "Simão, filho de João, amas-me mais do que estes?" Respondeu-lhe ele: "Sim, Senhor, tu sabes que te amo". Disse-lhe Jesus: "Apascenta os meus cordeiros".

Tornou a perguntar-lhe: "Simão, filho de João, amas-me?" Respondeu-lhe: "Sim, Senhor, tu sabes que te amo". Disse-lhe Jesus: "Apascenta os meus cordeiros".

Perguntou-lhe pela terceira vez: "Simão, filho de João, amas-me?" Entristeceu-se Pedro por lhe perguntar pela terceira vez: "Amas-me?" E respondeu-lhe: "Senhor, tu sabes todas as coisas; sabes também que eu te amo". Disse-lhe Jesus: "Apascenta as minhas ovelhas.

Profecia sobre Pedro e João. (21,18-23)

Em verdade, em verdade te digo: quando eras moço, tu mesmo te cingias e andavas onde querias; mas, quando fores velho, estenderás as mãos, e outro te cingirá e te levará para onde tu não queres".

Com essas palavras aludia ao gênero de morte com que Pedro havia de glorificar a Deus. Depois dessas palavras disse-lhe: "Segue-me!"

Voltando-se Pedro, reparou que o seguia o discípulo a quem Jesus amava — o mesmo que na ceia reclinara ao seu peito e perguntara: "Senhor, quem é que te há de entregar?" Ora, vendo Pedro a esse, perguntou a Jesus: "E que será deste, Senhor?"

Respondeu-lhe Jesus: "Se eu quero que fique até a minha volta, que tens tu com isso? Quanto a ti, segue-me!"

Daí se originou entre os irmãos a opinião de que aquele discípulo não morreria. Jesus, todavia, não lhe dissera que não havia de morrer; mas, sim: "Se eu quero que fique até a minha volta, que tens tu com isso?"

Remate. (21,24-25)

É este o discípulo que dá testemunho e consignou estes fatos; e nós sabemos que é verdadeiro seu testemunho.

Ainda muitas outras coisas fez Jesus. Se todas elas fossem escritas por miúdo — creio que nem caberiam no mundo os livros que se deveriam escrever.

Notas explicativas

"No princípio era o Verbo..."

João não inicia o seu Evangelho com o nascimento da pessoa humana de Jesus, mas fala primeiro do Cristo cósmico, que em grego se chama *Lógos*, e em latim, Verbo.

O Cristo cósmico, o *Lógos*, o Verbo, é a primeira e mais perfeita emanação individual da Divindade Universal. É o Creador do Universo, o Deus imanente no mundo, antes da sua encarnação na pessoa humana de Jesus de Nazaré.

Este mesmo Cristo habita em cada homem, como diz o mesmo Evangelho: "Fez habitação em nós".

Jesus chegou à perfeita conscientização do seu Cristo, cristificou-se a ponto de poder dizer: "Está consumado".

O poder de se tornar filho de Deus

Todo homem que chegar à perfeita consciência e vivência do seu Cristo interno realiza a sua autoparturição, dá à luz a si mesmo. E essa auto-realização não depende de pai e mãe, mas somente do espírito de Deus plenamente conscientizado e vivenciado pelo homem crístico.

Jesus e Nicodemus

No colóquio noturno com o rabi Nicodemus, faz Jesus ver que o ingresso no Reino de Deus não depende de milagres nem do nascimento material, mas de um autonascimento pelo espírito.

Esse novo nascimento está relacionado com um corpo não-material, mas imaterial; é um nascimento "de água e espírito". A água representa o corpo material — talvez astral ou bioplásmico — que não vem da geração material, como ocorreu com o corpo de Jesus, nascido do "sopro sagrado".

No colóquio com a Samaritana, se refere Jesus à "água viva, que jorra para a vida eterna", insinuando novamente esse nascimento de "água e espírito".

A nova humanidade do futuro não nascerá de carne e osso, como o homem de hoje, mas de "água e espírito", de uma substância altamente sublimada e do espírito de Deus.

Por isso, usando de um paralelo, acrescenta Jesus: "O sopro sopra onde quer... assim também acontece com todo homem que nasce do espírito".

Nicodemus se tornou, mais tarde, decidido discípulo de Jesus, porque realizou em si essa autoparturição.

Cristo anterior a Abraão

A teologia da sinagoga confundia a pessoa humana de Jesus com a entidade divina do Cristo, como ainda hoje acontece com certas teologias cristãs. O Cristo existia antes de Abraão, que viveu cerca de dois mil anos antes de Jesus, e já existia antes da creação do mundo, como ele mesmo diz na santa ceia. Jesus foi o veículo por meio do qual o Cristo cósmico, o Verbo, se manifestou aos homens aqui no planeta Terra.

"Um novo mandamento vos dou"

Este mandamento do amor humano universal não era novo como tal, porque todos os mestres espirituais da humanidade o haviam recomendado. Era novo somente pelo motivo: "assim como eu vos amei". Um amor baseado somente no ego humano é altruísmo, filantropia, moralidade; mas um amor como transbordamento da mística divina do Eu é ética — e é este o novo mandamento de Jesus: amar o homem por ser uma individuação da própria divindade.

A páscoa dos judeus

A Páscoa dos judeus, tantas vezes mencionada nos Evangelhos, nada tem de ver com a ressurreição de Jesus. A Páscoa (ou antes *phase*) era a recordação anual da libertação do povo hebreu da longa escravidão no Egito; portanto a celebração da sua independência nacional.

O livro do Êxodo descreve os acontecimentos que precederam a saída do Egito. Moisés, depois de ter lançado nove pragas terríveis sobre o país dos faraós, mas todas elas neutralizadas pelos magos egípcios, lançou a décima praga definitiva: a morte dos primogênitos. Para essa estupenda magia mental esperou Moisés a noite da primeira lua cheia da primavera, que ocorria no mês de Nisan (correspondendo ao nosso abril). Por sua poderosa magia mental creou Moisés uma entidade invisível, que a Bíblia denomina anjo exterminador. Este teve ordem de matar, na noite fatídica do referido plenilúnio, todos os primogênitos do Egito. Para que o anjo exterminador não matasse os primogênitos hebreus, que moravam no meio dos egípcios, mandou Moisés que os hebreus marcassem com o sangue de um cordeiro os batentes das suas portas. O exterminador teve ordem de não entrar nas casas marcadas com sangue, nas quais ele devia fazer *phase*, isto é, omissão. Da palavra egípcia *phase* formou-se o vocábulo latino *pascha*, que em português deu páscoa.

O êxodo se deu na primeira lua cheia da primavera do hemisfério norte, que no hemisfério sul é a primeira lua cheia do outono. Tendo Jesus morrido na véspera dessa data judaica — provavelmente no dia 7 de abril — a Páscoa da ressurreição da cristandade coincide com a Páscoa (ou *phase*) dos judeus.

A palavra inglesa *pass-over* corresponde à idéia de *phase*.

"Para que nele se manifestassem as obras de Deus"

É opinião quase geral que todo sofrimento seja um castigo de Deus. Os livros sacros, porém, apontam três casos em que o sofredor não sofre para pagar débitos, mas para realizar créditos: Jó, o cego de nascença e Jesus. O cego de nascença não sofria por pecados próprios, nem por pecados alheios; sofria para, por meio do sofrimento compreendido e aceito, realizar em si o despertamento do espírito, a sua evolução espiritual, que Jesus chama a obra de Deus.

A videira e seus ramos

O Evangelho de João é o único que registra as palavras profundas que Jesus proferiu no cenáculo depois da última ceia, focalizando a entidade cósmica do seu Cristo que se encarnou na personalidade humana de Jesus.

Entre estas palavras de despedida avulta a parábola da videira e seus ramos. Ele, o Cristo, é o tronco da videira; nós, os homens, somos os ramos da videira. A mesma vida que flui através do tronco flui também através dos ramos. O Cristo interno vive em cada homem, assim como a mesma seiva vital flui através da cada ramo da videira.

Mas por que é que alguns ramos são improdutivos e outros produtivos? Porque alguns homens não conscientizam nem vivenciam a presença do Cristo, e outros sim. Os que conscientizam e vivenciam a presença do Cristo interno produzem fruto. E os que produzem fruto, diz o Mestre, serão podados para que produzam frutos ainda mais abundantes. A poda é uma disciplina dolorosa, um sofrimento — não um sofrimento punitivo, mas sim um sofrimento evolutivo. O homem cristificado não goza necessariamente a sua cristicidade; mas sofre-a dolorosa e gloriosamente.

"Está consumado"

É esta a última palavra de Jesus, referida somente pela testemunha presencial da sua morte, João. Estava consumada a tarefa da vida terrestre de Jesus, a plena cristificação do seu Jesus humano. O Cristo divino redimiu plenamente a humanidade individual de Jesus Cristo, como descreve a Epístola aos Hebreus. Aos discípulos de Emaús, diz Jesus que ele devia sofrer tudo aquilo para assim entrar na sua glória. A entrada na glória era a perfeita cristificação de Jesus, pela voluntária aceitação do sofrimento e da morte.

Certas teologias falam da morte de Jesus como redenção da humanidade. Entretanto, a humanidade coletiva não está remida, nem após dois mil anos. O homem pode ser redimido pelo Cristo, como foi Jesus, se ele se entregar e integrar totalmente no Cristo. Jesus é o primeiro Cristo-redimido, e os outros homens são Cristo-redimíveis. Não há uma Cristo-redenção automática, mas, sim, uma Cristo-redenção voluntária, dependente de cada homem. O Cristo interno da cada homem pode redimir o homem, se este o aceitar como seu redentor.

Epílogo do Evangelho de João

Com o capítulo 20 terminava este Evangelho. Mais tarde, provavelmente ainda em vida do evangelista, foi acrescentado o capítulo 21, narrando alguns episódios depois da Páscoa.

A ascensão de Jesus e os acontecimentos do Pentecostes não figuram nos quatro Evangelhos, mas, sim, nos Atos dos Apóstolos.

DADOS BIOGRÁFICOS

Huberto Rohden

Nasceu na antiga região de Tubarão, hoje São Ludgero, Santa Catarina, Brasil, em 1893. Fez estudos no Rio Grande do Sul. Formou-se em Ciências, Filosofia e Teologia em universidades da Europa — Innsbruck (Áustria), Valkenburg (Holanda) e Nápoles (Itália).

De regresso ao Brasil, trabalhou como professor, conferencista e escritor. Publicou mais de 65 obras sobre ciência, filosofia e religião, entre as quais várias foram traduzidas para outras línguas, inclusive para o esperanto; algumas existem em braile, para institutos de cegos.

Rohden não era filiado a nenhuma igreja, seita ou partido político. Fundou e dirigiu o movimento mundial, filosófico e espiritual Alvorada.

De 1945 a 1946 teve uma bolsa de estudos para pesquisas científicas, na Universidade de Princeton, New Jersey (Estados Unidos), onde conviveu com Albert Einstein e lançou os alicerces para o movimento de âmbito mundial da Filosofia Univérsica, tomando por base do pensamento e da vida humana a constituição do próprio Universo, evidenciando a afinidade entre Matemática, Metafísica e Mística.

Em 1946, Huberto Rohden foi convidado pela American University, de Washington, D.C., para reger as cátedras de Filosofia Universal e de Religiões Comparadas, cargo este que exerceu durante cinco anos.

Durante a última Guerra Mundial foi convidado pelo Bureau of Inter-American Affairs, de Washington, para fazer parte do corpo de tradutores das notícias de guerra, do inglês para o português. Ainda na American University, de Washington, fundou o Brazilian Center, centro cultural brasileiro, com o fim de manter intercâmbio cultural entre o Brasil e os Estados Unidos.

Na capital dos Estados Unidos, Rohden freqüentou, durante três anos, o Golden Lotus Temple, onde foi iniciado em Kriya-Yoga por Swami Premananda, diretor hindu desse *ashram*.

Ao fim de sua permanência nos Estados Unidos, Huberto Rohden foi convidado para fazer parte do corpo docente da nova International Christian University (ICU) de Metaka, Japão, a fim de reger as cátedras de Filosofia Universal e Religiões Comparadas; mas, por causa da guerra na Coréia, a universidade japonesa não foi inaugurada, e Rohden regressou ao Brasil. Em São Paulo foi nomeado professor de Filosofia na Universidade Mackenzie, cargo do qual não tomou posse.

Em 1952, fundou em São Paulo a Instituição Cultural e Beneficente Alvorada, onde mantinha cursos permanentes em São Paulo, Rio de Janeiro e Goiânia, sobre Filosofia Univérsica e Filosofia do Evangelho, e dirigia Casas de Retiro Espiritual (*ashrams*) em diversos estados do Brasil.

Em 1969, Huberto Rohden empreendeu viagens de estudo e experiência espiritual pela Palestina, Egito, Índia e Nepal, realizando diversas conferências com grupos de iogues na Índia.

Em 1976, Rohden foi chamado a Portugal para fazer conferências sobre autoconhecimento e auto-realização. Em Lisboa fundou um setor do Centro de Auto-Realização Alvorada.

Nos últimos anos, Rohden residia na capital de São Paulo, onde permanecia alguns dias da semana escrevendo e reescrevendo seus livros, nos textos definitivos. Costumava passar três dias da semana no *ashram*, em contato com a natureza, plantando árvores, flores ou trabalhando no seu apiário-modelo.

Quando estava na capital, Rohden freqüentava periodicamente a editora responsável pela publicação de seus livros, dando-lhe orientação cultural e inspiração.

À zero hora do dia 8 de outubro de 1981, após longa internação em uma clínica naturista de São Paulo, aos 87 anos, o professor Huberto Rohden partiu deste mundo e do convívio de seus amigos e discípulos. Suas últimas palavras em estado consciente foram: "Eu vim para servir à Humanidade".

Rohden deixa, para as gerações futuras, um legado cultural e um exemplo de fé e trabalho somente comparados aos dos grandes homens do século XX.

Huberto Rohden é o principal editando da Editora Martin Claret.

Relação de obras do prof. Huberto Rohden

Coleção Filosofia Universal:

O Pensamento Filosófico da Antiguidade
A Filosofia contemporânea
O Espírito da Filosofia Oriental

Coleção Filosofia do Evangelho:

Filosofia Cósmica do Evangelho
O Sermão da Montanha
Assim Dizia o Mestre
O Triunfo da Vida Sobre a Morte
O Nosso Mestre

Coleção Filosofia da Vida:

De Alma para Alma
Ídolos ou Ideal?
Escalando o Himalaia
O Caminho da Felicidade
Deus
Em Espírito e Verdade
Em Comunhão com Deus
Cosmorama
Porque Sofremos

Lúcifer e Logos
A Grande Libertação
Bhagavad Gita (tradução)
Setas para o Infinito
Entre Dois Mundos
Minhas Vivências na Palestina, Egito e Índia
Filosofia da Arte
A Arte de Curar pelo Espírito. Autor: Joel Goldsmith (tradução)
Orientando
"Que Vos Parece do Cristo?"
Educação do Homem Integral
Dias de Grande Paz (tradução)
O Drama Milenar do Cristo e do Anticristo
Luzes e Sombras da Alvorada
Roteiro Cósmico
A Metafísica do Cristianismo
A Voz do Silêncio
Tao Te Ching de Lao-tsé (tradução) — ilustrado
Sabedoria das Parábolas
O 5º Evangelho Segundo Tomé (tradução)
A Nova Humanidade
A Mensagem Viva do Cristo (Os Quatro Evangelhos — tradução)
Rumo à Consciência Cósmica
O Homem
Estratégias de Lúcifer
O Homem e o Universo
Imperativos da Vida
Profanos e Iniciados
Novo Testamento
Lampejos Evangélicos
O Cristo Cósmico e os Essênios
A Experiência Cósmica

Coleção Mistérios da Natureza:

Maravilhas do Universo
Alegorias
Ísis
Por Mundos Ignotos

Coleção Biografias:

Paulo de Tarso
Agostinho
Por um Ideal — 2 vols. — autobiografia
Mahatma Gandhi — ilustrado
Jesus Nazareno — 2 vols.
Einstein — O Enigma da Matemática — ilustrado
Pascal — ilustrado
Myriam

Coleção Opúsculos:

Saúde e Felicidade pela Cosmo-Meditação
Catecismo da Filosofia
Assim Dizia Mahatma Gandhi (100 Pensamentos)
Aconteceu entre 2000 e 3000
Ciência, Milagre e Oração São Compatíveis?
Centros de Auto-Realização

Índice

O Objetivo, a filosofia e a missão da Editora Martin Claret

O principal objetivo da Martin Claret é contribuir para a difusão da educação e da cultura, por meio da democratização do livro, usando canais de comercialização habituais, além de criar novos.

A filosofia de trabalho da Martin Claret consiste em produzir livros de qualidade a um preço acessível, para que possam ser apreciados pelo maior número possível de leitores.

A missão da Martin Claret é conscientizar e motivar as pessoas a desenvolver e utilizar o seu pleno potencial espiritual, mental, emocional e social.

O livro muda as pessoas. Revolucione-se: leia mais para ser mais!

Relação dos Volumes Publicados

1. Dom Casmurro — *Machado de Assis*
2. O Príncipe — *Maquiavel*
3. Mensagem — *Fernando Pessoa*
4. O Lobo do Mar — *Jack London*
5. A Arte da Prudência — *Baltasar Gracián*
6. Iracema / Cinco Minutos — *José de Alencar*
7. Inocência — *Visconde de Taunay*
8. A Mulher de 30 Anos — *Honoré de Balzac*
9. A Moreninha — *Joaquim Manuel de Macedo*
10. A Escrava Isaura — *Bernardo Guimarães*
11. As Viagens - "Il Milione" — *Marco Polo*
12. O Retrato de Dorian Gray — *Oscar Wilde*
13. A Volta ao Mundo em 80 Dias — *Júlio Verne*
14. A Carne — *Júlio Ribeiro*
15. Amor de Perdição — *Camilo Castelo Branco*
16. Sonetos — *Luís de Camões*
17. O Guarani — *José de Alencar*
18. Memórias Póstumas de Brás Cubas — *Machado de Assis*
19. Lira dos Vinte Anos — *Álvares de Azevedo*
20. Apologia de Sócrates / Banquete — *Platão*
21. A Metamorfose/Um Artista da Fome/Carta a Meu Pai — *Franz Kafka*
22. Assim Falou Zaratustra — *Friedrich Nietzsche*
23. Triste Fim de Policarpo Quaresma — *Lima Barreto*
24. A Ilustre Casa de Ramires — *Eça de Queirós*
25. Memórias de um Sargento de Milícias — *Manuel Antônio de Almeida*
26. Robinson Crusoé — *Daniel Defoe*
27. Espumas Flutuantes — *Castro Alves*
28. O Ateneu — *Raul Pompéia*
29. O Noviço / O Juiz de Paz da Roça / Quem Casa Quer Casa — *Martins Pena*
30. A Relíquia — *Eça de Queirós*
31. O Jogador — *Dostoiévski*
32. Histórias Extraordinárias — *Edgar Allan Poe*
33. Os Lusíadas — *Luís de Camões*
34. As Aventuras de Tom Sawyer — *Mark Twain*
35. Bola de Sebo e Outros Contos — *Guy de Maupassant*
36. A República — *Platão*
37. Elogio da Loucura — *Erasmo de Rotterdam*
38. Caninos Brancos — *Jack London*
39. Hamlet — *William Shakespeare*
40. A Utopia — *Thomas More*
41. O Processo — *Franz Kafka*
42. O Médico e o Monstro — *Robert Louis Stevenson*
43. Ecce Homo — *Friedrich Nietzsche*
44. O Manifesto do Partido Comunista — *Marx e Engels*
45. Discurso do Método / Meditações — *René Descartes*
46. Do Contrato Social — *Jean-Jacques Rousseau*
47. A Luta pelo Direito — *Rudolf von Ihering*
48. Dos Delitos e das Penas — *Cesare Beccaria*
49. A Ética Protestante e o Espírito do Capitalismo — *Max Weber*
50. O Anticristo — *Friedrich Nietzsche*
51. Os Sofrimentos do Jovem Werther — *Goethe*
52. As Flores do Mal — *Charles Baudelaire*
53. Ética a Nicômaco — *Aristóteles*
54. A Arte da Guerra — *Sun Tzu*
55. Imitação de Cristo — *Tomás de Kempis*
56. Cândido ou o Otimismo — *Voltaire*
57. Rei Lear — *William Shakespeare*
58. Frankenstein — *Mary Shelley*
59. Quincas Borba — *Machado de Assis*
60. Fedro — *Platão*
61. Política — *Aristóteles*
62. A Viuvinha / Encarnação — *José de Alencar*
63. As Regras do Método Sociológico — *Émile Durkheim*
64. O Cão dos Baskervilles — *Sir Arthur Conan Doyle*
65. Contos Escolhidos — *Machado de Assis*
66. Da Morte / Metafísica do Amor / Do Sofrimento do Mundo — *Arthur Schopenhauer*
67. As Minas do Rei Salomão — *Henry Rider Haggard*
68. Manuscritos Econômico-Filosóficos — *Karl Marx*
69. Um Estudo em Vermelho — *Sir Arthur Conan Doyle*
70. Meditações — *Marco Aurélio*
71. A Vida das Abelhas — *Maurice Materlinck*
72. O Cortiço — *Aluísio Azevedo*
73. Senhora — *José de Alencar*
74. Brás, Bexiga e Barra Funda / Laranja da China — *Antônio de Alcântara Machado*
75. Eugênia Grandet — *Honoré de Balzac*
76. Contos Gauchescos — *João Simões Lopes Neto*
77. Esaú e Jacó — *Machado de Assis*
78. O Desespero Humano — *Sören Kierkegaard*
79. Dos Deveres — *Cícero*
80. Ciência e Política — *Max Weber*
81. Satíricon — *Petrônio*
82. Eu e Outras Poesias — *Augusto dos Anjos*
83. Farsa de Inês Pereira / Auto da Barca do Inferno / Auto da Alma — *Gil Vicente*
84. A Desobediência Civil e Outros Escritos — *Henry David Toreau*
85. Para Além do Bem e do Mal — *Friedrich Nietzsche*
86. A Ilha do Tesouro — *R. Louis Stevenson*
87. Marília de Dirceu — *Tomás A. Gonzaga*
88. As Aventuras de Pinóquio — *Carlo Collodi*
89. Segundo Tratado Sobre o Governo — *John Locke*
90. Amor de Salvação — *Camilo Castelo Branco*
91. Broquéis/Faróis/Últimos Sonetos — *Cruz e Souza*
92. I-Juca-Pirama / Os Timbiras / Outros Poemas — *Gonçalves Dias*
93. Romeu e Julieta — *William Shakespeare*
94. A Capital Federal — *Arthur Azevedo*
95. Diário de um Sedutor — *Sören Kierkegaard*
96. Carta de Pero Vaz de Caminha a El-Rei Sobre o Achamento do Brasil
97. Casa de Pensão — *Aluísio Azevedo*
98. Macbeth — *William Shakespeare*

99. Édipo Rei/Antígona
Sófocles

100. Lucíola
José de Alencar

101. As Aventuras de Sherlock Holmes
Sir Arthur Conan Doyle

102. Bom-Crioulo
Adolfo Caminha

103. Helena
Machado de Assis

104. Poemas Satíricos
Gregório de Matos

105. Escritos Políticos / A Arte da Guerra
Maquiavel

106. Ubirajara
José de Alencar

107. Diva
José de Alencar

108. Eurico, o Presbítero
Alexandre Herculano

109. Os Melhores Contos
Lima Barreto

110. A Luneta Mágica
Joaquim Manuel de Macedo

111. Fundamentação da Metafísica dos Costumes e Outros Escritos
Immanuel Kant

112. O Príncipe e o Mendigo
Mark Twain

113. O Domínio de Si Mesmo pela Auto-Sugestão Consciente
Émile Coué

114. O Mulato
Aluísio Azevedo

115. Sonetos
Florbela Espanca

116. Uma Estadia no Inferno / Poemas / Carta do Vidente
Arthur Rimbaud

117. Várias Histórias
Machado de Assis

118. Fédon
Platão

119. Poesias
Olavo Bilac

120. A Conduta para a Vida
Ralph Waldo Emerson

121. O Livro Vermelho
Mao Tsé-Tung

122. Oração aos Moços
Rui Barbosa

123. Otelo, o Mouro de Veneza
William Shakespeare

124. Ensaios
Ralph Waldo Emerson

125. De Profundis / Balada do Cárcere de Reading
Oscar Wilde

126. Crítica da Razão Prática
Immanuel Kant

127. A Arte de Amar
Ovídio Naso

128. O Tartufo ou O Impostor
Molière

129. Metamorfoses
Ovídio Naso

130. A Gaia Ciência
Friedrich Nietzsche

131. O Doente Imaginário
Molière

132. Uma Lágrima de Mulher
Aluísio Azevedo

133. O Último Adeus de Sherlock Holmes
Sir Arthur Conan Doyle

134. Canudos - Diário de uma Expedição
Euclides da Cunha

135. A Doutrina de Buda
Siddharta Gautama

136. Tao Te Ching
Lao-Tsé

137. Da Monarquia / Vida Nova
Dante Alighieri

138. A Brasileira de Prazins
Camilo Castelo Branco

139. O Velho da Horta/Quem Tem Farelos?/Auto da Índia
Gil Vicente

140. O Seminarista
Bernardo Guimarães

141. O Alienista / Casa Velha
Machado de Assis

142. Sonetos
Manuel du Bocage

143. O Mandarim
Eça de Queirós

144. Noite na Taverna / Macário
Álvares de Azevedo

145. Viagens na Minha Terra
Almeida Garrett

146. Sermões Escolhidos
Padre Antonio Vieira

147. Os Escravos
Castro Alves

148. O Demônio Familiar
José de Alencar

149. A Mandrágora / Belfagor, o Arquidiabo
Maquiavel

150. O Homem
Aluísio Azevedo

151. Arte Poética
Aristóteles

152. A Megera Domada
William Shakespeare

153. Alceste/Electra/Hipólito
Eurípedes

154. O Sermão da Montanha
Huberto Rohden

155. O Cabeleira
Franklin Távora

156. Rubáiyát
Omar Khayyám

157. Luzia-Homem
Domingos Olímpio

158. A Cidade e as Serras
Eça de Queirós

159. A Retirada da Laguna
Visconde de Taunay

160. A Viagem ao Centro da Terra
Júlio Verne

161. Caramuru
Frei Santa Rita Durão

162. Clara dos Anjos
Lima Barreto

163. Memorial de Aires
Machado de Assis

164. Bhagavad Gita
Krishna

165. O Profeta
Khalil Gibran

166. Aforismos
Hipócrates

167. Kama Sutra
Vatsyayana

168. O Livro da Jângal
Rudyard Kipling

169. De Alma para Alma
Huberto Rohden

170. Orações
Cícero

171. Sabedoria das Parábolas
Huberto Rohden

172. Salomé
Oscar Wilde

173. Do Cidadão
Thomas Hobbes

174. Porque Sofremos
Huberto Rohden

175. Einstein: o Enigma do Universo
Huberto Rohden

176. A Mensagem Viva do Cristo
Huberto Rohden

177. Mahatma Gandhi
Huberto Rohden

178. A Cidade do Sol
Tommaso Campanella

179. Setas para o Infinito
Huberto Rohden

180. A Voz do Silêncio
Helena Blavatsky

181. Frei Luís de Sousa
Almeida Garrett

182. Fábulas
Esopo

183. Cântico de Natal/ Os Carrilhões
Charles Dickens

184. Contos
Eça de Queirós

185. O Pai Goriot
Honoré de Balzac

186. Noites Brancas e Outras Histórias
Dostoiévski

187. Minha Formação
Joaquim Nabuco

188. Pragmatismo
William James

189. Discursos Forenses
Enrico Ferri

190. Medéia
Eurípedes

191. Discursos de Acusação
Enrico Ferri

192. A Ideologia Alemã
Marx & Engels

193. Prometeu Acorrentado
Ésquilo

194. Iaiá Garcia
Machado de Assis

195. Discursos no Instituto dos Advogados Brasileiros / Discurso no Colégio Anchieta
Rui Barbosa

196. Édipo em Colono
Sófocles

197. A Arte de Curar pelo Espírito
Joel S. Goldsmith

198. Jesus, o Filho do Homem
Khalil Gibran

199. Discurso sobre a Origem e os Fundamentos da Desigualdade entre os Homens
Jean-Jacques Rousseau

302. COSMOTERAPIA
Huberto Rohden

303. BODAS DE SANGUE
Federico García Lorca

304. DISCURSO DA SERVIDÃO VOLUNTÁRIA
Étienne de la Boétie

305. CATEGORIAS
Aristóteles

306. MANON LESCAUT
Abade Prévost

307. TEOGONIA / TRABALHOS E DIAS
Hesíodo

308. AS VÍTIMAS ALGOZES
Joaquim Manuel de Macedo

309. PERSUASÃO
Jane Austen

SÉRIE OURO
(Livros com mais de 400 p.)

1. LEVIATÃ
Thomas Hobbes

2. A CIDADE ANTIGA
Fustel de Coulanges

3. CRÍTICA DA RAZÃO PURA
Immanuel Kant

4. CONFISSÕES
Santo Agostinho

5. OS SERTÕES
Euclides da Cunha

6. DICIONÁRIO FILOSÓFICO
Voltaire

7. A DIVINA COMÉDIA
Dante Alighieri

8. ÉTICA DEMONSTRADA À MANEIRA DOS GEÔMETRAS
Baruch de Spinoza

9. DO ESPÍRITO DAS LEIS
Montesquieu

10. O PRIMO BASÍLIO
Eça de Queirós

11. O CRIME DO PADRE AMARO
Eça de Queirós

12. CRIME E CASTIGO
Dostoiévski

13. FAUSTO
Goethe

14. O SUICÍDIO
Émile Durkheim

15. ODISSÉIA
Homero

16. PARAÍSO PERDIDO
John Milton

17. DRÁCULA
Bram Stocker

18. ILÍADA
Homero

19. AS AVENTURAS DE HUCKLEBERRY FINN
Mark Twain

20. PAULO – O 13º APÓSTOLO
Ernest Renan

21. ENEIDA
Virgílio

22. PENSAMENTOS
Blaise Pascal

23. A ORIGEM DAS ESPÉCIES
Charles Darwin

24. VIDA DE JESUS
Ernest Renan

25. MOBY DICK
Herman Melville

26. OS IRMÃOS KARAMAZOVI
Dostoiévski

27. O MORRO DOS VENTOS UIVANTES
Emily Brontë

28. VINTE MIL LÉGUAS SUBMARINAS
Júlio Verne

29. MADAME BOVARY
Gustave Flaubert

30. O VERMELHO E O NEGRO
Stendhal

31. OS TRABALHADORES DO MAR
Victor Hugo

32. A VIDA DOS DOZE CÉSARES
Suetônio

34. O IDIOTA
Dostoiévski

35. PAULO DE TARSO
Huberto Rohden

36. O PEREGRINO
John Bunyan

37. AS PROFECIAS
Nostradamus

38. NOVO TESTAMENTO
Huberto Rohden

39. O CORCUNDA DE NOTRE DAME
Victor Hugo

40. ARTE DE FURTAR
Anônimo do século XVII

41. GERMINAL
Émile Zola

42. FOLHAS DE RELVA
Walt Whitman

43. BEN-HUR — UMA HISTÓRIA DOS TEMPOS DE CRISTO
Lew Wallace

44. OS MAIAS
Eça de Queirós

45. O LIVRO DA MITOLOGIA
Thomas Bulfinch

46. OS TRÊS MOSQUETEIROS
Alexandre Dumas

47. POESIA DE ÁLVARO DE CAMPOS
Fernando Pessoa

48. JESUS NAZARENO
Huberto Rohden

49. GRANDES ESPERANÇAS
Charles Dickens

50. A EDUCAÇÃO SENTIMENTAL
Gustave Flaubert

51. O CONDE DE MONTE CRISTO (VOLUME I)
Alexandre Dumas

52. O CONDE DE MONTE CRISTO (VOLUME II)
Alexandre Dumas

53. OS MISERÁVEIS (VOLUME I)
Victor Hugo

54. OS MISERÁVEIS (VOLUME II)
Victor Hugo

55. DOM QUIXOTE DE LA MANCHA (VOLUME I)
Miguel de Cervantes

56. DOM QUIXOTE DE LA MANCHA (VOLUME II)
Miguel de Cervantes

58. CONTOS ESCOLHIDOS
Artur Azevedo

59. AS AVENTURAS DE ROBIN HOOD
Howard Pyle